Département de l'information
des Nations Unies

ABC
DES
NATIONS UNIES

Nations Unies
New York, 1995

Publié par le Département de l'information
des Nations Unies
New York, N.Y. 10017

NOTE: DONNÉES VALABLES JUSQU'AU 31 MARS 1995

ISBN: 92-1-200181-5
Publication des Nations Unies
Numéro de vente: F.95.I.31

TABLE DES MATIÈRES

3 DÉVELOPPEMENT ÉCONOMIQUE ET SOCIAL

LISTE DES SIGLES

AIEA	Agence internationale de l'énergie atomique
AMGI	Agence multilatérale de garantie des investissements
APD	Aide publique au développement
APRONUC	Autorité provisoire des Nations Unies au Cambodge
BIRD	Banque internationale pour la reconstruction et le développement (Banque mondiale)
BNUS	Bureau des Nations Unies pour la région soudano-sahélienne
CEA	Commission économique pour l'Afrique
CEE	Commission économique pour l'Europe
CEPALC	Commission économique pour l'Amérique latine et les Caraïbes
CESAO	Commission économique et sociale pour l'Asie occidentale
CESAP	Commission économique et sociale pour l'Asie et le Pacifique
CICR	Comité international de la Croix-Rouge
CNUCED	Conférence des Nations Unies sur le commerce et le développement
CNUEH	Centre des Nations Unies pour les établissements humains (Habitat)
FAO	Organisation des Nations Unies pour l'alimentation et l'agriculture
FIDA	Fonds international de développement agricole
FINUL	Force intérimaire des Nations Unies au Liban
FMI	Fonds monétaire international
FNUAP	Fonds des Nations Unies pour la population
FNUOD	Force des Nations Unies chargée d'observer le dégagement
FUNU	Force d'urgence des Nations Unies
GANUPT	Groupe d'assistance des Nations Unies pour la période de transition
GATT	Accord général sur les tarifs douaniers et le commerce
UNMOGIP	Groupe d'observateurs militaires des Nations Unies dans l'Inde et le Pakistan
GOMNUII	Groupe d'observateurs militaires des Nations Unies pour l'Iran et l'Iraq
HCR	Haut Commissariat des Nations Unies pour les réfugiés
IDA	Association internationale de développement
INSTRAW	Institut international de recherche et de formation pour la promotion de la femme
MINUAR	Mission des Nations Unies pour l'assistance au Rwanda
MINUGUA	Mission de vérification des Nations Unies pour les droits de l'homme au Guatemala
MINUHA	Mission des Nations Unies en Haïti
MINURSO	Mission des Nations Unies pour l'organisation d'un référendum au Sahara occidental
MONUAS	Mission d'observation des Nations Unies en Afrique du Sud
MONUIK	Mission d'observation des Nations Unies pour l'Iraq et le Koweït

MONUG	Mission d'observation des Nations Unies en Géorgie
MONUL	Mission d'observation des Nations Unies au Libéria
MONUOR	Mission d'observation des Nations Unies Ouganda-Rwanda
MONUT	Mission d'observation des Nations Unies au Tadjikistan
OACI	Organisation de l'aviation civile internationale
OIT	Organisation internationale du Travail
OMC	Organisation mondiale du commerce
OMI	Organisation maritime internationale
OMM	Organisation météorologique mondiale
OMPI	Organisation mondiale de la propriété intellectuelle
OMS	Organisation mondiale de la santé
ONUDI	Organisation des Nations Unies pour le développement industriel
ONUMOZ	Opération des Nations Unies au Mozambique
ONURC	Opération des Nations Unies pour le rétablissement de la confiance en Croatie
ONUSAL	Mission d'observation des Nations Unies en El Salvador
ONUSOM	Opération des Nations Unies en Somalie
ONUST	Organisme des Nations Unies chargé de la surveillance de la trêve
ONUVEH	Mission d'observateurs des Nations Unies pour la vérification des élections en Haïti
ONUVEN	Mission d'observation des Nations Unies chargée de la vérification du processus électoral au Nicaragua
PAM	Programme alimentaire mondial
PNUCID	Programme des Nations Unies pour le contrôle international des drogues
PNUD	Programme des Nations Unies pour le développement
PNUE	Programme des Nations Unies pour l'environnement
RASD	République arabe sahraouie démocratique
SFI	Société financière internationale
UIT	Union internationale des télécommunications
Unesco	Organisation des Nations Unies pour l'éducation, la science et la culture
UNFICYP	Force des Nations Unies chargée du maintien de la paix à Chypre
UNICEF	Fonds des Nations Unies pour l'enfance
UNICRI	Institut interrégional de recherche des Nations Unies sur la criminalité et la justice
UNIDIR	Institut des Nations Unies pour la recherche sur le désarmement
UNIFEM	Fonds de développement des Nations Unies pour la femme
UNIPOM	Mission d'observation des Nations Unies pour l'Inde et le Pakistan
UNITAR	Institut des Nations Unies pour la formation et la recherche
UNMOGIP	Groupe d'observateurs militaires des Nations Unies pour l'Inde et le Pakistan
UNRWA	Office de secours et de travaux des Nations Unies pour les réfugiés de Palestine dans le Proche-Orient
UNU	Université des Nations Unies
UPU	Union postale universelle

AVANT-PROPOS DU SECRÉTAIRE GÉNÉRAL

La présente version mise à jour et révisée de l'*ABC des Nations Unies* paraît au moment où l'Organisation mondiale célèbre son cinquantième anniversaire. C'est une époque où, partout dans le monde, on considère avec une attention renouvelée les réalisations de l'ONU et les promesses dont elle est porteuse.

Au cours des 50 dernières années, la coopération internationale a permis de réaliser de grands progrès sur chacun des points inscrits dans la Charte des Nations Unies. L'ONU a inventé la notion de maintien de la paix. Elle a encouragé le monde à comprendre ce que sont les droits de l'homme et a aidé à mettre en place des structures juridiques internationales. A de nombreuses sociétés défavorisées elle a apporté une aide essentielle dans le domaine économique et social.

La fin de la guerre froide a fait naître de nouveaux défis en matière de sécurité et de prospérité internationales. Des sociétés sont menacées de l'intérieur par de farouches conflits ethniques, source de terribles souffrances. La dégradation de l'environnement, la disparité croissante entre riches et pauvres et la montée de la pression économique mondiale posent des problèmes de bien-être qui ne peuvent plus être maîtrisés par les seuls Etats.

Forte d'un demi-siècle d'expérience, l'ONU cherche comment faire face à cette situation nouvelle. Les opérations de maintien de la paix reposent désormais sur des mandats beaucoup plus larges, dont l'application exige souvent la reconstruction de sociétés entières avec leurs institutions. La communauté internationale a pris une responsabilité sans précédent dans le respect des droits de l'homme. De nouveaux instruments juridiques font leur apparition pour protéger les membres les plus vulnérables de la société pris dans la tourmente des conflits intérieurs. L'ONU a mis sur pied une série de conférences mondiales afin d'aborder sous tous leurs aspects et de façon interdépendante les problèmes nouveaux et urgents du développement.

L'Organisation répond également aux nouvelles demandes d'assistance qui visent à mettre en place des sociétés démocratiques.

La démocratisation peut apporter un soutien vital aux objectifs de la Charte durant le XXIe siècle. Elle consolide les fondements de la société civile sous tous ses aspects.

La présente édition de l'*ABC des Nations Unies* offre un panorama des multiples responsabilités, opérations et objectifs de l'ONU dans les efforts qu'elle déploie pour résoudre les problèmes et exploiter les possibilités de notre temps. Puisse-t-elle aider les citoyens du monde à mieux comprendre leur Organisation, à la soutenir et à l'orienter de façon à lui permettre de relever avec succès les défis à venir.

Le Secrétaire général,
Boutros BOUTROS-GHALI

CHAPITRE PREMIER

L'Organisation des Nations Unies : origine, buts et principes, structure

L'expression « Nations Unies », qui est due au Président des Etats-Unis, Franklin D. Roosevelt, apparut pour la première fois dans la « Déclaration des Nations Unies » du 1er janvier 1942, par laquelle les représentants de 26 pays s'engageaient à poursuivre ensemble la guerre contre les puissances de l'Axe.

La Charte des Nations Unies fut élaborée par les représentants de 50 pays à la Conférence des Nations Unies sur l'organisation internationale, réunie à San Francisco du 25 avril au 26 juin 1945. Ils prirent pour base de leurs travaux les propositions rédigées entre août et octobre 1944 à Dumbarton Oaks par les représentants de la Chine, des Etats-Unis, du Royaume-Uni et de l'URSS. La Charte fut signée le 26 juin 1945 par les représentants des 50 pays; la Pologne, qui n'avait pas été représentée à la Conférence, la signa plus tard, mais elle fait néanmoins partie des 51 Etats Membres originels.

L'Organisation des Nations Unies naquit officiellement le 24 octobre 1945, lorsqu'elle fut ratifiée par la Chine, les Etats-Unis, la France, le Royaume-Uni et l'URSS et par la majorité des autres pays signataires. Le 24 octobre de chaque année est célébrée la Journée des Nations Unies.

LA CHARTE DES NATIONS UNIES

La Charte des Nations Unies est l'instrument constitutif de l'Organisation. Elle fixe les droits et les obligations des Etats Membres et porte création des organes et des procédures. Convention internationale, elle codifie les grands principes des relations internationales, depuis l'égalité souveraine des Etats jusqu'à l'interdiction d'employer la force dans ces relations, en passant par les droits individuels fondamentaux dont toute femme et tout homme peut se prévaloir.

La Charte s'ouvre sur un préambule, suivi par un certain nombre de chapitres portant sur les sujets suivants : les buts et principes de l'ONU, ses membres, ses organes, le règlement pacifique des différends, l'action en cas de menace contre la paix, de rupture de la paix et d'acte d'agression, la coopération économique internationale, et les territoires non autonomes. (Pour les modifications à la Charte, voir le chapitre 7.)

PRÉAMBULE DE LA CHARTE DES NATIONS UNIES

Le Préambule de la Charte des Nations Unies exprime les idéaux et les buts communs de tous les peuples dont les gouvernements se sont réunis pour former l'Organisation des Nations Unies :

« NOUS, PEUPLES DES NATIONS UNIES,

   « résolus

« à préserver les générations futures du fléau de la guerre qui deux fois en l'espace d'une vie humaine a infligé à l'humanité d'indicibles souffrances,

« à proclamer à nouveau notre foi dans les droits fondamentaux de l'homme, dans la dignité et la valeur de la personne humaine, dans l'égalité de droits des hommes et des femmes, ainsi que des nations, grandes et petites,

« à créer les conditions nécessaires au maintien de la justice et du respect des obligations nées des traités et autres sources du droit international,

« à favoriser le progrès social et instaurer de meilleures conditions de vie dans une liberté plus grande,

   « et à ces fins

« à pratiquer la tolérance, à vivre en paix l'un avec l'autre dans un esprit de bon voisinage,

« à unir nos forces pour maintenir la paix et la sécurité internationales,

« à accepter des principes et instituer des méthodes garantissant qu'il ne sera pas fait usage de la force des armes, sauf dans l'intérêt commun,

« à recourir aux institutions internationales pour favoriser le progrès économique et social de tous les peuples,

   « avons décidé d'associer nos efforts
   pour réaliser ces desseins

« En conséquence, nos gouvernements respectifs, par l'intermédiaire de leurs représentants, réunis en la ville de San Francisco, et munis de pleins pouvoirs reconnus en bonne et due forme, ont adopté la présente Charte des Nations Unies et établissent par les présentes une organisation internationale qui prendra le nom de Nations Unies. »

BUTS ET PRINCIPES

Les buts des Nations Unies énoncés dans la Charte sont les suivants :

* Maintenir la paix et la sécurité internationales;
* Développer entre les nations des relations amicales fondées sur le respect du principe de l'égalité de droits des peuples et de leur droit à disposer d'eux-mêmes;
* Réaliser la coopération internationale en résolvant les problèmes internationaux d'ordre économique, social, culturel et humanitaire et en développant le respect des droits de l'homme et des libertés fondamentales;
* Constituer un centre où s'harmonisent les efforts des nations vers ces fins communes.

L'ONU agit conformément aux principes suivants :

* Elle est fondée sur le principe de l'égalité souveraine de tous ses Membres;
* Tous ses Membres doivent remplir de bonne foi les obligations qu'ils ont assumées aux termes de la Charte;
* Ils doivent régler leurs différends internationaux par des moyens pacifiques, sans mettre en danger la paix et la sécurité internationales ainsi que la justice;
* Ils doivent s'abstenir de recourir à la menace ou à l'emploi de la force contre tout autre Etat;
* Ils doivent assister l'Organisation dans toute action entreprise par elle conformément aux dispositions de la Charte et s'abstenir de prêter assistance à un Etat contre lequel l'Organisation entreprend une action préventive ou coercitive;
* L'Organisation fait en sorte que les Etats qui ne sont pas membres des Nations Unies agissent conformément à ces principes, dans la mesure nécessaire au maintien de la paix et de la sécurité internationales;
* Aucune disposition de la Charte n'autorise l'ONU à intervenir dans les affaires qui relèvent essentiellement de la compétence nationale d'un Etat.

COMPOSITION

Peuvent devenir Membres de l'ONU tous les Etats pacifiques qui acceptent les obligations de la Charte et, au jugement de l'Organisation, sont capables de les remplir et disposés à le faire. (Voir la liste des Etats Membres dans les appendices.)

Les nouveaux Etats Membres sont admis par décision de l'Assemblée générale, sur recommandation du Conseil de sécurité. La Charte prévoit la suspension ou l'expulsion d'un Membre qui enfreint les principes de la Charte, mais aucune mesure de cet ordre n'a encore été prise.

LANGUES OFFICIELLES

Aux termes de la Charte, les langues officielles des Nations Unies sont l'anglais, le chinois, l'espagnol, le français et le russe. L'arabe a été ajouté comme langue officielle de l'Assemblée générale, du Conseil de sécurité et du Conseil économique et social.

STRUCTURE DE L'ORGANISATION

La Charte a établi six organes principaux des Nations Unies :

ASSEMBLÉE GÉNÉRALE

L'Assemblée générale est le principal organe de délibération. Elle se compose des représentants de tous les Etats Membres, qui disposent chacun d'une voix. Les décisions sur des sujets importants tels que la paix et la sécurité internationales, l'admission de nouveaux Membres et les questions budgétaires sont prises à la majorité des deux tiers. Les décisions sur les autres sujets sont prises à la majorité simple.

Fonctions et pouvoirs

Aux termes de la Charte, les fonctions et pouvoirs de l'Assemblée générale sont les suivants :

• Etudier les principes de coopération en vue du maintien de la paix et de la sécurité internationales, y compris les principes régissant le désarmement et la réglementation des armements, et faire des recommandations à leur sujet;

• Examiner toutes questions relatives au maintien de la paix et de la sécurité internationales et formuler des recommandations à ce sujet, sauf au cas où un différend ou une situation serait en cours d'examen au Conseil de sécurité;

• Examiner toutes questions entrant dans le cadre de la Charte ou se rapportant aux pouvoirs et fonctions de l'un quelconque des organes de l'Organisation et, sous la même réserve, formuler des recommandations à ce sujet;

• Susciter des études et faire des recommandations en vue de promouvoir la coopération internationale dans le domaine politique, le développement du droit international et sa codification, la jouissance des droits de l'homme et des libertés fondamentales pour tous, et la coopération internationale dans les domaines économique, social, culturel, éducatif et sanitaire;

• Formuler des recommandations en vue du règlement pacifique de toute situation, quelle qu'en soit l'origine, qui lui semble de nature à compromettre les relations amicales entre nations;

• Recevoir et étudier les rapports du Conseil de sécurité et des autres organes de l'Organisation;

• Examiner et approuver le budget de l'Organisation et répartir les contributions entre les Etats Membres;

• Elire les membres non permanents du Conseil de sécurité, les membres du Conseil économique et social et ceux des membres du Conseil de tutelle qui doivent l'être; élire, avec le Conseil de sécurité, les membres de la Cour internationale de Justice; et nommer le Secrétaire général, sur recommandation du Conseil de sécurité.

Aux termes de la résolution intitulée « Union pour le maintien de la paix », adoptée par l'Assemblée générale en novembre 1950, l'Assemblée peut, dans tous les cas où paraît exister une menace contre la paix, une rupture de la paix ou un acte d'agression, prendre des mesures si le Conseil de sécurité ne parvient pas à une décision du fait que l'unanimité n'a pu se réaliser parmi ses membres permanents. Elle a qualité pour examiner immédiatement la question, afin de faire aux Membres les recommandations appropriées sur les mesures collectives à prendre, y compris – s'il s'agit d'une rupture de la paix ou d'un acte d'agression – l'emploi de la force armée en cas de besoin pour maintenir ou rétablir la paix et la sécurité internationales.

Sessions

La session ordinaire de l'Assemblée générale commence chaque année le troisième mardi de septembre et se poursuit généralement jusqu'à mi-décembre. Au début de chaque session ordinaire, l'Assemblée élit un nouveau président, 21 vice-présidents et les présidents des 6 grandes commissions de l'Assemblée. Pour assurer une représentation géographique équitable, la présidence de l'Assemblée revient chaque année par roulement à l'un des cinq groupes d'Etats suivants : Etats d'Afrique, Etats d'Asie, Etats d'Europe orientale, Etats d'Amérique latine et Etats d'Europe occidentale et autres Etats.

En dehors de ses sessions ordinaires, l'Assemblée peut se réunir en sessions extraordinaires, à la demande du Conseil de sécurité ou de la majorité des Etats Membres, ou encore d'un seul Membre si cette demande est appuyée par la majorité des autres. Une session extraordinaire d'urgence peut être convoquée dans les 24 heures qui suivent la demande soit du Conseil de sécurité par un vote affirmatif de neuf quelconques de ses membres, soit de la majorité des Membres de l'Organisation, ou d'un seul Membre si cette demande est appuyée par la majorité.

Au début de chaque session ordinaire, l'Assemblée procède à un débat général, souvent marqué par des discours de chefs d'Etat ou de gouvernement, au cours duquel les Etats Membres expriment leur point de vue sur toute une série de questions d'intérêt international. En raison du grand nombre de sujets qu'elle doit examiner (162 points à l'ordre du jour de la session de 1994, par exemple), l'Assemblée renvoie la plupart des questions à ses six grandes commissions :

- Commission des questions de désarmement et de la sécurité internationale (Première Commission)
- Commission économique et financière (Deuxième Commission)
- Commission des questions sociales, humanitaires et culturelles (Troisième Commission)
- Commission des questions politiques spéciales et de la décolonisation (Quatrième Commission)
- Commission des questions administratives et budgétaires (Cinquième Commission)

* Commission des questions juridiques (Sixième Commission)

L'Assemblée dispose également d'un Bureau composé du président et des 21 vice-présidents de l'Assemblée ainsi que des présidents des 6 grandes commissions, et d'une Commission de vérification des pouvoirs, composée de 9 membres nommés par l'Assemblée sur la proposition du Président à chaque session, qui fait rapport à l'Assemblée sur les pouvoirs des représentants.

Certaines questions sont examinées en séance plénière seulement, plutôt que par l'une des grandes commissions, et toutes les questions font l'objet d'un vote en séance plénière, généralement vers la fin de la session ordinaire, après que les commissions en ont achevé l'examen et ont soumis des projets de résolution à l'Assemblée plénière.

Dans les commissions, les décisions sont prises à la majorité simple. En séance plénière, les résolutions peuvent être adoptées par acclamation, sans objection ou sans être mises aux voix, ou bien à l'issue d'un vote enregistré ou d'un vote par appel nominal.

Même si elles n'ont pas de force juridique obligatoire pour les gouvernements, les décisions de l'Assemblée portent le poids de l'opinion mondiale sur les grandes questions internationales et sont revêtues de l'autorité morale de la communauté internationale.

Les travaux menés par l'Organisation durant l'année découlent en grande partie des décisions de l'Assemblée générale, c'est-à-dire de la volonté de la majorité des Membres exprimée dans les résolutions adoptées par l'Assemblée. Ces travaux sont exécutés :
* Par les commissions et autres organes établis par l'Assemblée pour étudier des questions déterminées telles que le désarmement, l'espace, le maintien de la paix, la décolonisation et les droits de l'homme, et pour faire rapport à leur sujet;
* Dans les conférences internationales convoquées par l'Assemblée;
* Par le Secrétariat de l'ONU, c'est-à-dire le Secrétaire général et son personnel composé de fonctionnaires internationaux.

CONSEIL DE SÉCURITÉ

Le Conseil de sécurité a, aux termes de la Charte, la responsabilité principale du maintien de la paix et de la sécurité internationales.

Il se compose de 15 membres, dont 5 membres permanents – Chine, Etats-Unis, Fédération de Russie*, France et Royaume-Uni – et 10 membres élus par l'Assemblée générale pour une période de deux ans.

Chaque membre du Conseil dispose d'une voix. Les décisions de procédure sont prises par un vote affirmatif de 9 au moins des 15 membres. Les décisions sur les questions de fond sont prises par un vote affirmatif de neuf membres également, parmi lesquels doivent figurer les cinq membres permanents. C'est la règle de l'« unanimité des grandes puissances », souvent appelée droit de « veto ». Si un membre permanent est opposé à une décision, il peut voter contre, ce qui revient à opposer son veto. Les cinq membres permanents du Conseil ont tous exercé un jour ou l'autre leur droit de veto. Si un membre permanent n'appuie pas une décision mais ne désire pas bloquer les débats en usant de son droit de veto, il peut s'abstenir.

Aux termes de la Charte, tous les Membres de l'ONU acceptent et appliquent les décisions du Conseil. Alors que les autres organes de l'Organisation n'adressent aux gouvernements que des recommandations, le Conseil est le seul à pouvoir prendre des décisions que les membres sont tenus d'appliquer, conformément à la Charte.

Fonctions et pouvoirs

Aux termes de la Charte, les fonctions et pouvoirs du Conseil sont les suivants :

• Maintenir la paix et la sécurité internationales, conformément aux buts et aux principes des Nations Unies;

• Enquêter sur tout différend ou toute situation qui pourrait entraîner un désaccord entre nations;

• Recommander des moyens d'arranger un tel différend ou les termes d'un règlement;

• Elaborer des plans en vue d'établir un système de réglementation des armements;

---

* L'Union des républiques socialistes soviétiques était membre originaire de l'ONU depuis le 24 octobre 1945. Dans une lettre datée du 24 décembre 1991, Boris Eltsine, président de la Fédération de Russie, a informé le Secrétaire général que la Fédération de Russie, avec l'appui des 11 pays membres de la Communauté d'Etats indépendants, prenait la succession de l'Union soviétique au Conseil de sécurité et dans tous les autres organes de l'ONU.

- Constater l'existence d'une menace contre la paix ou d'un acte d'agression et recommander les mesures à prendre;

- Inviter les Membres à appliquer des sanctions économiques et d'autres mesures n'impliquant pas l'emploi de la force armée pour prévenir une agression ou y mettre fin;

- Prendre des mesures d'ordre militaire contre un agresseur;

- Recommander l'admission de nouveaux membres et les conditions dans lesquelles les Etats peuvent devenir parties au Statut de la Cour internationale de Justice;

- Exercer les fonctions de tutelle de l'ONU dans les « zones stratégiques »;

- Recommander à l'Assemblée générale la nomination du Secrétaire général et élire, avec l'Assemblée générale, les membres de la Cour internationale de Justice.

Le Conseil de sécurité est organisé de manière à pouvoir exercer ses fonctions en permanence. Chacun de ses membres doit à tout moment avoir un représentant au Siège de l'ONU. Le 31 janvier 1992 s'est tenue au Siège la première réunion au sommet de l'histoire du Conseil. Treize des 15 pays membres y étaient représentés par leur chef d'Etat ou de gouvernement et deux par leur Ministre des affaires étrangères. Le Conseil peut se réunir ailleurs qu'au Siège; ainsi, en 1972, il a tenu une session à Addis-Abeba et, l'année suivante, à Panama.

Lorsqu'il est saisi d'une plainte concernant une situation qui menace la paix, le Conseil commence habituellement par recommander aux parties de chercher à se mettre d'accord par des moyens pacifiques. Dans certains cas, il enquête lui-même et apporte sa médiation. Il peut désigner des représentants spéciaux ou prier le Secrétaire général de le faire ou d'user de ses bons offices. Il peut aussi énoncer les principes d'un règlement pacifique.

Lorsqu'un différend aboutit à un conflit armé, le Conseil s'occupe avant tout d'y mettre fin le plus rapidement possible. En de multiples occasions, il a donné des directives de cessez-le-feu qui ont permis d'éviter l'extension des hostilités. Il envoie également des forces des Nations Unies chargées du maintien de la paix afin d'apaiser les tensions dans les zones perturbées, de séparer les adversaires et d'instaurer les conditions de calme dans lesquelles un règlement pacifique peut être recherché. Il peut aussi décider des mesures d'exécution, des sanctions économiques (telles que les embargos commerciaux) ou une action militaire collective.

Un Etat Membre contre lequel le Conseil de sécurité a pris des mesures préventives ou des mesures exécutoires peut se voir provisoirement privé par l'Assemblée générale, sur recommandation du Conseil, de l'exercice de ses droits et privilèges de Membre. Tout Etat Membre qui persiste à violer les principes énoncés dans la Charte peut, sur recommandation du Conseil, être exclu de l'Organisation par l'Assemblée générale.

Tout Etat Membre de l'ONU qui n'est pas membre du Conseil de sécurité peut participer, sans droit de vote, aux débats du Conseil quand celui-ci estime que les intérêts de l'Etat en question sont concernés. Les Etats parties à un différend examiné par le Conseil, qu'ils soient ou non Membres de l'Organisation, sont invités à prendre part, sans droit de vote, aux débats du Conseil. Le Conseil de sécurité détermine les conditions de participation d'un Etat qui n'est pas membre de l'Organisation.

CONSEIL ÉCONOMIQUE ET SOCIAL

Le Conseil économique et social est, aux termes de la Charte, l'organe principal de coordination des activités économiques et sociales de l'ONU et de ses organismes et institutions spécialisées — qui constituent ce qu'on appelle « le système (ou la famille) des Nations Unies ». Il comprend 54 membres élus pour trois ans. Il prend ses décisions à la majorité simple, chaque membre disposant d'une voix.

Fonctions et pouvoirs

Les fonctions et pouvoirs du Conseil économique et social sont les suivants :

• Servir d'instance principale pour l'examen des questions économiques et sociales internationales qui revêtent un caractère mondial ou interdisciplinaire et pour l'élaboration de recommandations pratiques sur ces questions à l'intention des Etats Membres et du système des Nations Unies dans son ensemble;

• Réaliser ou faire faire des études et des rapports et formuler des recommandations sur des questions internationales dans les domaines économique, social, culturel, éducatif, de la santé publique et dans d'autres domaines apparentés;

- Assurer le respect effectif des droits de l'homme et des libertés fondamentales pour tous;
- Convoquer des conférences internationales sur les questions qui relèvent de sa compétence et préparer des projets de convention pour les soumettre à l'Assemblée générale;
- Conclure des accords avec les institutions spécialisées afin de définir leurs rapports avec l'ONU;
- Coordonner les activités des institutions spécialisées en ayant avec elles des consultations et en leur faisant des recommandations ainsi qu'à l'Assemblée générale et aux Etats Membres de l'Organisation;
- Rendre des services aux Membres de l'Organisation, avec l'approbation de l'Assemblée générale, ou aux institutions spécialisées, sur leur demande;
- Consulter les organisations non gouvernementales intéressées sur les questions dont il s'occupe.

Sessions

Le Conseil économique et social tient généralement un session de fond de cinq semaines chaque année, une fois à New York et une fois à Genève, et au moins deux sessions d'organisation à New York. La session de fond comprend une réunion spéciale de haut niveau, à laquelle assistent des ministres et d'autres hauts fonctionnaires et où sont examinées les grandes questions économiques et sociales. Tout au long de l'année, les travaux du Conseil se déroulent dans des organes subsidiaires – commissions et comités – qui se réunissent à intervalles réguliers et font rapport au Conseil.

Organes subsidiaires et connexes

Les organes subsidiaires du Conseil sont les suivants :
- Neuf commissions techniques : la Commission de statistique, la Commission de la population et du développement, la Commission du développement social, la Commission des droits de l'homme, la Commission de la condition de la femme, la Commission des stupéfiants, la Commission pour la prévention du crime et la justice pénale, la Commission de la science et de la technique au service du développement et la Commission du développement durable;
- Cinq commissions régionales : la Commission économique pour l'Afrique [sise à Addis-Abeba (Ethiopie)], la Commission économi-

que et sociale pour l'Asie et le Pacifique [Bangkok (Thaïlande)], la Commission économique pour l'Europe [Genève (Suisse)], la Commission économique pour l'Amérique latine et les Caraïbes [Santiago (Chili)], et la Commission économique et sociale pour l'Asie occidentale [Amman (Jordanie)];

• Quatre comités permanents : le Comité du programme et de la coordination, la Commission des établissements humains, le Comité chargé des organisations non gouvernementales et le Groupe intergouvernemental d'experts des normes internationales de comptabilité et de publication;

• Un certain nombre d'organes permanents composés d'experts, qui sont chargés de questions telles que la planification du développement, les ressources naturelles, les sources d'énergie nouvelles et renouvelables et l'énergie au service du développement, et les droits économiques, sociaux et culturels;

• Les comités exécutifs et conseils d'administration des organismes suivants : Fonds des Nations Unies pour l'enfance, Haut Commissariat des Nations Unies pour les réfugiés, Programme des Nations Unies pour le développement/Fonds des Nations Unies pour la population, Programme alimentaire mondial et Institut international de recherche et de formation pour la promotion de la femme. Sont également rattachés au Conseil l'Organe international de contrôle des stupéfiants et le Conseil mondial de l'alimentation.

Relations avec les organisations non gouvernementales

Aux termes de la Charte, le Conseil économique et social peut consulter les organisations non gouvernementales qui s'occupent de questions relevant de sa compétence. Il reconnaît que ces organisations doivent pouvoir donner leurs points de vue et qu'elles ont souvent une expérience ou des connaissances particulières qui peuvent lui être utiles dans ses travaux.

Plus de 1 500 organisations non gouvernementales sont dotées du statut consultatif auprès du Conseil. Elles se classent en trois catégories : les organisations de la catégorie I, qui s'intéressent à la plupart des activités du Conseil; les organisations de la catégorie II, qui sont particulièrement compétentes dans certains domaines; et les organisations figurant sur une liste en vue de consultations ponctuelles, qui peuvent à l'occasion être utiles au Conseil.

Les organisations non gouvernementales dotées du statut consultatif peuvent envoyer des observateurs aux réunions publiques du Conseil et de ses organes subsidiaires et soumettre des communications écrites intéressant les travaux du Conseil. Elles peuvent aussi consulter le Secrétariat de l'ONU sur des sujets d'intérêt commun.

CONSEIL DE TUTELLE

En instituant un régime international de tutelle, la Charte a établi le Conseil de tutelle comme l'un des principaux organes de l'ONU et lui a assigné la tâche de surveiller l'administration des territoires placés sous ce régime, lequel avait essentiellement pour objet de faire progresser la condition des habitants des 11 territoires existant à l'origine et de favoriser leur évolution progressive vers l'autonomie ou l'indépendance. Le Conseil se compose des cinq membres permanents du Conseil de sécurité : Chine, Etats-Unis, Fédération de Russie, France et Royaume-Uni.

Les objectifs du régime de tutelle ont été réalisés au point que tous les territoires sous tutelle ont accédé à l'autonomie ou à l'indépendance, soit en tant qu'Etats distincts, soit en se joignant à des pays indépendants voisins. En novembre 1994, le Conseil de sécurité a mis fin à l'accord de tutelle qui liait l'ONU au dernier des 11 territoires d'origine, celui des Iles du Pacifique (Palaos), administré par les Etats-Unis. Le Conseil de tutelle, qui a modifié son règlement intérieur, se réunira désormais lorsque les circonstances l'exigeront. (Voir aussi le chapitre 6.)

Fonctions et pouvoirs

Aux termes de la Charte, le Conseil de tutelle est autorisé à examiner les rapports de l'Autorité administrante sur le progrès politique, économique et social des habitants des territoires sous tutelle et sur le développement de leur instruction, ainsi qu'à examiner, en consultation avec l'Autorité administrante, les pétitions émanant des territoires sous tutelle, où il peut envoyer des missions périodiques ou spéciales.

COUR INTERNATIONALE DE JUSTICE

La Cour internationale de Justice, sise à La Haye, est l'organe judiciaire principal de l'ONU. Son Statut fait partie intégrante de la Charte des Nations Unies.

Tous les Etats Membres de l'Organisation sont automatiquement parties au Statut de la Cour. Un Etat non membre de l'Organisation peut devenir partie au Statut de la Cour dans des conditions qui sont déterminées pour chaque cas par l'Assemblée générale, sur la recommandation du Conseil de sécurité. La Suisse et Nauru sont les seuls Etats parties au Statut qui ne sont pas membres de l'ONU. Un particulier ne peut être membre de la Cour.

Tous les Etats parties au Statut peuvent soumettre à la Cour des affaires auxquelles ils sont parties. Les autres Etats le peuvent aussi, mais dans des conditions fixées par le Conseil de sécurité. De plus, le Conseil de sécurité peut recommander qu'un différend d'ordre juridique soit soumis à la Cour.

L'Assemblée générale et le Conseil de sécurité peuvent demander à la Cour un avis consultatif sur toute question juridique. Les autres organes de l'ONU ainsi que les institutions spécialisées peuvent, avec l'autorisation de l'Assemblée générale, demander un avis consultatif sur des questions juridiques entrant dans le cadre de leur activité.

Juridiction

La juridiction de la Cour s'étend à toutes les questions qui lui sont soumises par les Etats et à tous les cas prévus dans la Charte des Nations Unies ou dans les traités et conventions en vigueur. Les Etats peuvent s'engager à l'avance à accepter la juridiction de la Cour, soit en signant un traité ou une convention qui prévoit l'intervention de la Cour, soit par une déclaration spéciale à cet effet, d'où ils peuvent cependant exclure certaines catégories d'affaires.

Conformément à l'Article 38 de son Statut, la Cour applique, pour régler les différends qui lui sont soumis :

• Les conventions internationales qui établissent des règles reconnues par les Etats en litige;

• La coutume internationale comme preuve d'une pratique générale, acceptée comme étant le droit;

• Les principes généraux de droit reconnus par les nations;

• Les décisions judiciaires et la doctrine des auteurs les plus qualifiés des différentes nations, comme moyen auxiliaire de détermination des règles de droit.

Si les parties l'acceptent, la Cour peut aussi se prononcer sur la base de l'équité.

Composition

La Cour se compose de 15 magistrats élus par l'Assemblée générale et le Conseil de sécurité, ces deux organes procédant à l'élection indépendamment l'un de l'autre. Les membres de la Cour sont choisis pour leur compétence, sans considération de leur nationalité. On veille toutefois à ce que les principaux systèmes juridiques du monde soient représentés. La Cour ne peut comprendre plus d'un membre ressortissant du même Etat. Les membres sont élus pour neuf ans et rééligibles. Pendant la durée de leur mandat, ils ne peuvent exercer aucune autre fonction.

La Cour siège généralement en séance plénière, mais elle peut aussi constituer, à la demande des parties, des organes plus restreints appelés chambres. Les jugements rendus par les chambres sont considérés comme rendus par la Cour en séance plénière. La Cour a en outre créé une chambre spécialisée dans les questions d'environnement et constitue chaque année une Chambre de procédure sommaire. (Voir aussi le chapitre 7.)

SECRÉTARIAT

Le Secrétariat de l'ONU, composé de fonctionnaires recrutés au plan international qui travaillent au Siège (à New York) et dans le monde entier, s'acquitte des diverses tâches quotidiennes de l'Organisation. Il est au service des autres organes principaux de l'ONU, dont il administre les politiques et les programmes. Il a à sa tête le Secrétaire général, nommé par l'Assemblée générale pour une durée de cinq ans renouvelables, sur recommandation du Conseil de sécurité.

Les tâches du Secrétariat sont aussi diverses que les problèmes dont s'occupe l'Organisation. Elles vont de l'administration des opérations de maintien de la paix à la médiation dans les différends internationaux. Les fonctionnaires du Secrétariat observent également les tendances et les problèmes économiques et sociaux, réalisent des études sur des sujets tels que les droits de l'homme et le développement durable, organisent des conférences internationales sur des questions intéressant l'ensemble du monde, surveillent l'application des décisions adoptées par les organes de l'ONU, interprètent les discours et traduisent les documents dans les langues officielles de l'Organisation et mettent en œuvre des programmes d'information afin de faire connaître aux médias du monde les activités de l'ONU.

Le Secrétariat se compose de plus de 14 000 hommes et femmes appartenant à 170 pays environ. Ces fonctionnaires internationaux, de même que le Secrétaire général, ne rendent compte de leurs activités qu'à l'ONU et font le serment de ne solliciter ni recevoir d'instructions d'aucun gouvernement ni d'aucune autorité extérieure. Aux termes de l'Article 100 de la Charte, chaque Etat Membre s'engage à respecter le caractère exclusivement international des fonctions du Secrétaire général et du personnel et à ne pas chercher à les influencer dans l'exécution de leur tâche.

Le Secrétaire général

Décrit par la Charte des Nations Unies comme « le plus haut fonctionnaire » de l'Organisation, le Secrétaire général est évidemment beaucoup plus que cela. A la fois diplomate et activiste, conciliateur et catalyseur, il est aux yeux de la communauté mondiale l'emblème même des Nations Unies. C'est une tâche qui exige beaucoup de fermeté, de sensibilité et d'imagination, ainsi qu'un optimisme tenace et une conviction que les idéaux exprimés dans la Charte sont réalisables. L'actuel Secrétaire général des Nations Unies, sixième titulaire du poste, est l'Egyptien Boutros Boutros-Ghali, qui a pris ses fonctions le 1er janvier 1992.

Le travail du Secrétaire général comporte une part de créativité qui découle directement de sa définition donnée dans la Charte. Celle-ci permet en effet au Secrétaire général d'attirer l'attention du Conseil de sécurité sur toute affaire qui, à son avis, pourrait mettre en danger le maintien de la paix et de la sécurité internationales. Elle lui demande également de remplir « toutes autres fonctions » dont il serait chargé par le Conseil de sécurité, l'Assemblée générale et les autres organes principaux de l'ONU. Le Secrétaire général fait donc office de porte-parole de la communauté internationale, tout en étant au service des Etats Membres – rôles qui semblent de nature à susciter quelques frictions. Pourtant, loin de limiter son action, ces orientations générales constituent pour lui un extraordinaire mandat concret.

Le Secrétaire général est surtout connu du grand public comme celui qui fait usage de sa position et de son impartialité – de ses « bons offices » – dans l'intérêt de la « diplomatie préventive », c'est-à-dire celui qui agit directement ou par l'intermédiaire de ses hauts collaborateurs, en public ou en privé, pour empêcher l'apparition, l'aggravation ou l'extension des différends internationaux. Et il est vrai que ses paroles et ses actes peuvent avoir une grande influence sur les événements et les crises qui se produisent dans le monde.

Mais le travail du Secrétaire général consiste aussi à avoir des consultations ordinaires et quotidiennes avec les dirigeants mondiaux et d'autres personnalités, à assister aux sessions des divers organes de l'ONU et à voyager à travers le monde dans le cadre de l'action générale destinée à améliorer la situation internationale. Chaque année, il publie un rapport très attendu dans lequel il évalue l'activité de l'Organisation et donne son opinion sur les priorités futures de celle-ci.

Chaque Secrétaire général définit aussi sa mission dans le contexte de son époque. Ainsi, en 1992, M. Boutros-Ghali a rédigé, sur la demande du Conseil de sécurité, un *Agenda pour la paix*, proposition ambitieuse visant à édifier et maintenir la paix dans le monde de l'après-guerre froide. Deux ans plus tard, il a publié un *Agenda pour le développement*, qui constitue un schéma directeur pour le développement à l'horizon du XXIe siècle. A une époque où la communauté mondiale s'engage dans des territoires en grande partie inconnus, les fonctions du Secrétaire général connaissent elles aussi une orientation et un dynamisme nouveaux.

Les prédécesseurs de M. Boutros-Ghali au poste de Secrétaire général ont été : Javier Pérez de Cuéllar (Pérou), de 1982 à 1991; Kurt Waldheim (Autriche), de 1972 à 1981; U Thant (Birmanie – aujourd'hui Myanmar), de 1961 à 1971; Dag Hammarskjöld (Suède), de 1953 à 1961, date de sa mort dans un accident d'avion en Afrique; et Trygve Lie (Norvège), de 1946 à 1953.

BUDGET DE L'ORGANISATION DES NATIONS UNIES

Le budget-programme ordinaire de l'Organisation est approuvé tous les deux ans par l'Assemblée générale. Il est d'abord présenté par le Secrétaire général à un comité d'experts de 16 membres, le Comité consultatif pour les questions administratives et budgétaires. Les aspects du budget intéressant le programme sont examinés par le Comité du programme et de la coordination, composé de 34 membres.

Pour l'exercice biennal 1994-1995, les crédits ouverts tels qu'ils ont été initialement approuvés en 1993 sont de 2 580 200 200 dollars répartis en 12 grandes catégories de dépenses :

		Dollars E.-U.
1.	Politique, direction et coordination d'ensemble	37 049 800
2.	Affaires politiques	169 496 800
3.	Justice internationale et droit international.	50 819 400
4.	Coopération internationale pour le développement	296 711 400
5.	Coopération régionale pour le développement	343 680 000
6.	Droits de l'homme et affaires humanitaires	120 941 800
7.	Information	133 145 300
8.	Services communs d'appui.	876 856 000
9.	Dépenses spéciales	57 973 200
10.	Dépenses d'équipement	77 148 000
11.	Contributions du personnel.	404 949 400
12.	Bureau des inspections et investigations	11 429 100

Les quotes-parts versées par les Etats Membres constituent la principale source de financement du budget ordinaire; elles sont calculées selon un barème établi par l'Assemblée générale, sur avis du Comité des contributions, composé de 18 membres, qui tient essentiellement compte de la capacité de paiement de chaque Etat. Aucune quote-part ne peut dépasser 25 % ni être inférieure à 0,01 % du budget. (Pour le barème, voir les appendices.)

Les prévisions de recettes pour l'exercice biennal 1994-1995, en dehors des quotes-parts des Etats Membres, s'élèvent à 477 401 700 dollars répartis comme suit :

		Dollars E.-U.
1.	Contributions du personnel*	411 364 200
2.	Recettes générales	59 258 800
3.	Services destinés au public	6 778 700

---

* Pour rendre équivalente la rémunération nette de tous les fonctionnaires des Nations Unies quelles que soient leurs obligations fiscales, l'Organisation déduit de leur traitement une somme appelée « contribution du personnel ». Le pourcentage de cette déduction équivaut à peu près au montant payé par les ressortissants des Etats-Unis pour les impôts fédéraux, les impôts des Etats et les impôts locaux, calculés au taux normal. L'argent ainsi collecté est ensuite déduit de la somme à verser par le pays d'origine du fonctionnaire au titre de sa quote-part.

(Suite de la note page suivante)

Depuis plusieurs années, l'ONU se trouve dans une situation financière précaire du fait que de nombreux Etats Membres continuent à ne pas acquitter intégralement et dans les délais leurs contributions obligatoires au budget ordinaire et aux opérations de maintien de la paix. Elle a réussi à se maintenir à flot grâce aux contributions volontaires de certains pays et à son fonds de roulement (auquel les Etats Membres avancent des fonds proportionnellement à leurs contributions obligatoires). Au 31 décembre 1994, les contributions obligatoires non acquittées représentaient près de 1,8 milliard de dollars.

Sur cette somme, les Etats Membres devaient plus de 352 millions de dollars au titre du budget ordinaire de 1994 et plus de 127 millions au titre du budget de 1993 et des budgets précédents. Sur 184 Etats Membres, seuls 75 avaient versé intégralement leur contribution au budget ordinaire en décembre 1994, ce qui veut dire que les 109 autres n'avaient pas honoré leurs obligations financières réglementaires à l'égard de l'Organisation.

Outre le budget ordinaire, les Etats Membres doivent également financer, en fonction d'une version modifiée du barème général, le coût de la Force des Nations Unies chargée du maintien de la paix à Chypre, de la Force des Nations Unies chargée d'observer le dégagement au Moyen-Orient, de la Force intérimaire des Nations Unies au Liban, de la Mission d'observation des Nations Unies pour l'Iraq et le Koweït, de la Mission de vérification des Nations Unies en Angola, de la Mission d'observation des Nations Unies en El Salvador, de la Mission des Nations Unies pour l'organisation d'un référendum au Sahara occidental, de la Force de protection des Nations Unies, de l'Opération des Nations Unies en Somalie, de la Opération des Nations Unies au Mozambique, de la Mission d'observation des Nations Unies en Géorgie,

---

(Suite de la note)
La plupart des pays dispensent de tout autre impôt leurs ressortissants employés comme fonctionnaires des Nations Unies. La principale exception à cette règle est les Etats-Unis, dont les ressortissants employés par le Secrétariat doivent payer le même impôt sur le revenu que les autres ressortissants américains. Pour leur éviter d'être imposés deux fois, l'ONU leur rembourse une part de la contribution du personnel égale à l'impôt requis par les autorités fiscales des Etats-Unis sur les traitements qu'elle leur verse. Ils paient ensuite cette somme aux autorités fiscales.

Le budget-programme ordinaire auquel s'appliquent ces contributions couvre les dépenses relatives aux programmes de fonds, à l'appui aux programmes et aux activités administratives de l'Organisation, tant au Siège que dans le reste du monde.

de la Mission d'observation des Nations Unies au Libéria, de la Mission des Nations Unies en Haïti, de la Mission des Nations Unies pour l'assistance au Rwanda et de la Mission d'observation des Nations Unies au Tadjikistan.

En 1994, les contributions mises en recouvrement pour les opérations de maintien de la paix se sont élevées à 3,19 milliards de dollars, auxquels se sont ajoutés environ un milliard de dollars de contributions non acquittées au 1er janvier 1994. Au 31 décembre 1994, les contributions non acquittées pour les 18 opérations de maintien de la paix en cours ou achevées depuis peu, dotées de budgets distincts, avoisinaient 1,3 milliard de dollars. Pour faire face à ce défaut de paiement, l'ONU a dû retarder les remboursements dus aux Etats qui fournissent des contingents, ce qui leur impose une charge injuste.

Parmi les autres activités opérationnelles de l'ONU, beaucoup sont essentiellement financées par des contributions volontaires. Les programmes et fonds ainsi financés sont notamment les suivants : le Programme des Nations Unies pour le développement; le Programme alimentaire mondial; le Haut Commissariat des Nations Unies pour les réfugiés; le Fonds des Nations Unies pour l'enfance; l'Office de secours et de travaux des Nations Unies pour les réfugiés de Palestine dans le Proche-Orient; et le Fonds des Nations Unies pour la population. Les contributions sont versées par des gouvernements mais aussi par des particuliers, comme dans le cas du Fonds des Nations Unies pour l'enfance.

Budget du système des Nations Unies

En 1994, le budget ordinaire approuvé du système des Nations Unies s'est élevé à 2 912 511 826 dollars. Ce chiffre comprend les budgets de l'ONU, des institutions spécialisées (à l'exception de la Banque mondiale, du Fonds monétaire international et du Fonds international de développement agricole) et de l'Agence internationale de l'énergie atomique.

CHAPITRE 2

La paix et la sécurité internationales

L'Organisation des Nations Unies a été fondée en 1945, au lendemain d'une guerre mondiale dévastatrice, afin d'aider à stabiliser les relations internationales et d'affermir les fondements de la paix. Depuis, elle a été le témoin et le catalyseur d'une extraordinaire évolution dans les relations mondiales. Sortie des ruines de la seconde guerre mondiale, ayant traversé des années assombries par la rivalité entre les deux camps les plus puissants, par la menace d'un holocauste nucléaire et par des conflits régionaux apparemment sans fin, elle est devenue une organisation dont le souci prédominant est la recherche concertée d'une stabilité fondée sur la paix et le développement.

Avec l'éloignement de la guerre froide, le monde s'est pris à espérer l'avènement d'une ère où la guerre ne serait plus l'instrument de la politique. Or, sur presque tous les continents, des différends longtemps assoupis se sont réveillés, donnant naissance à de violents conflits. Les appels à l'ONU se sont multipliés, et l'Organisation y a répondu en augmentant le nombre de ses opérations de maintien de la paix et en intensifiant ses efforts de rétablissement de la paix, sa présence humanitaire et sa diplomatie préventive.

De nos jours, on n'assimile plus seulement la paix et la sécurité à l'absence de conflit militaire : on considère aussi que les intérêts communs de l'humanité dépendent de réalités économiques et sociales telles que la pauvreté, la faim, la dégradation de l'environnement et les violations des droits de l'homme – problèmes qui sont souvent au cœur des tensions nationales et internationales.

PROMOTION DES RELATIONS PACIFIQUES

L'élaboration de principes visant à favoriser la paix relève principalement de l'Assemblée générale, en vertu de l'Article 11 de la Charte, qui stipule que « l'Assemblée générale peut étudier les principes généraux de coopération pour le maintien de la paix et de la sécurité internationales [...] et faire, sur ces principes, des recommandations soit aux Membres de l'Organisation, soit au

Conseil de sécurité, soit aux Membres de l'Organisation et au Conseil de sécurité. »

Au fil des ans, l'Assemblée a aidé à promouvoir des relations pacifiques entre les nations en adoptant plusieurs résolutions et déclarations sur la paix, le règlement pacifique des différends et la coopération internationale au service du renforcement de la paix.

En 1980, elle a approuvé la création de l'Université pour la paix, à San José (Costa Rica), institut international chargé de réaliser des études, de mener des recherches et de diffuser des connaissances spécialement axées sur la formation au service de la paix.

L'Assemblée a désigné le jour d'ouverture de sa session ordinaire – le troisième mardi de septembre – comme Journée internationale de la paix. Pour concentrer les efforts de l'ONU et de ses Etats Membres sur la promotion et la concrétisation des idéaux de paix, l'année 1986 a été proclamée Année internationale de la paix.

RÉTABLISSEMENT ET MAINTIEN DE LA PAIX

Depuis sa fondation, l'ONU a souvent été sollicitée pour empêcher une situation dangereuse de dégénérer en une guerre, persuader les adversaires de s'asseoir à la table de conférence plutôt que de faire parler les armes, et faciliter le retour de la paix en cas de conflit.

Les méthodes et les mécanismes employés à cette fin ont revêtu de nombreuses formes. Dans certains différends, l'Organisation a envoyé des forces de maintien de la paix, des missions d'observation ou d'enquête, des missions de bons offices, des médiateurs et des représentants spéciaux. Dans d'autres, elle a servi de cadre aux débats et aux négociations ou d'instrument de la « diplomatie discrète ».

La Charte dispose que les Etats Membres doivent régler leurs différends par des moyens pacifiques, de telle manière que la paix et la sécurité internationales ainsi que la justice ne soient pas mises en danger, et s'abstenir de recourir à la menace ou à l'emploi de la force contre tout Etat ou de toute autre manière incompatible avec les buts des Nations Unies.

Elle stipule également que c'est au Conseil de sécurité que revient la responsabilité principale du maintien de la paix et de la sécurité internationales. En vertu de l'Article 25, les Etats Membres conviennent d'accepter et d'appliquer les décisions du Conseil. Les recommandations des autres organes de l'ONU n'ont pas l'autorité des décisions du Conseil, mais elles peuvent exercer une influence du fait qu'elles expriment l'opinion mondiale.

L'apparition d'un esprit de corps entre les membres permanents du Conseil, jointe à la volonté de plus en plus affirmée des Etats Membres de faire appel à l'Organisation, a renforcé le rôle du Secrétaire général et sa fonction d'intermédiaire entre les parties, et ses bons offices sont de plus en plus sollicités pour aider à mettre au point des accords équitables. Les cas de l'Afghanistan, de la guerre entre l'Iran et l'Iraq, de la Namibie, de l'Amérique centrale, du Cambodge et du Mozambique illustrent divers aspects du rôle de rétablissement de la paix que joue le Secrétaire général.

Parmi les moyens dont l'ONU dispose pour aider à maintenir la paix et la sécurité internationales figurent les opérations de maintien de la paix, qui ont pour objet de maîtriser les conflits pendant qu'une solution durable est recherchée.

Le maintien de la paix consiste pour l'ONU à être sur le terrain (normalement au moyen de personnel militaire et civil) afin d'assurer ou de surveiller l'application des accords destinés à maîtriser des conflits (cessez-le-feu, séparation des forces, etc.) et à les régler (en tout ou partie), ou de protéger l'acheminement des secours humanitaires.

Les opérations de maintien de la paix sont mises en place par le Conseil de sécurité et dirigées par le Secrétaire général. Elles doivent être approuvées par les gouvernements qui les accueillent et, généralement aussi, par les autres parties intéressées, et ne doivent servir en aucune manière à favoriser une partie au détriment d'une autre.

Elles peuvent consister à envoyer des missions d'observateurs militaires composées d'officiers non armés, des forces de maintien de la paix, ou les deux. Les forces de maintien de la paix sont formées de contingents fournis par les Etats Membres et financés par la communauté internationale. Elles sont armées mais ne peuvent utiliser leurs armes qu'en cas de légitime défense.

Avec la fin de la guerre froide, les demandes d'intervention de l'ONU en vue de maintenir la paix ont fortement augmenté.

Entre 1988 et 1994, il y a eu 21 opérations nouvelles, contre 13 durant les 40 années précédentes.

Le caractère de ces opérations a également changé. La plupart des 13 opérations menées avant 1988 étaient des opérations traditionnelles, c'est-à-dire que des forces en grande partie militaires étaient chargées de surveiller un cessez-le-feu, de contrôler des zones tampons et d'empêcher la reprise des hostilités. Elles avaient pour objet de maintenir le calme sur le front, afin de créer un contexte plus propice à un règlement négocié.

Bon nombre d'opérations récentes ont été mises sur pied pour aider à appliquer un règlement déjà négocié par les responsables du rétablissement de la paix. Elles se sont donc traduites non seulement par des activités militaires traditionnelles mais aussi par toute une série de tâches civiles. En outre, diverses opérations de maintien de la paix ont pour objet de protéger les civils et d'assurer l'acheminement de l'aide humanitaire.

Les forces de maintien de la paix des Nations Unies ont obtenu le prix Nobel de la paix en 1988.

SURVEILLANCE DES ÉLECTIONS

L'ONU fit œuvre de pionnier en 1989 lorsqu'elle surveilla l'ensemble du processus électoral en Namibie, dans le cadre du GANUPT. Depuis, elle a surveillé, sur la demande des gouvernements, les élections au Nicaragua et en Haïti (1990), en Angola (1992), au Cambodge (1993), en El Salvador, en Afrique du Sud et au Mozambique (1994), ainsi que le référendum en Erythrée (1993). L'intervention de l'Organisation porte sur tous les aspects du processus électoral : inscription des électeurs, organisation du scrutin, vote, décompte des voix et annonce des résultats. Le but est de déterminer si les élections ont été libres et régulières à tous les stades.

Une Division de l'assistance électorale a été créée en 1992 au sein du Département des opérations de maintien de la paix de l'ONU. Entre avril 1992 et mai 1995, elle a dispensé une assistance technique à 55 pays.

AGENDA POUR LA PAIX

Le 31 janvier 1992, le Conseil de sécurité s'est réuni pour la première fois au niveau des chefs d'Etat et de gouvernement, marquant ainsi de façon historique l'engagement renouvelé de ses membres vis-à-vis des buts et principes de la Charte. A l'issue de cette réunion, il a invité le Secrétaire général à recommander des moyens d'améliorer la capacité de l'Organisation dans les domaines de la diplomatie préventive ainsi que du maintien et du rétablissement de la paix.

En juin 1992, le Secrétaire général a présenté aux Etats Membres l'*Agenda pour la paix** où figurait un programme intégré de propositions visant à rendre plus efficaces les activités de l'ONU qui ont pour objet de déceler les conflits potentiels, de leur apporter des solutions et d'instaurer la paix entre les anciens adversaires pendant la période postérieure au conflit.

Dans le domaine de la **diplomatie préventive**, le Secrétaire général recommandait d'intensifier les activités de renforcement de la confiance et d'établissement des faits et de mettre en place un système d'alerte rapide destiné à évaluer les menaces éventuelles contre la paix. Il suggérait une technique nouvelle, le « déploiement préventif », consistant à envoyer des forces des Nations Unies dans une zone pour décourager les hostilités plutôt que d'attendre l'apparition d'un conflit armé. Il proposait comme option préventive la création de zones démilitarisées. Il recommandait aussi que le Conseil de sécurité recueille des informations sur des situations économiques et sociales telles que les migrations massives, la famine et les troubles ethniques, qui risquent de menacer la paix et la sécurité internationales.

Pour permettre à l'ONU de jouer un rôle plus actif dans le **rétablissement de la paix**, il suggérait que l'Assemblée générale participe pleinement aux efforts de médiation, de négociation ou d'arbitrage des différends. Il exhortait les Etats à recourir davantage à la Cour internationale de Justice pour régler leurs différends. Il préconisait un renforcement de l'aide internationale, par le biais de l'ONU, afin d'améliorer les circonstances économiques et sociales qui sont en partie responsables des conflits.

Il recommandait aussi des mesures qui permettraient au Conseil de sécurité de faire usage du pouvoir qui lui est conféré par le chapitre VII de la Charte, à savoir utiliser la force militaire

---

* *Agenda pour la paix. Diplomatie préventive, rétablissement de la paix et maintien de la paix* (DPI/1247), 1992.

pour rétablir la paix et la sécurité internationales face à une menace contre la paix ou à un acte d'agression. Cette option était, selon lui, essentielle à la crédibilité de l'ONU en tant que garant de la sécurité internationale. Il proposait à cet égard la création d'« unités d'imposition de la paix » spécialement entraînées, qui seraient déployées là où la tâche de maintien du cessez-le-feu risque de dépasser la mission de maintien de la paix.

En ce qui concerne les **opérations de maintien de la paix**, le Secrétaire général demandait aux Etats des informations sur le nombre et la nature des effectifs qu'ils pourraient mettre à la disposition de l'ONU au cas où de nouvelles opérations se révéleraient nécessaires. Il suggérait que les Etats financent ces missions sur leur budget de la défense plutôt que sur leur budget des affaires étrangères. Il recommandait que le Conseil de sécurité envisage, avant le déploiement dans les situations dangereuses, des mesures collectives pour le cas où des membres du personnel civil ou militaire de l'Organisation seraient attaqués.

Pour la période postérieure au conflit, il recommandait toute une série d'**activités de consolidation de la paix**, y compris un effort commun des parties pour le rapatriement des réfugiés, les opérations de déminage, la remise en état des moyens de transport et l'utilisation de ressources telles que l'eau et l'électricité. Il soulignait aussi l'importance de l'aide que l'ONU peut apporter quant à la surveillance des élections, à la mise en place de nouvelles institutions gouvernementales ou au renforcement de celles qui existent, et à la protection des droits de l'homme.

Le Secrétaire général proposait aussi que les changements apportés aux mécanismes et aux techniques de l'ONU dans le domaine du maintien de la paix et de la sécurité soient liés au rôle grandissant que les **organisations régionales** jouent dans la diplomatie préventive et dans le rétablissement et le maintien de la paix.

Dans un rapport de situation publié en janvier 1995 comme *Supplément** à l'*Agenda pour la paix*, le Secrétaire général fait le point de l'expérience de l'Organisation depuis la publication du premier rapport en 1992. Il note les changements spectaculaires

---

* *Agenda pour la paix*, deuxième édition contenant le Supplément et des documents connexes des Nations Unies, DPI/1623/PKO, F.95.I.15, 1995.

en ampleur et en nature qu'ont connus les activités consacrées par l'ONU au maintien de la paix et de la sécurité depuis le Sommet du Conseil de sécurité en 1992. La plupart des conflits actuels, déclare-t-il, sont de nature interne et impliquent des armées aussi bien que des forces irrégulières, souvent dans des circonstances où les institutions de l'Etat se sont effondrées et où des situations d'urgence humanitaire sont apparues. Outre ses tâches humanitaires et militaires, l'ONU est appelée à favoriser la réconciliation nationale et à rétablir un gouvernement effectif.

Un autre type d'opération, ajoute le Secrétaire général, a été mené avec succès dans des pays tels que la Namibie, le Cambodge et le Mozambique, où un règlement négocié avait déjà été conclu. L'ONU y a été appelée pour aider les parties à appliquer ce règlement et exercer tout un éventail de fonctions, depuis la démobilisation des forces jusqu'à l'organisation des élections. Cette multiplicité de fonctions montre clairement le rôle que l'Organisation peut jouer pendant plusieurs années, après un règlement négocié, pour faire disparaître les causes profondes de la guerre.

A propos des actions coercitives destinées à maintenir la paix, le Secrétaire général estime que, comme l'ONU a de plus en plus recours à des sanctions, il faut un mécanisme destiné à évaluer, avant l'imposition de ces sanctions, leur effet potentiel sur le pays visé et les pays tiers. Ce mécanisme permettrait aussi de contrôler l'application des sanctions, de mesurer leur efficacité, d'assurer la prestation d'une aide humanitaire aux catégories vulnérables dans le pays visé et d'étudier les moyens d'aider les pays tiers qui subissent le contrecoup des sanctions.

Le Secrétaire général déclare en conclusion que, pour employer efficacement les instruments de maintien de la paix des Nations Unies, il faut des ressources financières. Si les Etats Membres ne versent pas leurs quotes-parts pour financer des activités qu'ils ont eux-mêmes votées, celles-ci ne pourront être mises en œuvre selon les plans prévus.

OPÉRATIONS DE MAINTIEN DE LA PAIX, 1948-1995

Opérations en cours (au mois de mai 1995)

Organisme des Nations Unies chargé de la surveillance de la trêve (ONUST) au Moyen-Orient (créé en 1948);

Groupe d'observateurs militaires des Nations Unies dans l'Inde et le Pakistan (UNMOGIP, 1949);

Force des Nations Unies chargée du maintien de la paix à Chypre (UNFICYP, 1964);

Force des Nations Unies chargée d'observer le dégagement (FNUOD, 1974) sur les hauteurs du Golan syrien;

Force intérimaire des Nations Unies au Liban (FINUL 1978);

Mission d'observation des Nations Unies pour l'Iraq et le Koweït (MONUIK, 1991);

Mission des Nations Unies pour l'organisation d'un référendum au Sahara occidental (MINURSO, 1991);

Force de protection des Nations Unies (FORPRONU, 1992) en ex-Yougoslavie, remplacée en 1995 par trois forces, la FORPRONU en Bosnie-Herzégovine, l'Opération des Nations Unies pour le rétablissement de la confiance en Croatie (ONURC) et la Force de déploiement préventif des Nations Unies (FORDEPRENU) dans l'ex-République yougoslave de Macédoine;

Mission d'observation des Nations Unies en Géorgie (MONUG, 1993);

Mission d'observation des Nations Unies au Libéria (MONUL, 1993);

Mission des Nations Unies en Haïti (MINUHA, 1993);

Mission des Nations Unies pour l'assistance au Rwanda (MINUAR, 1993);

Mission d'observation des Nations Unies au Tadjikistan (MONUT, 1994);

Mission de vérification des Nations Unies en Angola III (UNAVEM III, 1995).

Opérations passées

Force d'urgence des Nations Unies (FUNU I, 1956-1967) sur la frontière israélo-égyptienne;

Groupe d'observation des Nations Unies au Liban (GONUL, 1958);

Opération des Nations Unies au Congo (ONUC, 1960-1964);

Force de sécurité des Nations Unies en Nouvelle-Guinée occidentale (Irian occidental) [UNSF, 1962-1963];

Mission d'observation des Nations Unies au Yémen (UNYOM, 1963-1964);

Mission du Représentant du Secrétaire général en République dominicaine (DOMREP, 1965-1966);

Mission d'observation des Nations Unies pour l'Inde et le Pakistan (UNIPOM, 1965-1966);

Deuxième Force d'urgence des Nations Unies (FUNU II, 1973-1979) entre l'Egypte et Israël;

Mission de bons offices des Nations Unies en Afghanistan et au Pakistan (UNGOMAP, 1988-1990);

Groupe d'observateurs militaires des Nations Unies pour l'Iran et l'Iraq (GOMNUII, 1988-1991);

Mission de vérification des Nations Unies en Angola (UNAVEM, 1989-1991), remplacée par l'UNAVEM II (1991-1995);

Groupe d'assistance des Nations Unies pour la période de transition (GANUPT, 1989-1990) en Namibie;

Groupe d'observateurs des Nations Unies en Amérique centrale (ONUCA, 1989-1992);

Mission d'observation des Nations Unies en El Salvador (ONUSAL, 1991-1995);

Mission préparatoire des Nations Unies au Cambodge (MIPRENUC, 1991-1992), remplacée par l'Autorité provisoire des Nations Unies au Cambodge (APRONUC, 1992-1993);

Opération des Nations Unies en Somalie (ONUSOM, 1992-1993), remplacée par l'ONUSOM II (1993-1995);

Opération des Nations Unies au Mozambique (ONUMOZ, 1992-1994);

Mission d'observation des Nations Unies Ouganda-Rwanda (MONUOR, 1993-1994);

Groupe d'observateurs des Nations Unies dans la bande d'Aouzou (GONUBA, 1994).

ACTION DES NATIONS UNIES EN FAVEUR DE LA PAIX

AFRIQUE

♦ **Angola** ♦ **Congo** ♦ **Erythrée** ♦ **Libéria**
♦ **Mozambique** ♦ **Rwanda** ♦ **Somalie**

ANGOLA

L'Angola est devenu indépendant du Portugal le 11 novembre 1975, mais l'opposition armée au Gouvernement fut à l'origine de nombreuses années de conflit civil. Durant les années 80, l'Union nationale pour l'indépendance totale de l'Angola (UNITA) contrôlait de vastes régions du pays avec l'aide du régime minoritaire d'Afrique du Sud. Le Gouvernement, lui, était soutenu par des forces cubaines.

Le 22 décembre 1988, à l'issue de négociations dans lesquelles les Etats-Unis avaient servi de médiateur, l'Angola, Cuba et l'Afrique du Sud signèrent au Siège de l'ONU un accord destiné à rétablir la paix dans l'Afrique du Sud-Ouest. Cet accord prévoyait la mise en œuvre d'un plan des Nations Unies visant à octroyer l'indépendance à la Namibie, le retrait des troupes cubaines d'Angola et des mesures destinées à instaurer la paix dans la région.

L'Angola et Cuba signèrent aussi un accord sur le retrait des troupes cubaines, condition posée par l'Afrique du Sud pour accepter le plan d'indépendance de la Namibie. La **Mission de vérification des Nations Unies en Angola (UNAVEM)** fut déployée au titre de ce plan afin de surveiller le retrait, qui s'acheva en mai 1991.

Le 31 mai 1991, le Gouvernement angolais et l'UNITA signèrent près de Lisbonne les Accords de paix concernant l'Angola. Le Gouvernement demanda la participation de l'ONU pour vérifier leur application. Au titre de ces accords, l'Organisation devait contrôler le respect des arrangements conclus par les parties pour la surveillance du cessez-le-feu et de la police et vérifier – mais sans en assurer la responsabilité – la démobilisation des troupes et la constitution des nouvelles forces armées unifiées. Le 30 mai, le Conseil de sécurité confia ce nouveau mandat à l'UNAVEM (qui fut suivie de l'UNAVEM II) et prolongea la Mission jusqu'aux élections générales prévues pour 1992.

Les Accords de paix prévoyaient la tenue d'élections libres et régulières sous une supervision internationale. En décembre 1991, le Gouvernement demanda une assistance technique de l'ONU pour préparer et mettre en œuvre les élections, ainsi que l'envoi d'observateurs pour suivre l'ensemble du processus électoral.

En février 1992, le Secrétaire général nomma un représentant spécial pour l'Angola. En mars, le Conseil de sécurité élargit le mandat de l'UNAVEM à l'observation des élections. Celles-ci étaient placées sous la responsabilité du Conseil électoral national (CEN), auquel tous les partis étaient représentés.

Plus de 4,8 millions d'électeurs furent inscrits, soit 92 % de l'électorat, estimé à 5,3 millions de personnes. La campagne se déroula sans violences notables, bien qu'on eût signalé des cas d'intimidation par certains partis politiques, notamment l'UNITA et le parti gouvernemental, le Mouvement populaire pour la libération de l'Angola (MPLA).

Au moment des élections, les 29 et 30 septembre, l'UNAVEM II mit en place 400 observateurs électoraux, qui surveillèrent la totalité des 18 provinces et la plupart des 164 municipalités et se rendirent dans quelque 4 000 des 6 000 bureaux de vote. Plus de 91 % des électeurs inscrits votèrent. Le 1er octobre, le Représentant spécial déclara que la grande majorité des électeurs avait voté dans des conditions pacifiques.

Le 3 octobre et les jours suivants, l'UNITA et d'autres partis se plaignirent d'irrégularités et de fraudes massives. Le Secrétaire général exhorta le chef de l'UNITA, M. Jonas Savimbi, à ne pas rejeter le résultat des élections tant que l'enquête sur ses réclamations n'aurait pas abouti et à rencontrer le Président José Eduardo dos Santos. Le CEN mena son enquête dans tout le pays avec l'aide de l'UNAVEM, mais ne trouva aucune preuve concluante de fraude systématique.

La démobilisation des deux ex-armées avait été officiellement annoncée le 27 septembre, deux jours avant les élections. Mais l'UNAVEM continua d'exercer ses fonctions de vérification. Le 7 octobre, 80 % environ des troupes gouvernementales et une proportion beaucoup plus faible de celles de l'UNITA avaient été démobilisées.

Une violation grave des Accords de paix se produisit le 5 octobre, lorsque 11 ex-généraux de l'UNITA, dont le commandant de son armée de terre, se retirèrent des nouvelles forces armées unifiées pour protester contre ce qu'ils qualifiaient de fraude et de tricherie lors des élections.

Le Conseil de sécurité envoya une commission spéciale composée de représentants du Cap-Vert, des Etats-Unis, de la Fédération de Russie et du Maroc pour soutenir l'application des Accords de paix, mais, en dépit de tous les efforts diplomatiques, la situation continua d'empirer.

Le 17 octobre, le Président du CEN annonça les résultats des élections. Aux élections législatives, le MPLA avait obtenu 53 % des suffrages et l'UNITA 34 %. A l'élection présidentielle, le Président dos Santos avait obtenu 49 % des voix, contre 40 % à M. Savimbi, de sorte que les deux candidats étaient en ballottage. Le Représentant spécial déclara le même jour que « même en tenant compte de toutes les imperfections relevées, on pouvait considérer les élections... comme ayant été généralement libres et régulières ».

A l'annonce de ces résultats, l'UNITA lança une opération nationale afin de s'emparer des municipalités et d'expulser l'administration locale du Gouvernement. Le Conseil de sécurité demanda aux deux parties de respecter les engagements pris au titre des Accords de paix et à l'UNITA de respecter le verdict des urnes.

Le 30 octobre, alors que de nouvelles hostilités étaient signalées dans de nombreuses régions du pays, le Conseil de sécurité fit sienne la déclaration du Représentant spécial sur le caractère libre et régulier des élections.

A peine 23 heures plus tard, de violents combats éclatèrent à Luanda entre les forces gouvernementales et celles de l'UNITA. Grâce aux efforts déployés par le Secrétaire général et soutenus par divers Etats Membres, un cessez-le-feu précaire fut conclu le 2 novembre.

Les efforts menés entre autres par le Représentant spécial débouchèrent sur la tenue, le 26 novembre, d'une réunion entre des délégations des deux camps, qui s'engagèrent à respecter les Accords de paix et à conclure un cessez-le-feu. Mais ce progrès fut suivi d'un recul le 29, lorsque les forces de l'UNITA s'emparèrent de deux villes.

Alors que l'Angola se trouvait à nouveau plongé dans la guerre civile, le Secrétaire général et son Représentant spécial reprirent leur médiation. Des pourparlers eurent lieu à Addis-Abeba au sujet des conditions de relance du processus de paix. En janvier 1993, les parties s'entendirent sur plusieurs points, mais certaines questions essentielles restaient à résoudre avant qu'un cessez-le-feu pût être conclu. L'UNITA, se disant inquiète pour la sécurité de ses dirigeants, refusa d'assister à plusieurs réunions prévues pour fin février à Addis-Abeba.

Le Conseil de sécurité ayant demandé la conclusion d'un cessez-le-feu et la relance du dialogue, les pourparlers de paix reprirent en avril à Abidjan, pour s'interrompre de nouveau en mai.

Malgré les difficultés provoquées par la guerre, l'ONU intensifia ses efforts afin de venir en aide à quelque 2 millions de personnes gravement touchées. En mai 1993, elle lança un appel en vue d'une assistance d'urgence, précisant que les souffrances de la population dépassaient « tout ce qu'on avait connu au cours des 16 années précédentes ». En juin, les donateurs réunis à Genève annoncèrent environ 70 millions de dollars de contributions.

En septembre, le Conseil de sécurité condamna l'UNITA pour la poursuite des actions militaires et imposa un embargo sur les armes et le pétrole à destination du territoire angolais contrôlé par elle. Il insistait pour qu'elle respecte les Accords de paix de 1991 et que les parties s'efforcent de reprendre les négociations.

Le 15 novembre, le Gouvernement et l'UNITA entamèrent à Lusaka (Zambie) des pourparlers présidés par le Représentant spécial. Plusieurs accords furent conclus : un en décembre 1993 sur les questions militaires à l'ordre du jour, un en janvier 1994 sur la police, un en mai sur l'achèvement du processus électoral et un en octobre sur le nouveau mandat des Nations Unies et le rôle des trois Etats observateurs (Etats-Unis, Fédération de Russie et Portugal). La question de la réconciliation nationale fut la plus difficile à résoudre, car elle comportait des points tels que l'attribution de postes gouvernementaux élevés à l'UNITA, notamment des postes de gouverneur de province. Un accord fut conclu en octobre, au terme de laborieuses négociations, et le Protocole de Lusaka fut signé le 20 novembre.

Pour aider le Gouvernement et l'UNITA à rétablir la paix et à mettre en œuvre la réconciliation nationale, le Conseil de sécurité a créé en février 1995 l'UNAVEM III, qui a principalement pour tâche de favoriser l'application du Protocole de Lusaka.

CONGO

Ancienne colonie belge, la République du Congo (Léopoldville), devenue ensuite République du Zaïre, accéda à l'indépendance le 30 juin 1960. Les jours suivants, des désordres éclatèrent, et la Belgique envoya des troupes afin, selon elle, de protéger et d'évacuer les Européens.

Le 12 juillet 1960, le Gouvernement congolais demanda à l'ONU une aide militaire pour protéger le Congo contre l'agression extérieure. Deux jours plus tard, le Conseil de sécurité demanda à la Belgique de retirer ses troupes et autorisa la prestation d'une assistance militaire au Gouvernement congolais jusqu'au moment où les forces nationales de sécurité seraient à même, selon l'avis du Gouvernement, de remplir leur tâche.

En moins de 48 heures, des contingents de la Force des Nations Unies fournis par plusieurs pays (asiatiques et africains notamment) commencèrent à arriver au Congo. En même temps, des experts civils de l'ONU étaient dépêchés sur place pour aider à maintenir les services publics essentiels.

Pendant les quatre années qui suivirent, l'**Opération des Nations Unies au Congo (ONUC)** eut pour mission d'aider le Gouvernement congolais à restaurer et à maintenir l'indépendance politique et l'intégrité territoriale du pays, de l'aider à maintenir l'ordre et de mettre en œuvre un vaste programme d'assistance technique.

Pour faire face à cette tâche, l'ONU fit appel à un personnel exceptionnellement nombreux. A son maximum, l'ONUC comptait près de 20 000 civils et militaires. Les instructions données par le Conseil de sécurité à la Force des Nations Unies furent renforcées au début de 1961, après l'assassinat au Katanga de l'ancien Premier Ministre Patrice Lumumba. La Force devait protéger le Congo de toute ingérence extérieure, notamment en évacuant les mercenaires et conseillers étrangers du Katanga et en empêchant, par la force si nécessaire en dernier ressort, les affrontements et la guerre civile.

Après la rentrée du Parlement en août 1961, qui s'effectua sous les auspices de l'ONU, le principal problème était la tentative de sécession du Katanga, menée et financée par des éléments étrangers. En septembre et décembre 1961, puis en décembre 1962, les forces sécessionnistes menées par des mercenaires étrangers affrontèrent la Force des Nations Unies. Le Secrétaire général Dag Hammarskjöld trouva la mort dans un accident d'avion le 17 septembre 1961 alors qu'il était en route vers Ndola (dans ce qui est aujourd'hui la Zambie), où des entretiens devaient avoir lieu en vue de la cessation des hostilités.

En février 1963, après la réintégration du Katanga dans le Congo, la Force commença progressivement son retrait. A la demande du Gouvernement congolais, l'Assemblée générale autorisa le maintien d'effectifs réduits pendant encore six mois. Le retrait fut donc achevé le 30 juin 1964.

L'aide civile continua sous la forme du plus vaste programme d'assistance jamais entrepris par l'Organisation; au moment de son apogée, en 1963-1964, ce programme occupait environ 2 000 spécialistes.

ERYTHRÉE

L'ancienne colonie italienne de l'Erythrée fut fédérée à l'Ethiopie en 1952, conformément à une résolution de l'Assemblée générale de 1950. Elle devint alors une unité autonome au sein de la fédération d'Ethiopie et d'Erythrée. Cette fédération se transforma en un Etat unitaire le 14 novembre 1962, lorsque l'Erythrée fut totalement intégrée à l'Ethiopie. Cet événement donna naissance à un mouvement sécessionniste qui marqua le début d'une campagne de résistance militaire.

Après la chute du Président éthiopien Mengistu Haile Mariam en mai 1991, le Front populaire de libération de l'Erythrée (FPLE) annonça qu'il formerait un gouvernement de transition en attendant un référendum supervisé par l'ONU et destiné à consulter le peuple érythréen sur le statut politique qu'il souhaitait adopter par rapport à l'Ethiopie.

En mai 1992, le Commissaire érythréen au référendum demanda au Secrétaire général d'envoyer une délégation pour observer et vérifier le processus référendaire, qui devait se dérouler de juillet 1992 à avril 1993, et s'assurer qu'il était libre, régulier et impartial.

Une équipe technique des Nations Unies se rendit en Erythrée au mois de juin 1992 pour s'entretenir avec la Commission du référendum, le gouvernement de transition et les organisations politiques, sociales et religieuses. Elle fit plusieurs suggestions techniques afin d'améliorer l'organisation du référendum.

En octobre, le Secrétaire général soumit à l'Assemblée générale une proposition d'envoi d'une mission d'observation, et, le 16 décembre, l'Assemblée créa la **Mission d'observation des Nations Unies chargée de vérifier le référendum en Erythrée (ONUVER).**

Le Secrétaire général nomma à la tête de l'ONUVER M. Samir Sanbar, qui serait aussi son Représentant spécial pour le référendum. Celui-ci arriva à Asmara, la capitale, le 15 février 1993. La Mission était constituée de 22 fonctionnaires internationaux, appuyés par du personnel local. Elle avait pour tâche d'observer toutes les activités relatives au référendum, depuis l'inscription des électeurs jusqu'à la proclamation des résultats.

A tous les stades de cette mission, l'ONUVER maintint le contact avec les chefs des communautés et les organisations sociales, visita des municipalités et des villages dans tout le pays, se rendit au hasard dans des centres d'inscription pour surveiller l'inscription des électeurs, observa les réunions électorales et les autres activités se rapportant au référendum et vérifia que tous les partis respectaient les termes de la Proclamation du référendum et le code de conduite.

L'inscription des électeurs commença en décembre 1992. Lorsqu'elle prit fin, 1,1 million de personnes environ avaient été inscrites. En avril 1993, l'effectif de l'ONUVER fut augmenté d'une centaine de surveillants des élections.

Les élections eurent lieu du 23 au 25 avril 1993. Le 27 avril, le Représentant spécial déclara qu'elles s'étaient déroulées dans des conditions libres et régulières. Leur résultat révéla que 99 % de la population était favorable à l'indépendance.

L'Erythrée fut déclarée indépendante le 24 mai et admise à l'ONU le 28 mai en tant que 182e Etat Membre.

LIBÉRIA

Le renversement du Gouvernement du Président Samuel Doe en 1990 fut suivi d'une guerre civile, qui provoqua une rupture de l'ordre public dans le pays. Au cours des trois années qui suivirent, cette guerre fit entre 100 000 et 150 000 victimes civiles, tandis que 700 000 réfugiés fuyaient vers les pays voisins. Le Libéria resta divisé : le Gouvernement intérimaire d'unité nationale administrait la capitale Monrovia, le Front patriotique national du Libéria (NPFL) contrôlait neuf comtés, et le Mouvement uni de libération du Libéria pour la démocratie (ULIMO) les trois comtés restants.

Dès le début du conflit, la Communauté économique des Etats de l'Afrique de l'Ouest (CEDEAO), une organisation sous-régionale composée de 16 pays, prit des initiatives en vue d'un règlement politique : elle créa un groupe d'observateurs militaires (ECOMOG) en août 1990 et servit de médiateur pour les accords qui formèrent la base du plan de paix conclu en novembre 1990. Le 30 octobre 1991 fut conclu par son entremise l'Accord de Yamoussoukro IV, qui prévoyait le désarmement des factions sous la supervision de l'ECOMOG et la création d'institutions de transition chargées d'organiser des élections libres et régulières.

L'ONU appuya dès le départ les efforts de la CEDEAO. Elle apporta aussi une aide humanitaire à la population grâce à ses organismes et à ses programmes. Le Bureau du Coordonnateur spécial des Nations Unies fut ouvert en 1990 pour répondre aux besoins des Libériens dans tout le pays. Des dispositions furent prises pour aider ceux qui fuyaient vers les pays voisins, notamment la Côte d'Ivoire, la Guinée et la Sierra Leone.

Pour restaurer la paix et la stabilité, le Conseil de sécurité imposa le 19 novembre 1992 un embargo général et complet sur les armes à destination du Libéria et demanda au Secrétaire général de dépêcher un envoyé dans le pays. Le Secrétaire général nomma un Représentant spécial, qui se rendit au Libéria et dans huit autres pays de la région.

En mars 1993, le Secrétaire général informa le Conseil de sécurité que les entretiens entre le Représentant spécial et les parties intéressées révélaient que celles-ci étaient d'accord pour que l'ONU joue un plus grand rôle dans la recherche de la paix. Le Conseil lui demanda alors d'étudier avec la CEDEAO et les parties intéressées la contribution que pourrait apporter l'Organisation.

Le 6 juin 1993, près de 600 Libériens, qui étaient essentiellement des personnes déplacées par la guerre, furent tués lors d'une attaque armée perpétrée près de la ville de Harbel. Le Conseil de sécurité condamna ces meurtres et demanda au Secrétaire général de mener une enquête.

Le comité d'enquête conclut que les meurtres avaient été commis par des unités des Forces armées libériennes (l'une des parties au conflit) et que le NPFL, auquel on les avait d'abord attribués, n'y avait joué aucun rôle. Il ajoutait que ces conclusions ne diminuaient en rien la responsabilité du NPFL, de l'ULIMO et des personnes qui s'étaient livrées à des atrocités similaires et recommandait l'ouverture d'une enquête sur ces dernières.

Le 25 juillet 1993, après une réunion de trois jours à Cotonou (Bénin), présidée conjointement par le Représentant spécial du Secrétaire général, l'envoyé de l'OUA et le Secrétaire exécutif de la CEDEAO, les parties signèrent l'Accord de paix de Cotonou, qui prévoyait un cessez-le-feu ainsi que le désarmement et la démobilisation des unités militaires, la mise en place d'un gouvernement de transition et la tenue d'élections générales et présidentielle. On créa un comité mixte de surveillance du cessez-le-feu, composé des trois parties libériennes, de l'ECOMOG et de l'ONU.

Le 22 septembre, le Conseil de sécurité créa la **Mission d'observation des Nations Unies au Libéria (MONUL)** afin de faciliter l'application de l'accord de paix. Aux termes mêmes de l'accord, cette application incombait principalement à l'ECOMOG, tandis que la MONUL surveillerait et vérifierait l'impartialité des procédures d'application. La MONUL était la première mission de maintien de la paix des Nations Unies menée en coopération avec une opération de maintien de la paix déjà entreprise par une autre organisation.

Sa tâche consistait à surveiller le respect du cessez-le-feu et de l'embargo sur les armes, ainsi que le désarmement et la démobilisation des combattants, à contribuer aux activités humanitaires, y compris le retour des réfugiés et des personnes déplacées, et à observer le processus électoral mis en œuvre par le gouvernement de transition.

Conformément à l'Accord de Cotonou, l'ECOMOG devait être renforcé par des troupes provenant de pays extérieurs à l'Afrique de l'Ouest. A partir d'un appel de la CEDEAO, le Secrétaire général créa un fonds d'affectation spéciale afin de faciliter le déploiement et l'entretien des troupes de l'ECOMOG. En septembre 1993, les Etats-Unis s'engagèrent à apporter 19,8 millions de dollars à ce fonds pour financer le déploiement et l'entretien de soldats supplémentaires ainsi que certaines dépenses d'entretien des troupes existantes. En janvier 1994, des bataillons en provenance d'Ouganda et de Tanzanie furent déployés au Libéria.

Après des mois de paralysie, le Gouvernement national de transition fut mis en place le 8 mars 1994. Les élections devaient avoir lieu en septembre. Mais la démobilisation prit du retard et fut interrompue par l'apparition de deux nouvelles factions armées et par des accusations selon lesquelles le NPFL et l'ULIMO avaient repris les hostilités. La recrudescence des combats contraignit les observateurs de la MONUL à quitter bon nombre de zones rurales pour Monrovia, qui était plus sûre, car le Gouvernement de transition ne pouvait étendre son autorité au-delà de la capitale. Des divisions internes se produisirent au sein du NPFL et de l'ULIMO, ce qui aggrava encore l'instabilité. Les élections furent reportées *sine die*.

En septembre, le président ghanéen Jerry Rawlings, président de la CEDEAO, convia le NPFL, l'ULIMO et les forces armées libériennes à des pourparlers de paix à Akosombo (Ghana), auxquels assistèrent également l'OUA et l'ONU. L'Accord d'Akosombo, signé le 12 septembre, prévoyait de renforcer et d'étendre l'Accord de Cotonou, reconnu comme cadre de la paix. Le 21 décembre, toutes les factions rivales conclurent à Accra (Ghana) un accord de paix prévoyant la cessation des hostilités, l'instauration d'un nouveau gouvernement de transition, le désarmement des combattants et la tenue d'élections.

En avril 1995, le Secrétaire général informa le Conseil de sécurité que le processus de paix était toujours dans l'impasse. Le Conseil pria instamment les parties d'instaurer un gouvernement de transition, de rétablir le cessez-le-feu et de faire en sorte que l'Accord d'Accra soit appliqué.

MOZAMBIQUE

Le Mozambique devint indépendant du Portugal le 25 juin 1975. Après quelques années de paix relative, il fut plongé dans une guerre civile dévastatrice menée contre le Gouvernement par la Resistência Nacional Moçambicana (RENAMO), soutenue par le régime minoritaire d'Afrique du Sud.

Le 4 octobre 1992, Joaquim Chissano, président du Mozambique, et Afonso Dhlakama, président de la RENAMO, signèrent à Rome un accord de paix général. Aux termes de cet accord, qui avait été négocié pendant deux ans dans la capitale italienne, un cessez-le-feu devait entrer en vigueur le 15 octobre. Il devait être suivi par la séparation des forces des deux camps et leur concentration dans 49 zones de regroupement. La démobilisation des soldats qui ne serviraient pas dans la nouvelle Force de défense mozambicaine devait être achevée six mois après le cessez-le-feu. Entre-temps, le pays préparerait des élections générales.

L'Accord prévoyait que l'ONU jouerait un rôle essentiel dans la surveillance de son application et la prestation d'une assistance technique pour les élections ainsi que leur surveillance. L'application de l'Accord devait être supervisée par une Commission de supervision et de contrôle (CSC), présidée par l'ONU.

En octobre, le Conseil de sécurité approuva l'envoi au Mozambique d'une équipe d'observateurs militaires et la nomination par le Secrétaire général de son Représentant spécial, M. Aldo Ajello.

Ce dernier arriva avec l'équipe d'observateurs dans la capitale Maputo le 15 octobre, date d'entrée en vigueur de l'Accord de paix. Les deux parties s'étaient engagées à prendre des mesures spécifiques pour commencer ensemble à surveiller le respect de l'Accord. Mais rien n'était encore fait à l'arrivée du Représentant spécial, qui engagea donc immédiatement des discussions avec les parties à cette fin.

En novembre 1992, la CSC fut mise en place afin de garantir l'application de l'Accord, de régler les différends éventuels entre les parties et de coordonner ses commissions subsidiaires. Présidée par l'ONU, elle était composée de délégations du Gouvernement et de la RENAMO, ainsi que de représentants de l'Italie (Etat médiateur), de l'Allemagne, des Etats-Unis, de la France, du Portugal et du Royaume-Uni (Etats observateurs lors des pourparlers de Rome) et de l'OUA.

En décembre, le Secrétaire général soumit au Conseil de sécurité un plan relatif à la future **Opération des Nations Unies au Mozambique (ONUMOZ)**. Le Conseil créa cette opération le 16 décembre et approuva la recommandation du Secrétaire général tendant à ce que les élections n'aient pas lieu tant que les aspects militaires de l'Accord n'auraient pas été appliqués. A son maximum, l'ONUMOZ comptait quelque 6 500 soldats, dont environ 370 observateurs militaires, ainsi que du personnel civil.

L'Accord de paix prévoyait la tenue d'élections législatives et présidentielle un an après sa signature, lesquelles seraient organisées par la Commission électorale nationale (CEN). L'ONUMOZ devait surveiller l'ensemble du processus électoral.

Les tâches militaires de l'ONUMOZ étaient notamment les suivantes : surveiller le cessez-le-feu, la séparation et le regroupement des forces, leur démobilisation, et la collecte, le stockage et la destruction des armes; vérifier la démobilisation des groupes armés irréguliers; et assurer la sécurité nécessaire aux activités de l'ONU et des autres organisations internationales.

Les aspects militaires étaient étroitement liés aux actions humanitaires. L'un des buts essentiels du programme d'assistance humanitaire de l'Opération était d'aider les 3,7 millions de Mozambicains déplacés par la guerre à se réinstaller dans leurs communautés.

En mars 1993, le Gouvernement et le HCR annoncèrent que le rapatriement volontaire de 1,3 million de réfugiés commencerait en avril. Cette opération étalée sur trois ans devait être la plus vaste jamais menée par le HCR en Afrique.

En avril, le Secrétaire général informa le Conseil de sécurité qu'en dépit d'une évolution positive les élections prévues pour octobre devraient être reportées en raison des retards apportés à l'application de l'Accord de paix. Le Conseil pria instamment le Gouvernement et la RENAMO de mettre un point final au calendrier de démobilisation des troupes, de constitution de la nouvelle armée unifiée et de tenue des élections. Mais en juillet, il exprima sa préoccupation devant les retards qui se multipliaient.

En août, le président Chissano et le Président de la RENAMO, M. Dhlakama, se rencontrèrent à Maputo pour des entretiens organisés avec l'aide de l'ONU. Une conférence consultative réunit ensuite tous les partis politiques pour étudier un projet de loi électorale, mais elle achoppa sur la composition de la CEN.

En septembre, le Conseil de sécurité exhorta les parties à respecter le calendrier révisé d'application de l'Accord de paix et à commencer la démobilisation.

Pour tenter de sortir les négociations de l'impasse, le Secrétaire général se rendit au Mozambique en octobre. Après avoir rencontré les présidents Chissano et Dhlakama, il annonça une avancée décisive dans le processus de paix. Des accords essentiels avaient été conclus sur le regroupement et la démobilisation des troupes, sur la composition de la CEN, sur les modalités et le calendrier d'élaboration de la loi électorale et sur la création de comités locaux chargés de surveiller les activités de la police.

Le regroupement des troupes, attendu depuis longtemps, commença en novembre, et la loi électorale fut approuvée en décembre. MM. Chissano et Dhlakama se rencontrèrent à plusieurs reprises, parvenant à surmonter un certain nombre de désaccords.

La démobilisation commença en mars 1994 et elle était à peu près terminée en août. Plus de 76 000 soldats des deux camps furent démobilisés, et l'ONUMOZ aida à en intégrer plus de 10 000 dans la nouvelle armée nationale. Le transfert du pouvoir, du matériel et des infrastructures de l'ex-armée à la nouvelle Force de défense du Mozambique fut officiellement achevé le 16 août. A la mi-octobre, l'ONUMOZ avait recueilli environ 155 000 armes auprès des soldats des deux parties ainsi que des forces paramilitaires.

En août, le Secrétaire général fit savoir que 75 % environ des 3,7 millions de personnes déplacées s'étaient réinstallées. A la fin de 1994, la plupart des personnes réfugiées dans les pays voisins avaient également regagné le Mozambique.

Entre le 1er juin et le 2 septembre, quelque 6,3 millions d'électeurs furent inscrits, soit 81 % de l'électorat, estimé à 7,8 millions de personnes. La CEN accepta la candidature de 12 personnes à l'élection présidentielle et accrédita la participation de 14 partis et coalitions politiques aux élections législatives destinées à pourvoir les 250 sièges de l'Assemblée nationale.

A la veille des élections, prétextant des irrégularités, M. Dhlakama annonça le retrait de son parti. Mais, à la suite d'intenses consultations, il revint sur sa décision et accepta des garanties liées à une étroite surveillance internationale.

Les premières élections multipartites du Mozambique eurent lieu du 27 au 29 octobre, sous la surveillance d'environ 2 300 observateurs internationaux. Environ 90 % des électeurs inscrits participèrent au scrutin, et aucun incident majeur ne fut signalé dans les quelque 7 500 bureaux de vote du pays.

Le 19 novembre, le Représentant spécial déclara que les élections avaient été libres et régulières. Deux jours plus tard, le Conseil de sécurité en entérina les résultats.

M. Chissano fut élu président avec 53 % des voix, contre 34 % à M. Dhlakama. Le FRELIMO obtint 129 sièges au Parlement, et la RENAMO 109. La nouvelle Assemblée nationale fut constituée le 8 décembre, et, le lendemain, M. Chissano pris ses fonctions de président. Le même jour, le mandat de l'ONUMOZ arrivait à son terme. Ayant accompli sa tâche, la Mission acheva son retrait en janvier 1995.

(Au sujet de la **Namibie**, voir le chapitre 6.)

RWANDA

Des conflits intérieurs et frontaliers éclatèrent au Rwanda en octobre 1990, avec des combats sporadiques entre les forces armées du Gouvernement à majorité hutu et le Front patriotique rwandais (FPR) à dominante tutsie, qui opérait à partir de l'Ouganda et du nord du Rwanda. En dépit de plusieurs accords de cessez-le-feu, les hostilités reprirent en février 1993, interrompant les négociations qui se déroulaient entre les deux parties à Arusha (Tanzanie), avec l'appui de l'OUA et la médiation du Gouvernement tanzanien.

Le Rwanda et l'Ouganda demandèrent au Conseil de sécurité de poster des observateurs militaires des Nations Unies le long de leur frontière commune afin d'empêcher son utilisation à des fins militaires, notamment pour transporter du matériel. Après des consultations avec le Conseil, le Secrétaire général envoya une mission de bons offices dans les deux pays en mars 1993. Une mission technique exécutée en avril confirma que les observateurs pourraient surveiller la frontière et vérifier qu'aucune assistance militaire ne la traversait. Il fut décidé de ne poster des observateurs que du côté ougandais.

Tandis que le Gouvernement rwandais et le FPR réunis à Dar es-Salaam s'entendaient pour rétablir le cessez-le-feu et reprendre les pourparlers de paix, l'ONU lançait un appel d'un montant de 78 millions de dollars en vue d'apporter une aide humanitaire aux quelque 900 000 personnes déplacées par la guerre à l'intérieur du Rwanda. En septembre, les contributions de la communauté internationale étaient évaluées à 100 millions de dollars.

Le 22 juin 1993, le Conseil de sécurité créa la **Mission d'observation des Nations Unies Ouganda-Rwanda (MONUOR)**, qui fut entièrement opérationnelle à la fin du mois de septembre.

Les pourparlers de paix aboutirent le 4 août à l'Accord de paix d'Arusha, qui prévoyait l'instauration d'un gouvernement de transition largement représentatif, en attendant des élections destinées à mettre en place un gouvernement démocratique. Après la signature de cet accord, la situation se détendit quelque peu. Environ 600 000 personnes déplacées regagnèrent leur foyer. Le reste demeura dans une trentaine de camps, maintenus grâce à une assistance d'urgence.

Le Gouvernement et le FPR demandèrent à l'ONU de créer une autre force internationale pour faciliter l'application de l'Accord de paix. Le 5 octobre, le Conseil de sécurité créa la **Mission des Nations Unies pour l'assistance au Rwanda (MINUAR)**, chargée de surveiller l'application de l'Accord et d'aider à la mise en place et au maintien d'un gouvernement de transition. Cette mission devait demeurer dans le pays jusqu'aux élections et à la mise en place du nouveau gouvernement, prévue pour octobre 1995.

Le retard apporté à l'application de l'Accord ralentit le déploiement et la mise en action de la MINUAR. Des efforts diplomatiques furent entrepris pour accélérer la mise en place du gouvernement de transition, mais le retard avait déjà contribué à détériorer la situation. En janvier et février 1994, le Conseil de sécurité exhorta les parties à coopérer en vue d'installer rapidement les institutions de transition. Les négociations sur la composition des organes de transition se poursuivirent, et la date de leur mise en place fut fixée au 25 mars. Mais les cérémonies durent être annulées car de nombreuses questions restaient en suspens.

Le 6 avril, le Président rwandais Juvénal Habyarimana et le Président burundais Cyprien Ntaryamira, qui revenaient de pourparlers de paix en Tanzanie, furent tués lors d'une attaque à la roquette contre leur avion. Cet incident déclencha un torrent de violences et de meurtres aux dimensions à la fois politiques et ethniques. Le Premier Ministre, les ministres, les hauts fonctionnaires gouvernementaux et d'innombrables civils rwandais, ainsi que des soldats de la MINUAR, furent les premières victimes du carnage. Le FPR se mit à riposter, le pouvoir gouvernemental s'effondra et les institutions de transition furent réduites à néant.

Le gouvernement intérimaire proclamé le 8 avril ne parvint pas à asseoir son autorité ni à arrêter les massacres, qui prenaient les proportions d'un génocide. Lorsque les combats s'intensifièrent dans la capitale Kigali et aux alentours, il partit s'exiler au Zaïre. Avec l'avancée du FPR vers le sud depuis ses bases septentrionales, le nombre de réfugiés et de personnes déplacées grossit considérablement. Rien que le 28 avril, 280 000 personnes se réfugièrent en Tanzanie pour échapper à la violence. L'exode massif vers le Zaïre ajouta encore à la catastrophe. Les organismes des Nations Unies et les organisations humanitaires se mobilisèrent pour apporter une assistance d'urgence sans précédent.

La MINUAR centra ses efforts sur la conclusion d'un cessez-le-feu, mais en vain, et son personnel fit l'objet d'attaques croissantes. Le Conseil de sécurité décida alors de ramener son effectif de 2 548 à 270 personnes et de modifier son mandat : la Mission devait désormais coopérer avec les parties en vue d'un cessez-le-feu et contribuer à la reprise des opérations de secours.

Les informations reçues confirmèrent que les massacres étaient surtout le fait de membres des forces armées, de la Garde présidentielle et de milices de jeunes appartenant au parti au pouvoir. Face à leur ampleur et à la tragédie subie par le peuple rwandais, le Conseil de sécurité demanda qu'une action internationale fût menée d'urgence pour atténuer les souffrances de la population et aider à rétablir la paix.

Le 17 mai, le Conseil de sécurité, jugeant que la situation au Rwanda constituait une menace pour la paix et la sécurité internationales, imposa un embargo sur les armes à destination du Rwanda. Il autorisa l'extension de la MINUAR à 5 500 soldats et élargit son mandat de façon à y inclure la protection des civils et des opérations humanitaires

Le 22 juin, à l'initiative de la France, le Conseil de sécurité autorisa, au titre du Chapitre VII de la Charte, une opération humanitaire temporaire au niveau multinational, afin de contribuer à la sécurité et à la protection des personnes déplacées, des réfugiés et des civils menacés. Les forces multinationales dirigées par la France lancèrent alors l'« opération Turquoise », qui créa une zone de protection humanitaire dans le sud-ouest du pays. Le 21 août, l'opération s'acheva comme prévu, et la MINUAR prit le relais dans la zone.

Entre-temps, la Commission des droits de l'homme de l'ONU nomma un rapporteur spécial chargé d'enquêter sur la situation des droits de l'homme au Rwanda. Une commission d'experts constituée en juillet par le Conseil de sécurité déclara en septembre qu'il y avait des « preuves accablantes » que des éléments hutu avaient perpétré des actes de génocide contre les Tutsi « d'une manière concertée, planifiée, systématique et méthodique ».

Le 18 juillet, après avoir pris le contrôle du Rwanda – à l'exception de la zone de protection humanitaire –, les forces du FPR déclarèrent unilatéralement un cessez-le-feu, qui mit fin à la guerre civile. Le lendemain, un gouvernement d'unité nationale largement représentatif fut mis en place pour une période transitoire de cinq ans. Il déclara son attachement aux principes de l'Accord de paix d'Arusha ainsi qu'à la réconciliation et à la reconstruction nationales et assura la MINUAR de sa coopération en vue d'encourager le retour des réfugiés.

La MINUAR poursuivit ses efforts afin d'assurer la sécurité et la stabilité dans le pays, d'encourager les réfugiés et les personnes déplacées à rentrer, de protéger et d'appuyer l'aide humanitaire et de favoriser la réconciliation. En octobre, son effectif était de 4 270 personnes.

Quant à la MONUOR, après la reprise de la guerre civile en avril, elle avait élargi ses activités de surveillance des zones contrôlées par le FPR en Ouganda à l'ensemble de la zone frontalière entre les deux pays. Elle joua aussi un rôle dans l'accroissement et le soutien des opérations menées par la MINUAR au Rwanda. Toutefois, conformément à la décision prise par le Conseil de sécurité en juin, elle fut progressivement réduite durant les mois d'août et de septembre. Elle prit fin le 21 septembre, après le départ des derniers observateurs militaires d'Ouganda.

En septembre, on estimait que la population rwandaise n'était plus que de 5 millions de personnes, contre 7,9 millions avant la guerre. Le bilan du génocide pourrait atteindre un million de morts. Le nombre des personnes déplacées était de 800 000 à 2 millions. Environ 2,1 millions de Rwandais se trouvaient toujours au Zaïre, en Tanzanie, au Burundi et en Ouganda, mais plus de 200 000 réfugiés avaient quitté ces deux derniers pays pour rentrer chez eux.

En juillet 1994, l'ONU lança un appel humanitaire d'un montant de 552 millions de dollars. Les contributions apportées par les gouvernements, les organisations et les particuliers permirent de réagir immédiatement face à une situation humanitaire sans précédent. Au 1er septembre, elles s'élevaient à 384 millions de dollars, soit 70 % des besoins. Les contributions bilatérales et autres contributions directes amenèrent ce montant à 762 millions de dollars.

En novembre, le Conseil de sécurité créa le Tribunal international pour le Rwanda, chargé de poursuivre les personnes responsables de génocide et d'autres violations du droit international humanitaire. Il demanda à tous les Etats de coopérer avec cet organe, établi à Arusha.

La situation humanitaire restait très préoccupante au début de 1995. Les deux campagnes de collecte lancées par l'ONU pour réunir 700 millions de dollars destinés au redressement et à la reconstruction du pays n'ont rempli que partiellement leur objectif.

En février, le Conseil de sécurité s'est déclaré préoccupé par les problèmes d'intimidation et de sécurité signalés dans les camps de réfugiés rwandais, notamment au Zaïre. Il s'est félicité de la conclusion de deux accords concernant les réfugiés : un entre le Zaïre et le HCR afin de mettre en place une force de sécurité de 1 500 Zaïrois chargée d'aider au maintien de l'ordre dans les camps de réfugiés au Zaïre, et un entre le Zaïre et le Rwanda sur le retour des réfugiés et de leurs biens. Le Conseil a aussi approuvé les efforts déployés par le HCR pour appliquer des mesures de sécurité dans les camps tanzaniens.

SOMALIE

La chute en janvier 1991 du président Siad Barré, qui dirigeait la Somalie depuis 21 ans, entraîna une lutte pour le pouvoir et des affrontements claniques dans de nombreuses régions du pays. En novembre, des combats intenses éclatèrent dans la capitale, Mogadishu, entre la faction favorable au président intérimaire Ali Mahdi Mohamed et celle favorable au général Mohamed Farah Aïdid, président du Congrès de la Somalie unifiée.

Les hostilités se propagèrent à d'autres régions, et des éléments fortement armés prirent le contrôle de diverses zones du pays. Les massacres et les destructions généralisées forcèrent des centaines de milliers de Somalis à s'enfuir de chez eux. Près de 5 millions de personnes – plus de la moitié de la population – étaient menacées de famine et de maladie. Près d'un million cherchèrent refuge hors du pays.

Malgré la tourmente, l'ONU poursuivit son aide humanitaire. En mars 1991, elle était largement présente dans le pays, en coopération avec plusieurs organisations non gouvernementales. En outre, le Secrétaire général intervint de plus en plus dans les aspects politiques du conflit, en coopération avec l'OUA, la Ligue des Etats arabes et l'Organisation de la Conférence islamique.

En décembre, il envoya un émissaire en Somalie afin de tenter de rétablir la paix. Durant cette visite, tous les chefs de faction exprimèrent leur accord pour que l'ONU joue un rôle dans la tentative de réconciliation nationale.

Le 23 janvier 1992, le Conseil de sécurité imposa un embargo sur les armes à destination de la Somalie et exhorta toutes les parties à cesser les hostilités.

Le 31 janvier, le Secrétaire général invita le président intérimaire Ali Mahdi et le général Aïdid, ainsi que la Ligue des Etats arabes, l'OUA et l'Organisation de la Conférence islamique, à envoyer des représentants participer à des pourparlers qui se tiendraient le mois suivant au Siège de l'ONU. Au cours de ces pourparlers, les deux parties s'entendirent sur un cessez-le-feu et acceptèrent la visite d'une délégation composée de représentants de l'ONU et des trois organisations régionales.

A l'issue d'intenses négociations menées par cette délégation, les deux parties signèrent en mars un accord sur l'application du cessez-le-feu. Après de nouveaux pourparlers, elles acceptèrent que ce cessez-le-feu fût contrôlé par des observateurs des Nations Unies et que les convois humanitaires fussent protégés par du personnel de sécurité des Nations Unies.

Le 24 avril, le Conseil de sécurité créa l'**Opération des Nations Unies en Somalie (ONUSOM)** afin de faciliter la cessation des hostilités et le maintien du cessez-le-feu, ainsi que de favoriser un règlement politique.

Le Secrétaire général nomma un représentant spécial pour la Somalie, qui partit pour la région le 1er mai. Début juillet, 50 observateurs militaires des Nations Unies arrivèrent à Mogadishu, suivis d'environ 500 agents des Nations Unies chargés de la sécurité. Entre-temps, 6 organismes des Nations Unies et plus de 30 organisations de secours s'occupaient de l'aide humanitaire.

En août, le Secrétaire général informa le Conseil de sécurité que l'ONU et ses partenaires étaient prêts à élargir sensiblement leur assistance, mais qu'ils en étaient empêchés par l'anarchie et l'insécurité qui régnaient dans le pays. Il recommanda de déployer un maximum de 3 000 soldats chargés de la sécurité afin de protéger les travailleurs humanitaires. Le Conseil approuva cette proposition.

En octobre et novembre, la situation continua de se détériorer. Tandis que la famine menaçait 1,5 million de personnes, la Somalie restait privée de gouvernement central, Mogadishu était divisée par des milices rivales, et le pays par une douzaine de factions.

L'acheminement de l'aide humanitaire devenait de plus en plus difficile. Les navires apportant les secours étaient empêchés d'accoster, voire bombardés. Ports et aéroports étaient incendiés. Les organisations de secours se faisaient extorquer de l'argent et des marchandises, et la vie de leurs employés était menacée alors même qu'ils distribuaient de l'aide aux personnes affamées.

En conséquence, seules quelques miettes des secours parvenaient à ceux qui en avaient besoin. Selon certaines estimations, jusqu'à 3 000 personnes mouraient de faim chaque jour. Faute de résoudre les problèmes de sécurité, l'ONU et les organisations humanitaires ne pourraient mettre en œuvre l'assistance massive requise. Le 24 novembre, le Secrétaire général informa le Conseil de sécurité de la détérioration de la situation en Somalie et des facteurs qui empêchaient l'ONUSOM de s'acquitter de sa mission.

Le 3 décembre, le Conseil de sécurité accepta l'offre faite le 25 novembre par les Etats-Unis d'organiser et de diriger une opération destinée à assurer l'acheminement des secours humanitaires. Agissant en vertu du Chapitre VII de la Charte, qui traite des mesures coercitives, le Conseil autorisa l'emploi de tous les moyens nécessaires.

Les premiers éléments de la Force d'intervention unifiée, composée d'unités militaires de 24 pays placées sous le commandement des Etats-Unis, arrivèrent à Mogadishu le 9 décembre. Le 28, la totalité des grands centres de secours du pays étaient protégés, et l'aide humanitaire était de nouveau distribuée. L'ONUSOM, qui agissait en étroite coordination avec la Force d'intervention unifiée, restait chargée de cette aide ainsi que des efforts destinés à trouver un règlement politique de la crise.

Lors d'une réunion convoquée par le Secrétaire général à Addis-Abeba en janvier 1993, un accord de cessez-le-feu fut signé par 14 mouvements politiques somalis, qui s'engagèrent à remettre toutes leurs armes à la Force d'intervention unifiée et à l'ONUSOM.

En mars 1993, quelque 37 000 soldats de la Force furent déployés sur 40 % du territoire somali, ce qui améliora nettement la sécurité et l'acheminement de l'aide humanitaire. En conséquence, le bilan des victimes et le niveau de malnutrition enregistrèrent une baisse spectaculaire.

A la suite des recommandations du Secrétaire général, le Conseil de sécurité se prononça le 26 mars sur une transition entre la Force d'intervention unifiée et l'ONUSOM II, dont elle élargit l'effectif et le mandat. Elle autorisa cette dernière à employer la force en vertu du Chapitre VII de la Charte, de façon à pouvoir préserver la sécurité dans l'ensemble du pays. Elle la chargea aussi d'aider les Somalis à reconstruire leur économie et à restaurer la vie sociale et politique.

Toujours en mars, l'ONU lança un appel d'un montant de 166 millions de dollars afin de financer le programme de secours et de relèvement pour l'année 1993; plus de 130 millions furent annoncés lors de la conférence des Nations Unies sur l'assistance humanitaire à la Somalie qui se tint le même mois à Addis-Abeba.

A l'initiative du Secrétaire général et de son Représentant spécial, une conférence de réconciliation nationale réunit en mars à Addis-Abeba 15 chefs de mouvements politiques somalis. Tous les participants approuvèrent un accord sur les quatre points suivants : désarmement et sécurité; relèvement et reconstruction; restitution des biens et règlement des différends; mise en place d'un conseil national de transition.

En juin, une attaque contre l'ONUSOM II à Mogadishu fit 25 morts parmi les soldats pakistanais. Dans sa condamnation, le Conseil de sécurité insista sur la nécessité primordiale de désarmer toutes les parties et exigea que celles-ci se conforment à leurs engagements. Par la suite, les forces de l'ONUSOM II menèrent au sud de la capitale des actions militaires qui firent des victimes parmi la population civile ainsi dans leurs propres rangs.

Au cours d'une opération menée en octobre dans le sud de Mogadishu, 18 soldats des Etats-Unis trouvèrent la mort. Les Etats-Unis renforcèrent temporairement leur présence au moyen de forces aériennes, maritimes et terrestres, mais ils annoncèrent ensuite leur intention de se retirer de la Somalie d'ici au 31 mars 1994. La Belgique, la France et la Suède prirent une décision analogue.

Toujours en octobre, le Secrétaire général se rendit dans la région pour avoir des consultations sur la future stratégie de l'ONUSOM II dans les domaines humanitaire, politique et de la sécurité. Il eut des entretiens avec les Présidents de l'Egypte, de Djibouti, du Kenya et de l'Ethiopie. Il se rendit également à Baïdoa et à Mogadishu, où il eut des entretiens avec des chefs coutumiers somalis et des responsables de l'ONUSOM.

Entre-temps, l'action humanitaire et les efforts de réconciliation politique se poursuivaient. Plus de 100 000 réfugiés quittèrent l'Ethiopie pour retourner dans la région relativement pacifique du nord-ouest, qui avait proclamé son « indépendance » au mois de mai 1991 en tant que « République du Somaliland ». En août 1993, les chefs coutumiers de Kismayo tinrent une conférence pour tenter de rétablir la stabilité dans cette ville méridionale. Des conférences de réconciliation analogues eurent lieu dans d'autres régions du pays.

En février 1994, le Conseil de sécurité révisa le mandat de l'ONUSOM II, en mettant l'accent sur l'aide à apporter à la population somalie et à ses chefs en vue d'assurer la réconciliation politique, la reconstruction et la stabilité. Il autorisa une réduction progressive des effectifs et fixa au mois de mars 1995 le terme de la mission.

En mars, à l'issue de pourparlers organisés par le Représentant spécial par intérim, 15 mouvements importants signèrent à Nairobi une déclaration de réconciliation nationale, dans laquelle ils s'engageaient à préparer une conférence de réconciliation nationale qui serait chargée de nommer un président, un vice-président et un premier ministre. Ils s'engageaient en outre à appliquer un cessez-le-feu et à désarmer leurs milices. Toutefois, la réunion préparatoire à la Conférence nationale de réconciliation ne cessa d'être reportée.

Dans le rapport qu'il fit au Conseil de sécurité en mai, le Secrétaire général signala que, bien que tous les chefs politiques somalis eussent demandé à l'ONUSOM de continuer à soutenir leurs efforts de réconciliation, la situation en matière de sécurité n'avait cessé de se détériorer. En juillet, le Conseil prit note des progrès réalisés dans le domaine humanitaire et le rétablissement des systèmes policier et judiciaire, tout en se déclarant préoccupé par la lenteur du processus de réconciliation.

Toujours en juillet, le Secrétaire général envoya en Somalie une mission chargée d'étudier la réduction des effectifs de l'ONUSOM. Agissant sur la recommandation de cette mission, il proposa en août de ramener ces effectifs à 15 000 soldats. Le 25 août, le Conseil de sécurité, tout en approuvant cette proposition, invita le Secrétaire général à lui faire rapport sur les perspectives de réconciliation nationale et les options futures concernant l'ONUSOM.

Le Secrétaire général fit savoir en septembre que l'ONUSOM était moins en mesure d'assurer la sécurité en raison du retrait des effectifs, des actions politiques et militaires somalies et des restrictions budgétaires. Le Conseil de sécurité l'encouragea à poursuivre la préparation d'un éventuel retrait de l'ONUSOM II, en fonction de la décision qu'il avait prise de mettre un terme à la mission en mars 1995. L'effectif devrait être ramené de 18 000 à 15 000 soldats pour la fin octobre.

En octobre, le Secrétaire général fit savoir que les dirigeants somalis n'avaient toujours pas respecté les engagements pris au titre de l'Accord d'Addis-Abeba (1993) et de la Déclaration de Nairobi (1994). « La communauté internationale ne peut imposer la paix », fit-il remarquer, ajoutant que cette paix ne pouvait venir que des Somalis eux-mêmes. Il recommandait de prolonger le mandat de l'ONUSOM jusqu'en mars 1995 afin de donner aux dirigeants somalis le temps de consolider les progrès éventuellement accomplis sur la voie de la réconciliation.

Une mission du Conseil de sécurité se rendit en Somalie fin octobre pour communiquer aux partis politiques le point de vue du Conseil sur la situation. Elle déclara à son retour que la réconciliation politique était loin d'être acquise, ajoutant que le maintien de l'ONUSOM II au-delà du mois de mars ne pouvait se justifier en raison de l'impasse politique dans laquelle se trouvait le pays.

Le 4 novembre, le Conseil de sécurité reconduisit le mandat de l'ONUSOM pour une dernière période devant s'achever le 31 mars 1995, affirma que le but essentiel de la mission était de faciliter la réconciliation politique et exhorta toutes les factions somalies à négocier un cessez-le-feu et à constituer un gouvernement d'unité nationale de transition.

Depuis, la réconciliation n'a pas avancé. L'ONUSOM II a achevé son retrait en mars 1995, mais le Secrétaire général a déclaré que l'ONU continuerait d'aider la Somalie sur les plans à la fois politique et humanitaire. Les organismes des Nations Unies continuent à mettre en œuvre, dans des conditions difficiles, des activités d'urgence et de redressement dans le pays.

(Sur l'**Afrique du Sud**, voir la question de l'apartheid au chapitre 4. Sur le **Sahara occidental**, voir le chapitre 6.)

LES AMÉRIQUES

◆ Amérique centrale ◆ Haïti

AMÉRIQUE CENTRALE

Dès le départ, l'ONU a soutenu les efforts déployés par les gouvernements d'Amérique centrale pour instaurer la paix dans la région. Les actions conjuguées du Conseil de sécurité, de l'Assemblée générale et du Secrétaire général ont aidé à régler plusieurs conflits prolongés.

En 1987, les Présidents de cinq pays d'Amérique centrale – Costa Rica, El Salvador, Guatemala, Honduras et Nicaragua – signèrent l'Accord dit d'Esquipulas II dans lequel ils s'engageaient à lancer un processus de démocratisation et de dialogue national, à instaurer un cessez-le-feu et à favoriser la tenue d'élections libres et régulières.

En février 1989, les cinq Présidents décidèrent de mettre en place un mécanisme de vérification de l'accord avec la participation de l'ONU. Ils élaborèrent un plan de démobilisation volontaire des membres de la résistance nicaraguayenne (les « contras »). Le Nicaragua annonça en outre qu'il organiserait des élections générales sous la supervision de la communauté internationale et de l'ONU.

En août 1989, sur la demande du Nicaragua, La **Mission d'observation des Nations Unies chargée de la vérification du processus électoral au Nicaragua (ONUVEN)** entra en action. Elle surveilla toute la préparation et la tenue des élections. C'était la première fois que l'ONU supervisait des élections dans un pays indépendant.

Le 25 février 1990, jour de l'élection, les observateurs de l'ONUVEN furent postés dans les bureaux de vote de 141 des 143 municipalités du pays et contrôlèrent le dépouillement. L'ONUVEN put ainsi affirmer que les élections s'étaient déroulées « d'une manière extrêmement louable ».

Sur la demande du Président et du Président élu, une équipe de l'ONU facilita la transition politique et joua un rôle dans diverses négociations postérieures aux élections. Le succès de l'ONUVEN aida également à instaurer les conditions de la démobilisation volontaire de la résistance nicaraguayenne.

Cette démobilisation fut supervisée par une autre mission, le **Groupe d'observateurs des Nations Unies en Amérique centrale (ONUCA)**, créé en novembre 1989 à la demande de cinq pays d'Amérique centrale afin de vérifier les aspects d'Esquipulas II touchant à la sécurité. L'ONUCA s'établit dans les cinq pays afin de vérifier que ceux-ci cessaient d'aider les forces irrégulières et les mouvements insurrectionnels et empêchaient l'utilisation de leur territoire pour des attaques contre d'autres pays.

En mars 1990, le Conseil de sécurité élargit le mandat de l'ONUCA à la supervision de la démobilisation volontaire de la résistance nicaraguayenne. L'opération fut menée dans tout le Honduras et le Nicaragua. Au 29 juin, quelque 22 000 membres de la résistance avaient remis leurs armes à l'ONUCA.

Les aspects civils de cette opération – rapatriement, relocalisation ou réinstallation – étaient du ressort de la Commission internationale d'appui et de vérification (CIAV), créée en septembre 1989 par le Secrétaire général de l'ONU et le Secrétaire général de l'Organisation des Etats américains.

L'ONUCA resta en Amérique centrale jusqu'en janvier 1992 et contribua aux efforts de pacification de la région.

Dans le même temps, l'ONU se préoccupait de la situation en El Salvador. A la suite des demandes présentées en décembre 1989 et en janvier 1990 par le Gouvernement salvadorien et le Front Farabundo Martí pour la libération nationale (FMLN), le Secrétaire général commença à prêter son assistance pour les négociations qui devaient mettre fin au conflit.

Le premier accord de fond fut l'Accord sur les droits de l'homme, signé en juillet 1990 entre le Gouvernement et le FMLN. Conformément à ce texte, le Conseil de sécurité créa en mai 1991 la **Mission d'observation des Nations Unies en El Salvador (ONUSAL)**, afin de surveiller l'application de tous les accords conclus entre le Gouvernement et le FMLN, à commencer par l'Accord sur les droits de l'homme. L'ONUSAL fut officiellement mise en place au mois de juillet 1991.

Après des mois d'intenses négociations entre le Gouvernement et le FMLN, facilitées par la médiation du Secrétaire général et de son Représentant spécial, le Gouvernement salvadorien et le FMLN signèrent le 16 janvier 1992 des accords de paix qui mettaient fin à un conflit dont on estime le bilan à 70 000 morts. Le Conseil de sécurité élargit ensuite le mandat de l'ONUSAL à la surveillance du respect de tous les aspects de ces accords.

En février, l'ONU entreprit l'une de ses plus vastes opérations. L'ONUSAL s'attela à la tâche complexe de vérifier l'application des nombreuses dispositions des accords de paix, notamment la séparation des forces militaires et leur démobilisation, l'exécution de programmes destinés à réintégrer les ex-combattants, et d'autres réformes indispensables pour venir à bout des causes profondes de la guerre civile. Elle continua à suivre la situation des droits de l'homme et à recommander des mesures d'amélioration.

En décembre 1992, la fin du conflit fut officiellement proclamée, alors que la démobilisation des soldats du FMLN s'achevait. En janvier 1993, les forces armées salvadoriennes avaient été réduites de moitié, et, en juin, plus de huit mois après le délai fixé à l'origine, on exécuta les recommandations formulées par une commission spéciale concernant l'épuration du corps des officiers.

Les engagements relatifs aux questions militaires ayant été remplis, l'ONUSAL se préoccupa de la mise en œuvre des nombreux programmes et réformes nécessaires à la consolidation de la paix, notamment la suppression progressive de la police nationale, la formation et le déploiement de la nouvelle police civile, le transfert des terres aux ex-combattants et aux propriétaires fonciers et l'application des recommandations de la Commission de la Vérité, créée pour enquêter sur les violations des droits de l'homme commises durant les 12 années de guerre.

A la demande du Gouvernement, le mandat de l'ONUSAL fut élargi en mai 1993 à la surveillance des élections présidentielle, législatives et locales, prévues pour mars-avril 1994. Ces élections, qui se déroulèrent, selon l'ONU, « dans des conditions générale-ment acceptables », furent gagnées par le parti au pouvoir, l'ARENA, devant le FMLN, qui devint donc le principal parti d'opposition.

L'ONUSAL demeura en El Salvador pour continuer à vérifier les aspects des accords de paix qui n'étaient pas encore pleinement appliqués au moment des élections – notamment le programme de transfert des terres, la réforme judiciaire et le déploiement de la nouvelle police civile. Son mandat s'acheva en avril 1995. En mai, un petit bureau politique, la **Mission des Nations Unies en**

El Salvador (MINUSAL), commença à vérifier les points en suspens des accords de paix et à offrir ses bons offices.

L'ONU s'occupe également de la situation au Guatemala. Un représentant des Nations Unies observe depuis 1991 les pourparlers entre le Gouvernement et l'Unité révolutionnaire nationale guatémaltèque (URNG), destinés à mettre fin à un conflit vieux de plus de 30 ans et à instaurer la réconciliation nationale. Ces pourparlers furent suspendus en mai 1993.

Lorsqu'ils reprirent en mars 1994, les parties s'entendirent sur un accord-cadre signé en janvier 1994, selon lequel l'ONU devait présider les négociations et vérifier le respect de tous les accords conclus. En mars, les parties signèrent à Mexico un accord sur les droits de l'homme, qui prévoyait l'envoi d'une mission des Nations Unies au Guatemala. En juin, elles signèrent à Oslo, à l'issue d'intenses négociations, un accord définissant une stratégie de réinstallation des réfugiés et des personnes déracinées par le conflit, ainsi qu'un accord sur la création d'une commission chargée d'enquêter sur les violations passées des droits de l'homme. En mars 1995, un accord sur l'identité et les droits des populations autochtones fut conclu, et les travaux commencèrent au sujet de la situation socio-économique et agraire.

Comme le prévoyait l'accord sur les droits de l'homme, le Secrétaire général recommanda en août 1994 la création de la **Mission de vérification des Nations Unies pour les droits de l'homme au Guatemala (MINUGUA)**, en soulignant qu'elle aiderait à mettre fin aux violations des droits de l'homme et stimulerait le processus de paix. Le 19 septembre, l'Assemblée générale approuva l'envoi de la MINUGUA, qui arriva officiellement à Guatemala en novembre et qui était entièrement déployée dans le pays en février 1995. Entre-temps, les représentants des Nations Unies poursuivaient leurs efforts en vue de maintenir le rythme des négociations et de faciliter la conclusion d'un accord de paix.

HAÏTI

En février 1986, Jean-Claude Duvalier, le « Président à vie » dont la famille régnait sur Haïti depuis 1957, quitta le pays après des années de mécontentement intérieur et de répression. Après son départ, une série de gouvernements de courte durée se succédèrent. Une constitution fut approuvée par référendum, et des élections furent prévues.

En 1990, le gouvernement provisoire demanda à l'ONU d'observer le processus électoral. En octobre, l'Assemblée générale approuva un plan d'assistance électorale, et le Secrétaire général créa la **Mission d'observateurs des Nations Unies pour la vérification des élections en Haïti (ONUVEH)**.

L'ONUVEH coopéra étroitement avec les autres observateurs internationaux, surveilla le processus électoral et contribua à maintenir un climat de sécurité.

Les élections eurent lieu le 16 décembre 1990. L'ONUVEH et les autres observateurs internationaux se rendirent dans les bureaux de vote de nombreuses régions du pays, y compris dans les zones les plus reculées. Le chef de l'ONUVEH qualifia les élections de « grand succès » et jugea qu'elles s'étaient déroulées dans des conditions de sécurité et sans intimidations.

L'élection présidentielle fut remportée par Jean-Bertrand Aristide, candidat du Front national pour le changement et la démocratie (FNCD), avec 67 % des voix, devant Marc Bazin, de l'Alliance nationale pour la démocratie et le progrès (ANDP), avec 14 %. Le reste des voix se répartissait entre neuf autres candidats. Le Président démocratiquement élu prit ses fonctions le 7 février 1991, et le dernier contingent de l'ONUVEH quitta le pays le 22 février.

Le 30 septembre, un coup d'Etat dirigé par le général Raoul Cédras mit fin au régime démocratique et contraignit le président Aristide à l'exil. Le même jour, l'Organisation des Etats américains (OEA) condamna cette action et entreprit des efforts diplomatiques pour obtenir le retour à la légalité.

Le 3 octobre, le président Aristide s'adressa au Conseil de sécurité. Celui-ci condamna le coup d'Etat, demanda le rétablissement du Gouvernement démocratique et exprima son soutien aux efforts de l'OEA.

Le 11 octobre, l'Assemblée générale exigea le rétablissement du Gouvernement légitime, l'application de la Constitution et le respect des droits de l'homme.

En novembre 1992, l'Assemblée demanda au Secrétaire général d'aider à résoudre la crise, en coopération avec l'OEA. En décembre, le Secrétaire général désigna M. Dante Caputo comme son Envoyé spécial en Haïti. En janvier 1993, l'OEA fit également de M. Caputo son envoyé spécial.

La situation ne cessant de se détériorer, une mission commune ONU/OEA – la future **Mission civile internationale en Haïti (MICIVIH)** qui serait autorisée en avril – fut envoyée dans le pays en février 1993, sur la demande du président Aristide, pour surveiller la situation des droits de l'homme et enquêter sur les violations.

Entre-temps, l'Envoyé spécial cherchait à obtenir l'accord de toutes les parties sur le retour du président Aristide, la nomination d'un premier ministre pour diriger un gouvernement d'unité nationale et la question de l'amnistie. Mais en dépit de la pression internationale qui s'accentuait, les autorités de facto refusèrent d'accepter le règlement proposé.

Afin de hâter le rétablissement du régime constitutionnel, le Conseil de sécurité imposa le 16 juin un embargo sur les armes et le pétrole à destination d'Haïti. Le 21 juin, le général Cédras accepta d'engager un dialogue afin de résoudre la crise. Les pourparlers qui réunirent à New York l'Envoyé spécial, le président Aristide et le général Cédras aboutirent à la signature le 3 juillet de l'Accord de Governors Island. Cet accord prévoyait le retour du président Aristide le 30 octobre 1993 et la nomination d'un nouveau commandant en chef des forces armées pour remplacer le général Cédras, qui prendrait une retraite anticipée.

Les parties convinrent d'un dialogue, sous les auspices de l'ONU et de l'OEA, afin d'instaurer les conditions d'une transition pacifique. Aux termes du Pacte de New York, signé le 14 juillet par les forces politiques représentées au Parlement haïtien, le Président nommerait un premier ministre, qui devrait être confirmé par le Parlement.

Après que le Parlement eut ratifié en août la nomination par le président Aristide de M. Robert Malval comme premier ministre, le Conseil de sécurité suspendit son embargo.

Conformément à l'Accord de Governors Island, le Conseil créa en septembre la **Mission des Nations Unies en Haïti (MINUHA)** afin d'aider à moderniser les forces armées haïtiennes et à mettre en place une nouvelle police. L'équipe avancée de la Mission fut déployée en octobre, mais elle ne put exécuter son mandat car les autorités militaires d'Haïti ne respectaient pas l'Accord du 3 juillet.

En outre, le 11 octobre, des civils armés empêchèrent un contingent militaire de la MINUHA de débarquer à Port-au-Prince. A la suite de cet incident, la MINUHA, la MICIVIH et le personnel des autres organisations internationales quittèrent Haïti.

Le 18 octobre, le Conseil de sécurité rétablit son embargo sur les armes et le pétrole. Le 30 octobre – date prévue pour le retour du président Aristide –, il condamna les autorités de facto pour n'avoir pas honoré leurs engagements. En décembre, l'Assemblée générale réaffirma son soutien au président Aristide et condamna la violence et la répression militaire dans le pays.

Le même mois, une réunion des collaborateurs du Secrétaire général pour Haïti (Canada, Etats-Unis, France et Venezuela, auxquels se joignit ensuite l'Argentine) se tint à Paris, avec la participation de l'Envoyé spécial, afin de définir des mesures destinées à trouver une solution négociée.

En janvier 1994, la MICIVIH, qui s'était retirée dans la République dominicaine en octobre 1993 pour des raisons de sécurité, retourna en Haïti afin de reprendre la surveillance du respect des droits de l'homme. Elle dénonça les graves violations qui avaient lieu dans le pays, malgré le harcèlement et l'obstruction dont elle fut l'objet.

En mai, le Conseil de sécurité renforça ses sanctions par un embargo commercial sur toutes les marchandises sauf les médicaments et les denrées alimentaires, énonçant des conditions précises pour sa suspension.

Malgré les efforts déployés par l'ONU, l'OEA et les organisations de secours, la situation humanitaire ne cessait de se détériorer. Avec l'alourdissement des sanctions, le nombre de personnes tributaires de l'aide étrangère augmenta, et les organisations de secours nourrissaient environ un Haïtien sur sept.

En juillet, les autorités militaires déclarèrent indésirables les fonctionnaires internationaux de la MICIVIH et leur donnèrent 48 heures pour quitter le pays. Pour garantir leur sécurité, le Secrétaire général décida de les évacuer.

A la suite des recommandations adoptées au Brésil par les Ministres des affaires étrangères de l'OEA et par le Conseil de sécurité, le Secrétaire général proposa en juillet de modifier le mandat de la MINUHA. Le 31 juillet, le Conseil autorisa les Etats Membres à constituer une force multinationale et à employer tous les moyens nécessaires pour faciliter le départ des chefs militaires et le retour du président Aristide.

Le 25 août, le Secrétaire général dépêcha un envoyé pour obtenir l'accord des chefs militaires sur la visite d'une mission de haut niveau chargée de discuter des mesures à prendre à cette fin. Toutefois, les chefs militaires refusèrent de rencontrer l'envoyé.

Le 18 septembre, les Etats-Unis et les autorités militaires haïtiennes conclurent un accord destiné à éviter de nouvelles violences. Cet accord, obtenu grâce à la médiation de l'ancien président américain Jimmy Carter, prévoyait une retraite anticipée de certains chefs militaires, la levée de l'embargo et la tenue d'élections législatives libres et démocratiques.

Les premiers contingents de la force multilatérale de 20 000 hommes dirigée par les Etats-Unis commencèrent à se déployer en Haïti le 19 septembre. Ils furent suivis peu après par une équipe avancée de la MINUHA, qui entreprit de surveiller les opérations de la force, tout en préparant la transition vers une opération de la MINUHA.

Le général Cédras démissionna le 10 octobre de son poste de commandant des forces armées et partit pour le Panama, en compagnie de son chef d'état-major. Le président Aristide revint en Haïti le 15 octobre, et le Conseil de sécurité leva les sanctions le lendemain. Le Secrétaire général se félicita du retour de M. Aristide, ajoutant qu'avec le départ des chefs militaires et la convocation du Parlement les objectifs de l'ONU avaient été atteints.

La MICIVIH retourna en Haïti au mois d'octobre. Elle avait pour mandat de continuer à surveiller et à favoriser le respect des droits de l'homme en faisant des recommandations aux autorités haïtiennes, en appliquant un programme d'éducation et d'information civique et en aidant à résoudre des problèmes tels que la détention, l'assistance médicale aux victimes et le retour des personnes déplacées. Elle devait aussi surveiller les préparatifs des élections de 1995 et participer à leur observation.

En janvier 1995, le Conseil de sécurité jugea qu'il existait en Haïti un contexte sûr et stable permettant le déploiement de la

MINUHA et autorisa l'envoi de 6 000 soldats et de 900 policiers civils.

Les responsabilités de la force multinationale furent transmises en mars à la MINUHA, qui devait aider le Gouvernement à maintenir le contexte sûr et stable créé par la force multinationale et faciliter la tenue d'élections libres et régulières.

ASIE

- ◆ Afghanistan ◆ Cambodge ◆ Chypre ◆ Iran-Iraq
- ◆ Iraq-Koweït ◆ Moyen-Orient ◆ Péninsule coréenne
- ◆ Sous-continent de l'Asie du Sud : Inde-Pakistan
- ◆ Tadjikistan

AFGHANISTAN

Le 3 janvier 1980, à la suite de l'intervention militaire soviétique survenue fin décembre 1979, 52 Etats Membres demandèrent la convocation urgente du Conseil de sécurité pour examiner la situation en Afghanistan. L'Union soviétique ayant voté contre un projet de résolution dans lequel le Conseil aurait déploré l'intervention, ce dernier décida de convoquer l'Assemblée générale pour une session extraordinaire d'urgence. Réunie en janvier, l'Assemblée déplora vivement « la récente intervention armée en Afghanistan » et demanda le retrait des troupes étrangères.

Le Secrétaire général lança une série de pourparlers auxquels participaient l'Afghanistan, le Pakistan, l'Union soviétique, d'autres pays voisins et les membres du Conseil de sécurité. Ces pourparlers, dirigés par son Représentant personnel, visaient à mettre en place un règlement global en quatre points : non-ingérence, retour des réfugiés, retrait des troupes étrangères et garanties internationales.

Au bout de huit années d'efforts intensifs menés sur la base de ces quatre points, un règlement global fut élaboré en avril 1988, et un calendrier de retrait des troupes étrangères fut établi.

Le 14 avril 1988, lors d'une cérémonie organisée à l'Office des Nations Unies à Genève, le Secrétaire général présida à la signature de ce règlement, connu sous le nom d'Accords de Genève. Ces accords furent signés par les Ministres des affaires étrangères de l'Afghanistan et du Pakistan, ainsi que par ceux des Etats-Unis et de l'Union soviétique en qualité d'Etats garants.

Conformément à ces accords, les signataires demandèrent le déploiement de militaires des Nations Unies en Afghanistan et au Pakistan. C'est ainsi que la **Mission de bons offices des Nations Unies en Afghanistan et au Pakistan (UNGOMAP)** surveilla le retrait des troupes soviétiques, qui prit fin en février 1989. Elle continua ensuite à suivre les autres aspects des Accords de Genève jusqu'en mars 1990.

En mai 1988, devant la gravité de la situation humanitaire, le Secrétaire général demanda la mise en place d'un mécanisme commun des Nations Unies destiné à répondre aux besoins du pays. Un coordonnateur des Nations Unies pour les programmes d'assistance humanitaire et économique concernant l'Afghanistan fut nommé. En juin, le Secrétaire général lança un appel à l'assistance internationale pour un montant de 1,1 milliard de dollars. Lors d'une conférence d'annonces de contributions réunie en octobre à New York, le Secrétaire général et le Coordonnateur lancèrent l'opération Salam, qui devait apporter un appui international aux programmes de secours et de relèvement pour l'Afghanistan, et dont le Coordonnateur prit la responsabilité.

En 1989, le Coordonnateur lança le premier grand programme de déminage dans le monde, qui a permis jusqu'à ce jour de déminer plus de 42 millions de mètres carrés et de sensibiliser plus de 2,3 millions de personnes à la présence des mines.

Devant la persistance des conflits intérieurs, l'Assemblée générale demanda en novembre 1988 au Secrétaire général d'encourager un règlement politique d'ensemble, afin de mettre en place un gouvernement largement représentatif.

En mai 1989, le Secrétaire général nomma un représentant personnel en Afghanistan et au Pakistan, qui est depuis en contact avec les divers éléments concernés, afin de trouver une solution pacifique au conflit.

En mai 1991, le Secrétaire général définit les grands principes d'une solution politique : respect de la souveraineté, de l'intégrité territoriale, de l'indépendance politique, du non-alignement et du caractère islamique de l'Afghanistan; reconnaissance du droit des Afghans à décider eux-mêmes de la forme de leur gouvernement et de choisir leur système économique, politique et social; et nécessité d'un dialogue intra-afghan devant conduire à la mise en place d'un gouvernement largement représentatif.

Le 16 avril 1992, après une période de recrudescence des conflits, le Gouvernement du président Najibullah fut remplacé par un gouvernement moudjahidin, qui proclama ensuite un Etat islamique. Quelques jours plus tard, le Secrétaire général se rendit dans la région pour rencontrer les dirigeants du Pakistan et de l'Iran. Il déclara que la paix et l'unité nationale étaient indispensables pour pouvoir faire appel à l'aide humanitaire et financière de la communauté internationale et réaffirma que l'ONU était prête à aider le peuple afghan à reconstruire son pays.

Le 24 avril, la plupart des parties afghanes conclurent à Peshawar (Pakistan) un accord sur la formation d'un gouvernement intérimaire. Ces événements entraînèrent le retour de plus de 1,5 million de réfugiés, de sorte que les besoins en assistance humanitaire se renforcèrent. En juin, le Secrétaire général lança un appel d'un montant de 197 millions de dollars pour financer des secours d'urgence.

D'intenses combats éclatèrent en août, faisant de nombreuses victimes et causant des dégâts importants dans la capitale. Le personnel des Nations Unies fut contraint d'évacuer la ville. Le Secrétaire général lança un appel à la modération et à la reprise du dialogue, et le Conseil de sécurité exprima sa préoccupation.

En dépit d'un cessez-le-feu qui permit à plusieurs missions d'enquête et d'assistance technique des Nations Unies de se rendre à Kaboul, les combats reprirent, et la capitale fut à nouveau bombardée en décembre 1992. Les hostilités rendirent très difficiles les actions de secours. A la fin de l'année, 87 millions de dollars environ avaient été reçus pour financer l'assistance humanitaire demandée en 1992.

En janvier 1993, le Bureau du Coordonnateur des Nations Unies pour les programmes d'assistance humanitaire et économique concernant l'Afghanistan devint le Bureau des Nations Unies pour la coordination de l'assistance humanitaire à l'Afghanistan, ce qui traduisait l'accent mis sur les programmes d'urgence. Tout au long de l'année, les organismes de l'ONU et les organisations non gouvernementales continuèrent à dispenser une aide humanitaire. Un nouvel appel fut lancé, et près de 70 millions de dollars avaient été réunis à la fin de l'année.

En février, trois fonctionnaires et un consultant des Nations Unies furent assassinés sur la route menant à Djalalabad. Le

Secrétaire général exprima sa consternation et se déclara de nouveau préoccupé par la poursuite des combats à Kaboul, qui faisaient de nombreuses victimes parmi les civils. En raison de graves problèmes de sécurité, le personnel international fut déplacé de Djalalabad et de Kandahar. Plus tard dans l'année, la situation s'améliora à Djalalabad, ce qui permit le retour du personnel. A partir de 1994, celui-ci s'occupa de l'afflux de personnes déplacées venant de Kaboul et installa un camp à l'est de Djalalabad. Au milieu de 1994, à la faveur d'une amélioration, il put également regagner Kandahar.

Après la reprise des négociations à Islamabad, auxquelles assistaient l'Arabie saoudite et l'Iran, la plupart des dirigeants afghans signèrent un accord de paix le 7 mars 1993. Se félicitant de cet accord, le Secrétaire général exprima l'espoir que le cessez-le-feu améliorerait la sécurité et permettrait l'acheminement sans heurt de l'aide humanitaire. Mais des combats sporadiques se poursuivirent durant le printemps, notamment à Kaboul.

La plupart des dirigeants afghans se réunirent à Djalalabad le 29 avril pour résoudre les questions en suspens concernant l'accord d'Islamabad. En mai, ils s'entendirent sur la composition du Cabinet, de sorte que le Premier Ministre et son cabinet purent prêter serment devant le Président le 17 juin.

Au second semestre de 1993, la situation politique devint plus stable et les fonctionnaires des Nations Unies évacués de Kaboul en 1992 purent regagner la capitale. Le Représentant personnel du Secrétaire général encouragea le Président, le Premier Ministre et les autres dirigeants à surmonter leurs différends en faisant des propositions officieuses. En octobre, un appel à l'aide humanitaire d'un montant de 59 millions de dollars pour les six mois d'hiver fut lancé, et 34 millions de dollars furent collectés.

Les hostilités reprirent au début de 1994, lorsque les forces alliées au Premier Ministre commencèrent à bombarder Kaboul et à imposer un blocus à la ville, tandis que les forces alliées au Président attaquaient leurs adversaires dans d'autres régions du pays. De violents combats firent, selon les estimations, 7 000 victimes au cours des neuf premiers mois de l'année. Un demi-million de personnes durent quitter Kaboul, dont un grand nombre se réfugièrent à Djalalabad. En octobre, plus de 200 000 personnes déplacées se trouvaient dans des camps proches de

Djalalabad, mis en place avec la coordination du Bureau des Nations Unies pour la coordination de l'assistance humanitaire à l'Afghanistan, tandis qu'un nombre équivalent était entassé dans la ville.

En décembre 1993, l'Assemblée générale avait demandé au Secrétaire général d'envoyer une mission spéciale en Afghanistan pour recueillir les vues des dirigeants afghans sur la façon dont l'ONU pourrait faciliter au mieux la réconciliation nationale et la reconstruction.

En février 1994, un envoyé spécial fut nommé à la tête de la Mission spéciale, dont le chef adjoint était le Représentant personnel. En mars et avril, la Mission spéciale fit de nombreux déplacements en Afghanistan, où elle recueillit l'opinion des dirigeants, mais aussi de centaines d'Afghans et fut accueillie par des foules nombreuses qui demandaient une relance du rôle de l'ONU. Elle se rendit aussi dans les capitales de la région et recommanda en juillet que l'ONU entame des consultations avec les dirigeants afghans en vue d'un cessez-le-feu et de la mise en place d'une autorité de transition.

Sur les instructions du Secrétaire général, qui s'était rendu à Islamabad en septembre, la Mission organisa le même mois à Quetta une réunion de 35 personnalités afghanes, auxquelles elle demanda leurs conseils sur les moyens d'aboutir à un cessez-le-feu, d'opérer un transfert de pouvoir par le biais d'un gouvernement de transition et de mettre en place une force de sécurité neutre.

Ensuite, la Mission s'efforça, avec un groupe de travail composé de quatre personnalités afghanes indépendantes, de mettre au point un mécanisme destiné à assurer le transfert pacifique du pouvoir. A l'issue de consultations, tous les chefs de faction afghans acceptèrent ce mécanisme dans son principe en février 1995. Mais les combats reprirent ensuite entre les factions à Kaboul et dans d'autres régions du pays.

CAMBODGE

Après l'intervention du Viet Nam au Cambodge en décembre 1978, l'Assemblée générale demanda en 1979 le retrait de toutes les forces étrangères du pays, la non-ingérence dans ses affaires intérieures et l'autodétermination pour le peuple cambodgien. Elle lança également un appel à l'aide humanitaire pour la population civile.

En 1981, pour faire suite à la demande de l'Assemblée générale, le Secrétaire général usa de ses bons offices auprès des gouvernements et des parties en cause. Après une visite dans la région en 1985, il identifia une série d'objectifs sur lesquels existait une convergence, énonçant ainsi pour la première fois les éléments essentiels d'un règlement politique d'ensemble. En 1988, il formula un certain nombre d'idées pour un cadre de règlement, que son Représentant spécial présenta aux quatre parties cambodgiennes et aux Etats concernés lors d'une mission dans la région.

Les propositions du Secrétaire général stimulèrent les négociations. La même année, les premiers pourparlers en face-à-face entre les quatre parties cambodgiennes eurent lieu à Jakarta. En avril 1989, le Viet Nam annonça le retrait de ses troupes du Cambodge, lequel s'acheva en septembre. En juillet-août 1989 eut lieu la Conférence de Paris sur le Cambodge, à laquelle participèrent 18 pays ainsi que les quatre parties cambodgiennes et le Secrétaire général.

Tout au long de cette période, l'ONU mit en œuvre un programme d'aide humanitaire au peuple cambodgien. Commencé en 1980, ce programme comprenait trois grands volets : un à l'intérieur du Cambodge, un à la frontière et un en Thaïlande. L'aide était fournie par l'intermédiaire du HCR et de l'Opération frontalière de secours des Nations Unies, créée en 1982. D'autres organismes y participaient.

En janvier 1990, les cinq membres permanents du Conseil de sécurité entamèrent une série d'entretiens de haut niveau sur le Cambodge. En août, ils se mirent d'accord sur les principaux éléments d'un règlement politique qui prévoyait le contrôle et la supervision par l'ONU des structures administratives du pays, puis la tenue d'élections supervisées par l'Organisation. Ce plan fut accepté par toutes les parties cambodgiennes et par le Viet Nam, avant d'être approuvé en septembre par le Conseil de sécurité.

Le 1er mai 1991, un cessez-le-feu entra en vigueur au Cambodge, à la suite d'un appel lancé par le Secrétaire général et les Ministres des affaires étrangères de la France et de l'Indonésie (coprésidents de la Conférence de Paris). En octobre, le Conseil de sécurité mit en place la **Mission préparatoire des Nations Unies** au Cambodge (MIPRENUC), chargée d'aider les parties cambodgiennes à maintenir le cessez-le-feu.

Le 23 octobre, les parties signèrent à Paris les Accords sur le Cambodge, qui constituaient un traité de paix destiné à mettre fin au conflit et à préparer les élections. Ces accords attribuaient à l'ONU un rôle sans précédent. Une vaste opération, l'**Autorité provisoire des Nations Unies au Cambodge (APRONUC)** était chargée des tâches suivantes : superviser le cessez-le-feu, la cessation de l'aide militaire étrangère et le retrait des forces étrangères; regrouper, cantonner et désarmer toutes les forces des parties cambodgiennes; assurer une démobilisation à 70 %; contrôler et superviser les activités des structures administratives, y compris la police; veiller au respect des droits de l'homme; et organiser et mettre en œuvre les élections.

En février 1992, le Conseil de sécurité créa l'APRONUC, dont le déploiement commença officiellement en mars avec l'arrivée dans la capitale Phnom Penh de son chef, M. Yasushi Akashi, représentant spécial du Secrétaire général pour le Cambodge. A son maximum, l'APRONUC comprenait 21 000 civils et militaires appartenant à plus de 100 pays.

L'ONU lança également en mars un programme de rapatriement et de réinstallation des quelque 360 000 Cambodgiens réfugiés et déplacés, placé sous la responsabilité du HCR. Ce programme s'acheva avec succès en avril 1993. En juin 1992, plusieurs gouvernements annoncèrent au total 880 millions de dollars d'aide à la reconstruction du Cambodge.

Aux termes des Accords de Paris, le Conseil national suprême du Cambodge (CNS) devait être « l'unique organe légitime et source d'autorité » pendant toute la période de transition. Composé des quatre parties cambodgiennes et présidé par le prince Norodom Sihanouk, il délégua à l'ONU « tous les pouvoirs nécessaires » pour assurer l'application des Accords.

En juillet 1992, conformément aux Accords de Paris, l'APRONUC établit son contrôle sur les affaires étrangères, la défense, la sécurité, les finances et l'information, afin de mettre en place un contexte neutre propice à la tenue des élections.

L'inscription des partis politiques commença en août. En janvier 1993, il y avait 20 partis candidats. Sur les quatre parties cambodgiennes qui avaient signé les Accords de Paris, trois prirent part aux élections : le Parti de l'Etat du Cambodge [par l'intermédiaire du Parti du peuple cambodgien (PPC)], le Front uni national pour un Cambodge indépendant neutre, pacifique et coopératif (FUNCINPEC) et le Front national de libération du peuple Khmer/Parti démocratique libéral bouddhiste (FNLKP/PDLB). Le quatrième signataire, le Parti du Kampuchea démocratique (PKD), représentant les Khmers rouges, ne s'inscrivit pas comme parti politique et ne participa pas aux élections.

Lorsque l'inscription des électeurs s'acheva en janvier 1993, plus de 4,6 millions de Cambodgiens s'étaient inscrits, soit la quasi-totalité de l'électorat dans les zones auxquelles l'APRONUC avait accès (elle n'avait pu accéder pleinement aux zones contrôlées par le PKD).

Les élections eurent lieu du 23 au 28 mai 1993 dans les 21 provinces du pays, grâce à quelque 1 400 bureaux de vote fixes et 200 équipes mobiles. Le personnel militaire et la police civile de l'APRONUC assurèrent une sécurité renforcée. Sauf quelques incidents, le scrutin se déroula dans une ambiance pacifique et souvent joyeuse, les électeurs parcourant parfois plusieurs kilomètres à pied pour venir déposer leur bulletin dans l'urne, au mépris des menaces de violence, des bandits, du terrain accidenté ou des pluies diluviennes qui balayaient la majeure partie du pays.

Plus de 4,2 millions de Cambodgiens, soit plus de 89 % des électeurs inscrits, participèrent au vote. Le FUNCINPEC recueillit 45 % des voix, le PPC 38 % et le FNLKP/PDLB 3 %. Le nombre des sièges de l'Assemblée constituante se répartit comme suit : 59 pour le FUNCINPEC, 51 pour le PPC, 10 pour le FNLKP/PDLB, et 1 pour le MOLINAKA.

Lors d'une réunion tenue le 10 juin par le CNS et présidée par le prince Sihanouk, le Représentant spécial déclara que les élections avaient été libres et régulières. Le 15 juin, le Conseil de sécurité en entérina les résultats et exprima son soutien à la nouvelle Assemblée constituante.

Le 24 septembre, le prince Sihanouk promulgua la Constitution, qui avait été rédigée par l'Assemblée constituante, et fut élu Roi du Cambodge. Conformément à la Constitution, il nomma les chefs du nouveau Gouvernement. Le même jour se terminait le mandat de l'APRONUC, laquelle avait à peu près achevé son retrait mi-novembre.

Les organismes des Nations Unies sont restés au Cambodge pour contribuer au développement du pays. Le Secrétaire général a nommé un représentant chargé de maintenir une liaison et un dialogue étroits avec le Gouvernement, conformément à l'esprit et aux principes des Accords de Paris. La communauté internationale, par l'intermédiaire du Comité international pour la reconstruction du Cambodge, continue d'aider le Gouvernement dans ses efforts de redressement.

CHYPRE

Chypre devint indépendante en 1960, avec une constitution destinée à assurer l'équilibre entre les intérêts des communautés chypriote grecque et chypriote turque. Un traité conclu en août 1960 par Chypre, la Grèce, la Turquie et le Royaume-Uni garantissait le respect des dispositions fondamentales de cette constitution ainsi que l'intégrité territoriale et la souveraineté du pays.

Depuis que des combats ont commencé à opposer les deux communautés en décembre 1963, l'ONU s'est efforcée de parvenir à un règlement pacifique. Le Conseil de sécurité se réunit le 27 décembre 1963 pour examiner une plainte de Chypre accusant la Turquie d'agression et d'ingérence dans ses affaires intérieures. La Turquie, rejetant les accusations d'agression, affirma que les dirigeants chypriotes grecs essayaient depuis plus de deux ans de réduire à néant les droits de la communauté chypriote turque.

En mars 1964, le Conseil de sécurité créa la **Force des Nations Unies chargée du maintien de la paix à Chypre (UNFICYP)** afin d'empêcher les combats, d'aider au maintien de l'ordre et de favoriser le retour à une situation normale.

Grâce aux efforts du Secrétaire général et de son Représentant spécial à Chypre, des pourparlers eurent lieu entre les deux communautés, qui se rencontrèrent par intervalle entre 1968 et le début de 1974.

Le coup d'Etat perpétré à Chypre le 15 juillet 1974 par les Chypriotes grecs associés à des éléments grecs partisans de l'union avec la Grèce déclencha une intervention militaire de la Turquie, dont les troupes permirent ensuite aux Chypriotes turcs d'établir leur contrôle sur le nord de l'île. Un cessez-le-feu intervint le 16 août.

Quatre jours plus tard, le HCR fut désigné par le Secrétaire général pour coordonner l'assistance humanitaire des Nations Unies à Chypre. Plus de 200 000 personnes avaient besoin d'une aide à la suite des hostilités. Le HCR continue d'aider les personnes déplacées, et l'UNFICYP apporte son soutien à cette mission humanitaire.

En novembre 1974, l'Assemblée générale demanda à tous les Etats de respecter la souveraineté, l'intégrité territoriale, l'indépendance et le non-alignement de Chypre. Elle demanda instamment le retrait de toutes les forces armées étrangères, la cessation de toute ingérence étrangère et le retour des réfugiés dans leur foyer. Elle déclara que les problèmes constitutionnels devaient être résolus par les deux communautés et demanda que les contacts qui avaient lieu entre elles se poursuivent avec l'aide du Secrétaire général.

Ces contacts furent rompus après l'annonce unilatérale faite par les dirigeants chypriotes turcs en février 1975 qu'une partie de l'île deviendrait l'« Etat fédéré turc de Chypre ». En mars, le Conseil de sécurité exprima ses regrets devant cette proclamation et affirma qu'elle ne préjugeait pas le règlement politique final.

Les pourparlers commencèrent en avril, sous les auspices du Secrétaire général. Il fut convenu d'autoriser les Chypriotes turcs du sud de l'île à se rendre au nord avec l'aide de l'UNFICYP et de transférer un certain nombre de Chypriotes grecs vers le nord pour réunir les familles. Les Chypriotes grecs du nord auraient le droit de se rendre au sud ou de rester sur place.

Le transfert des Chypriotes turcs au nord s'acheva en septembre 1975. En revanche, d'autres dispositions de l'accord n'étaient que partiellement appliquées. Les pourparlers continuèrent durant les années suivantes, mais sans progrès décisif.

En novembre 1983, les autorités chypriotes turques proclamèrent unilatéralement une « république turque du nord de Chypre ». Le Conseil de sécurité jugea cette déclaration sans valeur et demanda qu'elle fût rapportée, tout en priant le Secrétaire général de poursuivre sa mission de bons offices.

En 1984, le Secrétaire général eut des « pourparlers indirects » avec les dirigeants des deux communautés et présenta les éléments d'une solution d'ensemble reposant sur la création d'une république fédérale de Chypre. Lors d'une réunion commune qui eut lieu à New York en janvier 1985, la partie chypriote turque accepta ces éléments, tandis que la partie chypriote grecque affirmait ne pouvoir les accepter que comme base de négociation.

Le Secrétaire général essaya de surmonter ces divergences grâce à un projet de déclaration global, qui fut accepté par la partie chypriote grecque en avril 1985, mais pas par la partie chypriote turque.

Les pourparlers continuèrent les années suivantes, mais les différends entre les deux camps subsistèrent.

En 1990, le Conseil de sécurité réaffirma qu'il voyait une solution fondée sur l'existence d'un unique Etat chypriote composé de deux communautés et que l'objectif était la mise en place d'une nouvelle constitution qui réglementerait les relations entre les deux communautés sur une base fédérale, bicommunautaire et bizonale. Les deux camps exprimèrent leur attachement à cette vision.

En mars 1991, le Secrétaire général était en mesure d'informer les membres du Conseil de sécurité que les entretiens menés par ses représentants avec les deux parties à Chypre, ainsi qu'avec un haut représentant du Ministère turc des affaires étrangères, afin d'étudier une série d'idées concernant un accord-cadre global avaient été utiles. Il notait que, la situation s'étant éclaircie, il devrait être possible de rapprocher les deux parties, notamment au sujet de trois des huit points d'un accord-cadre global, à savoir les objectifs généraux, les principes directeurs et les questions de sécurité et de garantie. Selon lui, un accord serait en vue si l'on pouvait progresser sur la question des ajustements territoriaux et celle des personnes déplacées.

Le Secrétaire général s'entretint séparément avec les dirigeants des deux communautés à New York en janvier et mars 1992. En avril, il déclara au Conseil de sécurité que l'ensemble d'idées constituait une base équitable à partir de laquelle un accord pouvait être conclu. Une semaine plus tard, le Conseil faisait sien l'ensemble d'idées en tant que base appropriée pour conclure un accord.

En juin, le Secrétaire général entama à New York des pourparlers indirects avec les deux dirigeants. Après une interruption de trois semaines, ces pourparlers reprirent au mois de juillet. Les deux dirigeants continuèrent à se rencontrer à New York, en octobre et novembre, afin d'étudier l'ensemble d'idées.

Lors d'une nouvelle réunion en mars 1993, ils décidèrent de reprendre les négociations en mai, en partant de l'ensemble d'idées pour parvenir à un accord-cadre global. En avril-mai, le Représentant spécial adjoint du Secrétaire général procéda à des réunions préparatoires à Chypre. Les deux dirigeants se déclarèrent disposés à envisager un accord sur 14 mesures de confiance. Les plus importantes consistaient à placer la ville de Varosha, vidée de ses habitants, sous administration des Nations Unies, afin d'en faire une zone spéciale de contact et de commerce bicommunautaires, et à rouvrir l'aéroport international de Nicosie, sous administration des Nations Unies, pour permettre le trafic avec les deux camps.

En mai, sur la base de ces préparatifs, les négociations, présidées par le Secrétaire général, reprirent à New York. Elles furent interrompues le 1er juin afin de permettre à la partie chypriote turque de procéder à des consultations à Nicosie et à Ankara. L'objet de ces consultations était de faire accepter l'ensemble de mesures de confiance relatives à Varosha et à l'aéroport international de Nicosie. Il était entendu que les réunions reprendraient à New York au plus tard le 14 juin. Toutefois, le dirigeant de la communauté chypriote turque ne chercha pas à faire accepter les mesures en question et ne revint pas à New York.

En juillet, le Conseil de sécurité déclara qu'il partageait la déception du Secrétaire général devant le fait que le dirigeant chypriote turc n'avait pas respecté son engagement de faire accepter l'ensemble de mesures et n'était pas retourné à New York, ce qui empêchait la reprise des réunions.

Le Représentant spécial se rendit à Chypre en juillet, où il rencontra les deux dirigeants ainsi que des responsables politiques et des personnalités du monde des affaires. Il partit ensuite pour la Grèce et la Turquie afin d'y avoir des entretiens avec chaque gouvernement. Les discussions qui eurent lieu ensuite avec les parties à Chypre n'aboutirent à aucun accord.

Le Secrétaire général informa le Conseil de sécurité en septembre que la partie chypriote turque n'avait pas encore fait preuve de la bonne volonté ni de la coopération requises pour parvenir à un accord sur l'ensemble de mesures. La communauté chypriote turque, notait-il, paraissait désireuse d'examiner sérieusement cet ensemble, mais il fallait la convaincre que la Turquie soutenait les mesures. La Turquie pouvait jouer un rôle important, ajoutait le Secrétaire général, et il s'efforcerait d'obtenir sa coopération. Deux missions techniques confirmèrent les avantages offerts par ces mesures.

En janvier 1994, le Secrétaire général et son Représentant spécial reprirent leurs contacts intensifs pour parvenir à un accord sur l'ensemble de mesures. Après de nouvelles réunions en janvier et février avec les Représentants du Secrétaire général, les deux parties acceptèrent l'ensemble dans son principe et convinrent d'un ordre du jour pour les pourparlers indirects relatifs à ses modalités d'application.

En mars-avril, les Représentants déployèrent des efforts intenses avec les deux parties pour trouver les moyens d'appliquer l'ensemble de mesures. Les propositions présentées aux parties le 21 mars furent acceptées par le dirigeant chypriote grec, à condition qu'elles le fussent aussi par le dirigeant chypriote turc. Mais, en dépit de plusieurs prolongations, les pourparlers indirects n'aboutirent pas à un accord.

Dans son rapport au Conseil de sécurité en mai, le Secrétaire général déclara que l'absence d'accord était surtout dû au manque de volonté politique de la partie chypriote turque et présenta cinq options au Conseil. De nouvelles consultations entre le Représentant spécial adjoint et le dirigeant chypriote turc permirent de clarifier les propositions du 21 mars.

En juin, le Secrétaire général fit savoir au Conseil que des progrès suffisants avaient été réalisés pour que l'ONU mette en œuvre l'ensemble de mesures sur la base des propositions du 21 mars et des éclaircissements ultérieurs. Il comptait adresser à chacun des dirigeants une lettre identique exprimant son intention de procéder ainsi, décrivant les éclaircissements et demandant leur coopération. Les propositions du 21 mars et la lettre du Secrétaire général auraient été soumises simultanément au Conseil pour approbation.

Toutefois, le dirigeant chypriote grec informa le Secrétaire général qu'il lui serait difficile d'accepter cette façon de procéder et répéta qu'il n'était pas disposé à envisager le moindre changement aux propositions du 21 mars, pas plus que de nouvelles négociations sur les mesures de confiance. Quant au dirigeant chypriote turc, il avait déjà refusé la démarche proposée.

En juillet, le Conseil de sécurité pria le Secrétaire général d'entamer des consultations afin d'engager une réflexion approfondie et de grande portée sur les moyens d'aborder le problème chypriote. Le Secrétaire général sollicita en août l'avis des membres du Conseil de sécurité, de la Grèce, de la Turquie et du Royaume-Uni. En septembre, son Représentant spécial eut des consultations avec le Royaume-Uni, la Grèce, Chypre et la Turquie. Il informa ensuite le Secrétaire général que la situation était proche de l'impasse, tant au sujet des mesures de confiance que sur le fond du problème chypriote.

A l'invitation du Secrétaire général, les dirigeants des deux communautés se réunirent officieusement à cinq reprises au mois d'octobre dans la résidence du Représentant spécial adjoint à Nicosie. Ils discutèrent des éléments essentiels d'une fédération à Chypre ainsi que de l'application des mesures de confiance.

En novembre et décembre, le Secrétaire général rencontra séparément les deux dirigeants. Il leur dit que les éléments discutés lors de leurs réunions pourraient permettre un important pas en avant, tant sur le fond de la question que sur les mesures de confiance. Il encouragea aussi le dirigeant chypriote turc à répondre de façon proportionnée aux idées qui avaient été avancées. Le Représentant spécial et son adjoint furent priés de poursuivre leurs contacts avec les parties afin d'établir les bases des discussions futures.

L'UNFICYP continue de superviser le cessez-le-feu, de surveiller la zone tampon entre les lignes de cessez-le-feu et de favoriser le retour à une situation normale grâce aux activités humanitaires entre les communautés.

IRAN ET IRAQ

Dès le début des hostilités entre l'Iran et l'Iraq en septembre 1980, l'ONU s'efforça de mettre fin au conflit. Le 22 septembre, le Secrétaire général demanda aux deux parties de faire preuve de modération et leur offrit ses bons offices pour parvenir à un règlement négocié. Le 28 septembre, le Conseil de sécurité demanda à l'Iran et à l'Iraq de s'abstenir de tout nouvel usage de la force et les invita instamment à régler leur différend par voie de médiation.

De 1980 à 1986, le Conseil de sécurité demanda à de multiples reprises la conclusion d'un cessez-le-feu, le retrait des forces jusqu'aux frontières internationalement reconnues, la cessation des opérations militaires contre des objectifs civils, le respect de la liberté de navigation et de commerce dans les eaux internationales, la cessation de tout acte risquant de mettre en danger la paix et la sécurité ainsi que la faune et la flore marines dans la région du golfe Persique, et un échange de prisonniers de guerre. Il appuya les efforts déployés par le Secrétaire général et son Représentant spécial afin de parvenir à un règlement global.

En avril 1985, le Secrétaire général se rendit à Téhéran et à Bagdad pour s'entretenir avec les deux gouvernements d'un plan qu'il leur avait soumis le mois précédent. Par sa médiation, il cherchait à mettre fin au conflit et à en atténuer les conséquences dans des domaines tels que les attaques contre des centres de population civile, l'utilisation d'armes chimiques, le traitement des prisonniers de guerre et la sécurité de la navigation et de l'aviation civile.

De mars 1984 à août 1988, le Secrétaire général envoya sept missions enquêter sur les accusations de l'Iran ou de l'Iraq concernant l'emploi d'armes chimiques. Les experts constatèrent que de telles armes avaient bien été utilisées. Le Conseil de sécurité et le Secrétaire général condamnèrent cette utilisation et demandèrent le strict respect du Protocole de Genève de 1925 qui interdit l'emploi de gaz toxiques et de moyens bactériologiques. Le Secrétaire général envoya d'autres missions dans la région pour enquêter sur des attaques qui auraient été menées contre des zones civiles et sur le traitement des prisonniers de guerre et des détenus civils.

En janvier 1987, il demanda aux membres du Conseil de sécurité d'étudier ensemble des moyens concrets de mettre fin au conflit et, lors d'une réunion inédite dans son bureau, leur proposa un plan de paix en 15 points. Le 20 juillet 1987, le Conseil adopta la résolution 598 (1987) qui, un an plus tard, devait servir de cadre à un accord de cessez-le-feu.

Dans cette résolution, le Conseil demandait un cessez-le-feu et le retrait des forces jusqu'aux frontières internationalement reconnues. Il décidait également l'envoi d'une équipe d'observateurs pour vérifier, confirmer et superviser le cessez-le-feu et le retrait, demandait instamment la libération des prisonniers de guerre, et invitait l'Iran et à l'Iraq à coopérer avec le Secrétaire général à l'application de la résolution et au règlement de toutes les questions en suspens.

Le 23 juillet 1987, l'Iraq accepta cette résolution. Le Secrétaire général déploya une intense activité diplomatique, se rendant notamment en Iran et en Iraq en septembre 1987 pour y proposer un plan d'application aux deux gouvernements. Les contacts à un niveau élevé se poursuivirent en 1987 et 1988. En mars 1988, le Secrétaire général invita les Présidents iranien et iraquien à envoyer des émissaires pour des consultations sur l'application de la résolution 598 (1987).

Le 17 juillet 1988, l'Iran fit savoir au Secrétaire général qu'il acceptait cette résolution. A la suite d'entretiens à New York avec les ministres des affaires étrangères des deux pays, le Secrétaire général élabora une formule à partir de laquelle il fut en mesure d'annoncer le 8 août qu'un cessez-le-feu entrerait en vigueur le 20 août. Les deux ministres devaient par la suite s'entretenir directement l'un avec l'autre, sous les auspices du Secrétaire général.

Le 9 août, le Conseil de sécurité créa le **Groupe d'observateurs militaires des Nations Unies pour l'Iran et l'Iraq (GOMNUII)**, dont les premiers éléments furent envoyés en Iran et en Iraq le 10 août.

Des entretiens ministériels eurent lieu en août et septembre sous les auspices du Secrétaire général et de son Représentant personnel, afin de parvenir à un accord sur les autres dispositions de la résolution 598 (1987). De nouveaux entretiens se déroulèrent en octobre et novembre.

En novembre, l'Iran et l'Iraq signèrent des mémorandums d'accord avec le Comité international de la Croix-Rouge concernant la libération et le rapatriement des prisonniers de guerre malades ou blessés. Ils procédèrent également à l'échange de leurs morts.

Les entretiens se poursuivirent en 1989 et 1990, avec notamment des réunions entre le Secrétaire général et les deux Ministres des affaires étrangères. En août 1990, grâce aux efforts bilatéraux des deux gouvernements, certaines questions en suspens furent résolues. Aux termes des communications faites au Secrétaire général par les deux gouvernements, la résolution 598 serait appliquée conformément au traité et aux conventions auxquels les deux pays étaient parties.

En novembre 1990, les deux camps avaient presque achevé leur retrait militaire en deçà des frontières internationalement reconnues. Le GOMNUII avait supervisé et vérifié ce retrait, désamorçant à l'occasion les tensions locales.

En février 1991, le retrait était terminé et le Conseil de sécurité mettait fin au mandat du GOMNUII. Le même mois, de petits bureaux civils du Secrétaire général étaient établis à Bagdad et à Téhéran. La présence de quelques officiers militaires attachés à ces bureaux permit à l'Organisation de continuer à répondre sans délai aux demandes faites par l'un ou l'autre des deux gouvernements en vue d'enquêter sur des affaires qui exigeaient une compétence militaire. Ces bureaux jouèrent également un rôle important dans les actions menées par le Secrétaire général pour parachever la mise en œuvre de la résolution 598.

En décembre 1991, le Secrétaire général formula des remarques sur la question de la responsabilité concernant le conflit, qui était mentionnée dans la résolution 598. Il estima toutefois qu'il serait inutile de s'attarder davantage sur cette question et qu'il fallait plutôt, dans l'intérêt de la paix, faire avancer le processus de règlement.

A la fin de 1992, les bureaux de Bagdad et de Téhéran furent supprimés, et les Missions permanentes de l'Iran et de l'Iraq servirent désormais de voie de communication entre les deux pays et l'ONU pour les questions relatives à la résolution 598.

IRAQ-KOWEÏT

Le 2 août 1990, les forces iraquiennes envahirent le Koweït. Le même jour, le Conseil de sécurité condamna cette invasion et exigea le retrait immédiat de l'Iraq. Le 6 août, il imposa des sanctions générales et obligatoires à l'encontre de l'Iraq et du Koweït occupé.

Dans une série de résolutions adoptées entre août et octobre 1990, le Conseil exigea en outre que l'Iraq se retire du Koweït, déclara « nulle et non avenue » l'annexion du pays, interdit les transports aériens à destination et en provenance de l'Iraq et du Koweït et approuva un blocus naval destiné à faire appliquer les sanctions.

L'ONU prit plusieurs initiatives pour éviter la guerre. Le Secrétaire général rencontra le Ministre iraquien des affaires étrangères à Amman en août 1990 et le Président iraquien à Bagdad les 12 et 13 janvier 1991. Il s'entretint également avec plusieurs dirigeants politiques concernés par la crise et resta en contact permanent avec toutes les parties.

Le 29 novembre 1990, le Conseil de sécurité fixa au 15 janvier 1991 la date limite du respect de ses résolutions par l'Iraq. Il autorisa les Etats Membres qui coopéraient avec le Koweït à « user de tous les moyens nécessaires pour faire respecter et appliquer » ces résolutions et « pour rétablir la paix et la sécurité internationales dans la région ».

La date limite arriva sans que l'Iraq eût appliqué les résolutions du Conseil. Le 16 janvier, les forces de la coalition unies pour rétablir la souveraineté du Koweït commencèrent leurs attaques aériennes contre l'Iraq, suivies par une offensive terrestre. Elles agissaient sur autorisation du Conseil mais pas sous le contrôle ni la direction de l'ONU. Les hostilités prirent fin le 27 février, les forces iraquiennes ayant quitté le Koweït.

Le 3 avril, dans sa résolution 687, le Conseil de sécurité fixa les conditions d'un cessez-le-feu, exigea que l'Iraq et le Koweït respectent l'inviolabilité de la frontière, pria le Secrétaire général de lui soumettre un plan concernant le déploiement d'un groupe d'observateurs des Nations Unies et décida l'élimination des armes de destruction massive iraquiennes.

Le même jour, il institua une zone démilitarisée le long de la frontière entre les deux pays et créa une mission d'observation pour la surveiller. La **Mission d'observation des Nations Unies pour l'Iraq et le Koweït (MONUIK)** surveilla le retrait des forces qui se trouvaient encore dans la zone. A la suite d'une série d'incidents, le Conseil de sécurité élargit en février 1993 le mandat de la MONUIK, qui, de mission d'observation non armée, devint une force armée capable de prévenir ou de pallier les violations mineures. Pour cela, les observateurs militaires furent épaulés par un bataillon d'infanterie mécanisé.

En octobre 1994, face aux informations selon lesquelles un nombre important de soldats iraquiens étaient à nouveau massé aux abords de la frontière avec le Koweït, le Président du Conseil de sécurité exprima sa préoccupation. Le 15 octobre, il demanda que toutes les unités militaires déployées au sud de l'Iraq regagnent leurs positions d'origine et pria l'Iraq de ne plus les redéployer vers le sud et de s'abstenir de tout acte visant à renforcer son potentiel militaire dans cette région.

La résolution 687 traitait aussi de l'élimination des armes de destruction massive de l'Iraq et de ses missiles balistiques d'une portée supérieure à 150 kilomètres, ainsi que des éléments et installations qui s'y rapportent. Pour appliquer ces dispositions, le Conseil de sécurité créa la **Commission spéciale des Nations Unies (CSNU)**, autorisée à effectuer des inspections sans préavis. L'Iraq était prié de coopérer avec cette commission. Le Directeur général de l'Agence internationale de l'énergie atomique (AIEA) fut invité à mener des activités similaires dans le domaine nucléaire, avec l'assistance de la CSNU.

Au cours des deux premières années, l'Iraq contesta le mandat de la CSNU et de l'AIEA, tenta d'entraver les inspections terrestres et aériennes et leur soutien logistique et refusa de communiquer les renseignements demandés.

Politiquement, cette obstruction s'exprima aussi par le rejet des résolutions 707 et 715 du Conseil de sécurité. Dans la résolution 707, le Conseil exigeait que l'Iraq fournisse un « état complet et définitif » de tous les aspects de ses programmes interdits; et, dans la résolution 715, il approuvait les plans de surveillance et de vérification continues du respect par l'Iraq de ses obligations de ne pas employer, conserver, posséder, mettre au point, fabriquer ni se doter à nouveau des armes interdites. Ces plans devaient entrer en vigueur immédiatement, c'est-à-dire le 11 octobre 1991, et ils exigeaient que l'Iraq produise un état de ses capacités à double fin pour le 11 novembre, puis deux fois par an.

Bien que n'ayant jamais reconnu officiellement la résolution 707, l'Iraq finit par communiquer à la CSNU en juin 1992 ce qu'il appelait des « rapports ». Ceux-ci étaient loin de l'« état complet et définitif » demandé; ils ne permettaient ni d'appréhender entièrement les programmes ni de vérifier les données qui y figuraient. En outre, des catégories entières de renseignements étaient absentes. En mars 1995, la Commission en était encore à demander – et à recevoir par fragments – des données qui auraient dû lui être communiquées avant le 15 avril 1991. L'AIEA connut les mêmes problèmes.

Néanmoins, et grâce à leurs propres moyens, la CSNU et l'AIEA eurent connaissance de l'essentiel des programmes interdits. Les capacités de fabrication des armes interdites qui avaient été recensées furent détruites : programmes d'enrichissement de l'uranium pour la fabrication d'armes; travaux sur le plutonium aux mêmes fins, avec un projet complet de mise au point d'armes nucléaires; programme important d'armes chimiques destiné à produire des milliers de tonnes de cinq agents de guerre chimique; 151 missiles balistiques environ, avec des ogives chimiques et classiques et des matériaux auxiliaires; des supercanons; et un programme de recherche sur la guerre biologique.

L'Iraq objecta que la surveillance et la vérification continues imposées par la résolution 715 porteraient indéfiniment atteinte à sa souveraineté, à sa sécurité nationale, à son indépendance et à sa dignité. Bien que la CSNU l'eût assuré dès mars 1992 que ses préoccupations légitimes seraient prises en considération, la surveillance et la vérification furent retardées jusqu'au mois de novembre 1993, date à laquelle l'Iraq finit par accepter la résolution. La CSNU ne reçut qu'en janvier 1994 les déclarations de l'Iraq sur ses capacités à double fin.

Une fois que l'Iraq eut accepté la résolution 715, la CSNU et l'AIEA entreprirent de mettre en place le système de surveillance et de vérification continues. En avril 1995, la CSNU informa le Conseil de sécurité que ce système était opérationnel.

Entre 1991 et 1993, des pourparlers eurent lieu entre le Secrétariat de l'ONU et l'Iraq afin de savoir si ce dernier serait autorisé à exporter des quantités limitées de pétrole et de produits pétroliers pour répondre à ses besoins civils essentiels ainsi que pour alimenter le fonds d'indemnisation des victimes de son agression et financer les autres activités menées par l'ONU à son sujet. L'Iraq refusa d'accepter les résolutions adoptées par le Conseil de sécurité sur ce sujet, estimant qu'elles portaient atteinte à sa souveraineté, et demanda au Conseil de l'autoriser à exporter son pétrole de façon normale. Face à ce refus de coopérer, le Conseil autorisa en octobre 1992 les Etats à déposer les avoirs gelés représentant le produit de la vente de pétrole iraquien dans un compte séquestre des Nations Unies. Il décida aussi que plus aucun avoir iraquien ne serait débloqué à des fins humanitaires, sauf pour être viré au compte secondaire du compte séquestre ou directement à l'ONU pour financer des activités humanitaires en Iraq. Ce compte était destiné à financer le Fonds d'indemnisation, la CSNU, la Commission de démarcation de la frontière, l'aide humanitaire et le retour des biens koweïtiens (voir ci-après).

En avril 1995, le Conseil de sécurité autorisa les Etats à importer du pétrole iraquien à concurrence de 1 milliard de dollars par période de 90 jours afin de créer des ressources pour répondre aux besoins humanitaires de l'Iraq. Toutefois, l'Iraq rejeta cette offre, estimant qu'elle portait atteinte à sa souveraineté.

La **Commission de démarcation de la frontière entre l'Iraq et le Koweït**, prévue par la résolution 687, fut créée en mai 1991. Elle se composait d'un représentant de l'Iraq, d'un représentant du Koweït et de trois experts indépendants nommés par le Secrétaire général. Elle devait délimiter la frontière conformément au « Procès-verbal d'accord » signé en 1963 par les deux pays à Bagdad. Ce texte réaffirmait la délimitation fixée en 1932 dans un échange de lettres entre le Premier Ministre iraquien et le Souverain du Koweït.

Tous les membres de la Commission participèrent aux cinq premières sessions qui eurent lieu de mai 1991 à avril 1992. L'Iraq n'assista pas aux six sessions suivantes, entre juillet 1992 et mai 1993, mais tous les documents de la Commission lui furent envoyés.

La Commission ne réattribua aucun territoire mais procéda aux travaux techniques nécessaires pour délimiter pour la première fois les coordonnées précises de la frontière réaffirmée dans le Procès-verbal d'accord de 1963. Parallèlement à la fixation des coordonnées géographiques et à la pose des balises et des piliers frontaliers, elle procéda à un nouveau levé et à l'établissement d'une nouvelle carte de l'ensemble de la zone frontalière.

En avril 1992, elle décida que la frontière traversant le champ pétrolifère contesté de Rumaïla devait être déplacée de 570 yards vers le nord. Le Koweït se voyait en outre accorder le contrôle d'une partie de la ville d'Umm Qasr. En juillet, la Commission acheva de délimiter la frontière entre Batin et Samfan, indiquant que les champs pétrolifères situés entre ces deux points faisaient partie du territoire koweïtien.

La démarcation physique de la partie terrestre de la frontière fut achevée en novembre 1992. En mars 1993, la Commission détermina la matérialisation de la frontière le long de la ligne d'étiage dans le Khor Zhobeir ainsi que les coordonnées géographiques qui définissent la ligne médiane entre le point le plus proche de la jonction des cours d'eau du Khor Zhobeir et du Khor Abd Allah et un point à l'extrémité est du Khor Abd Allah où l'orientation de la côte change de façon marquée.

La Commission jugea important que les deux Etats puissent accéder par voie d'eau aux différentes régions de leur territoire bordant la frontière pour des motifs d'équité et afin de promouvoir la stabilité, la paix et la sécurité le long de la frontière. Elle fit observer que ce droit d'accès était prévu par les règles du droit international inscrites dans la Convention des Nations Unies sur le droit de la mer (1982), ratifiée par l'Iraq et le Koweït.

Lors de sa dernière session, en mai 1993, la Commission approuva les coordonnées de la démarcation définitive de la frontière. Le 27 mai, le Conseil de sécurité réaffirma que les décisions de la Commission étaient définitives, demanda à l'Iraq et au Koweït de respecter l'inviolabilité de la frontière et réaffirma sa décision de garantir cette inviolabilité.

Telle que la frontière était délimitée, un certain nombre de ressortissants iraquiens établis avec leurs biens dans la ville d'Umm Qasr et dans la zone agricole d'Al-Abdaly se retrouvaient du côté koweïtien de la frontière. En décembre 1992, le Secrétaire général informa le Conseil de sécurité qu'il avait eu des entretiens avec l'Iraq et le Koweït afin de déterminer comment l'ONU pourrait aider à résoudre cette question.

En janvier 1993, le Koweït informa le Secrétaire général que les ressortissants iraquiens ne seraient pas autorisés à rester sur son territoire mais seraient indemnisés pour leurs biens et leurs avoirs selon une évaluation qui serait faite par une partie neutre nommée par l'ONU. L'Iraq répondit qu'il ne « prendrait aucune mesure qui puisse revenir à reconnaître l'injustice commise délibérément à [son] encontre », mais qu'il ne « prendrait aucune mesure susceptible de provoquer un différend ou un conflit avec l'ONU ».

Conformément à un arrangement conclu en septembre 1993 entre l'ONU et le Koweït, le Secrétaire général nomma un cabinet indépendant chargé d'évaluer les biens et les avoirs concernés, à partir de quoi il déterminerait l'indemnisation que le Koweït serait tenue de verser dans un fonds de dépôt des Nations Unies qui servirait à faire des versements aux ressortissants iraquiens. Il pris sa décision au début de 1994. Les ressortissants iraquiens refusèrent d'être indemnisés, et le Secrétaire général déposa les fonds dans un compte séquestre des Nations Unies, où ils sont à leur disposition. En février, tous les Iraquiens s'étaient réinstallés en Iraq.

En novembre 1994, l'Iraq informa le Secrétaire général qu'il reconnaissait la souveraineté, l'intégrité territoriale et les frontières internationales du Koweït.

La résolution 687 portait également création d'un fonds d'indemnisation pour toute perte, tout dommage et tous autres préjudices directs subis par des Etats étrangers et des personnes physiques ou des sociétés étrangères du fait de l'invasion du Koweït. L'Iraq était tenu d'alimenter ce fonds chaque année à concurrence de 30 % de la valeur de ses exportations de pétrole. En 1993, le Conseil d'administration du Fonds nomma neuf juristes et experts en qualité de commissaires chargés d'examiner les réclamations et de recommander les indemnisations. Les premiers versements, qui concernaient des situations humanitaires, eurent lieu en juin 1994.

La résolution 687 exigeait aussi que l'Iraq coopère avec le Comité international de la Croix-Rouge (CICR) au rapatriement des personnes déplacées et à la recherche de celles dont on ignorait le sort. En novembre 1992, le Conseil de sécurité constata que le CICR n'avait reçu aucun renseignement sur le lieu où se trouvaient les personnes disparues en Iraq et n'avait pas été autorisé à se rendre dans les prisons et les centres de détention iraquiens. Le nombre des détenus et des personnes disparues libérés depuis mars 1992 était faible, et l'on estimait qu'il y en avait encore des centaines en Iraq. En juillet et septembre 1994, l'Iraq participa pour la première fois depuis octobre 1991 aux réunions de la Commission tripartite. Cet organe, qui se réunit régulièrement sous les auspices du CICR, cherche à résoudre les cas de ressortissants koweïtiens et de ressortissants des pays tiers qui ont disparu. Elle se compose de représentants de l'Arabie saoudite, des Etats-Unis, de la France, de l'Iraq, du Koweït et du Royaume-Uni. Le CICR a également transmis aux autorités koweïtiennes des cas d'Iraquiens disparus.

Conformément à une résolution du Conseil de sécurité, les modalités de restitution des biens koweïtiens saisis par l'Iraq furent arrêtées par le Cabinet du Secrétaire général, en consultation avec les parties. Un coordonnateur fut nommé par le Secrétaire général, et la restitution commença en août 1991. A la fin de 1994, les biens appartenant à plusieurs ministères et bureaux du Gouvernement koweïtien avaient été restitués. Toutefois, malgré les réclamations déposées, aucun bien privé n'avait encore regagné le Koweït.

En septembre 1994, l'Iraq informa le Secrétaire général qu'une fois achevée l'opération de restitution, ce qui était prévu pour la fin de l'année, il aurait restitué tous les biens en sa possession. Le Koweït présenta alors une liste partielle des biens qui n'avaient pas encore été restitués, laquelle prouvait selon lui que l'affirmation selon laquelle l'Iraq avait restitué la totalité des biens était fausse.

Assistance humanitaire à l'Iraq

En mars 1991, à la suite du conflit dans le Golfe, le Secrétaire général envoya en Iraq une mission des Nations Unies destinée à évaluer les besoins humanitaires. Après avoir reçu le rapport de cette mission, il lança le Programme d'assistance humanitaire des Nations Unies pour l'Iraq. En avril, il nomma un représentant exclusif pour coordonner les activités menées par les programmes et organismes des Nations Unies ainsi que par les organisations non gouvernementales afin de faciliter le retour des personnes déplacées et de fournir une aide humanitaire à la population civile.

Toujours en avril 1991, le Conseil de sécurité, préoccupé par la répression de la population iraquienne dans de nombreuses régions du pays, et notamment par l'afflux massif de réfugiés kurdes en Iran et en Turquie, exprima l'espoir qu'un dialogue serait instauré afin d'assurer le respect des droits individuels et politiques de tous les citoyens iraquiens.

En juillet 1991, une mission qui s'était rendue en Iraq présenta une évaluation approfondie des besoins humanitaires. Le programme interorganisations en Iraq est systématiquement axé sur les besoins des catégories les plus vulnérables. Il est passé en 1992 sous la responsabilité du nouveau Département des affaires humanitaires, qui continue de s'attacher essentiellement à la fourniture et au suivi de l'aide humanitaire, dispensée par les organismes et programmes des Nations Unies ainsi que par des organisations non gouvernementales nationales et internationales, avec la coordination générale d'un haut fonctionnaire des Nations Unies.

Le cadre juridique de l'aide humanitaire en Iraq est un mémorandum d'accord passé entre l'ONU et l'Iraq. Un plan d'action d'un an, adopté en avril 1993, fut ensuite prolongé jusqu'en mars 1995.

En 1994, le Programme d'assistance humanitaire des Nations Unies pour l'Iraq fut sérieusement handicapé par un manque de fonds.

La situation en Iraq exigeait la poursuite de l'action humanitaire. On mit l'accent sur les secours, en attachant une importance croissante au redressement. La situation économique et sanitaire se détériora encore durant l'année 1994. Avec l'aggravation dramatique de la santé publique dans toutes les régions du pays, les médicaments d'importance vitale vinrent à manquer, et l'on assista à une recrudescence du paludisme et des maladies d'origine hydrique. Une enquête sur les ménages réalisée au nord de l'Iraq révéla en 1994 une chute spectaculaire du niveau de vie et une forte augmentation du nombre des indigents.

MOYEN-ORIENT

L'ONU se préoccupe de la question du Moyen-Orient depuis sa création. Pour faire face aux conflits qui ont éclaté à diverses reprises pendant ces 50 dernières années, elle a créé des missions de maintien de la paix et énoncé les principes d'un règlement pacifique. Elle poursuit actuellement ses efforts en vue de trouver une solution juste et durable aux problèmes politiques sous-jacents.

L'origine du problème du Moyen-Orient réside dans la question de l'avenir de la Palestine, portée devant les Nations Unies en 1947. A l'époque, la Palestine était un territoire administré par le Royaume-Uni en vertu d'un mandat de la Société des Nations. Elle comptait environ 2 millions d'habitants, dont deux tiers d'Arabes et un tiers de Juifs.

En 1947, l'Assemblée générale adopta un plan de partage du territoire qui lui avait été soumis par le Comité spécial des Nations Unies sur la Palestine et qui prévoyait la création d'un Etat arabe et d'un Etat juif, Jérusalem étant dotée d'un statut international. Ce plan ne fut accepté ni par les Arabes palestiniens ni par les Etats arabes.

Le 14 mai 1948, l'Assemblée générale désigna un médiateur des Nations Unies, le comte suédois Folke Bernadotte, chargé de promouvoir un règlement pacifique de la situation en Palestine. Le même jour, le Royaume-Uni renonça à son mandat sur la Palestine, et l'Etat d'Israël fut proclamé.

Le lendemain, les Arabes palestiniens, aidés par les Etats arabes, ouvrirent les hostilités contre le nouvel Etat. Ces hostilités cessèrent grâce à une trêve demandée par le Conseil de sécurité et surveillée par le médiateur des Nations Unies, avec l'aide d'un groupe d'observateurs militaires qui prit le nom d'**Organisme des Nations Unies chargé de la surveillance de la trêve (ONUST)**.

Après l'assassinat du comte Bernadotte le 17 septembre 1948 à Jérusalem, Ralph J. Bunche fut nommé médiateur intérimaire. Sous ses auspices, des conventions d'armistice furent signées en 1949 par Israël et quatre pays arabes : l'Egypte, la Jordanie, le Liban et la Syrie. L'ONUST, par l'intermédiaire des commissions mixtes d'armistice, aida les parties à surveiller l'application de ces conventions.

La nationalisation de la Compagnie du canal de Suez décrétée par l'Egypte en juillet 1956 déclencha une intervention militaire d'Israël puis de la France et du Royaume-Uni. L'Assemblée générale, réunie en session extraordinaire d'urgence, demanda un cessez-le-feu et le retrait de ces forces du territoire égyptien, et créa la **Force d'urgence des Nations Unies (FUNU)**, première force de maintien de la paix des Nations Unies. La FUNU supervisa le retrait des troupes et fut ensuite déployée sur le territoire égyptien avec l'accord de l'Egypte, afin de servir de tampon entre les forces égyptiennes et israéliennes. Elle surveilla la ligne de démarcation entre l'Egypte et Israël ainsi que la frontière au sud de la bande de Gaza et rétablit un calme relatif dans la région. Le canal, bloqué à la suite des hostilités, fut dégagé par l'ONU.

La FUNU fut retirée en mai 1967, à la demande de l'Egypte.

Des combats éclatent à nouveau le 5 juin 1967 entre Israël, d'une part, et l'Egypte, la Jordanie et la Syrie, de l'autre. Le 6 juin, le Conseil de sécurité demanda un cessez-le-feu. A la fin des hostilités, six jours plus tard, Israël occupait le Sinaï et la bande de Gaza, la Cisjordanie, y compris le secteur oriental de Jérusalem, et une partie des hauteurs du Golan syrien. Le Secrétaire général, suivant les décisions du Conseil, envoya dans les secteurs du Golan et du canal de Suez des observateurs de l'ONUST chargés de surveiller le cessez-le-feu. Réunie en session extraordinaire d'urgence, l'Assemblée générale demanda en juillet à Israël de ne pas modifier le statut de la ville de Jérusalem.

Le 22 novembre 1967, le Conseil de sécurité adopta à l'unanimité la résolution 242, qui posait les principes d'une paix juste et durable au Moyen-Orient, à savoir :

• Le retrait des forces israéliennes des territoires occupés lors du conflit de 1967;

• La cessation de toute revendication et de toute forme de belligérance ainsi que la reconnaissance et le respect de la souveraineté, de l'intégrité territoriale et de l'indépendance politique de chaque Etat de la région et de son droit de vivre en paix à l'intérieur de frontières sûres et reconnues, à l'abri de menaces ou d'actes de force.

Cette résolution affirmait également la nécessité de régler le problème des réfugiés.

Le Conseil demanda au Secrétaire général de désigner un représentant spécial au Moyen-Orient chargé de contribuer à la recherche d'un règlement pacifique conformément à la résolution 242. Cette mission fut confiée à l'ambassadeur Gunnar Jarring, qui entama des entretiens en 1967 avec l'Egypte, Israël et la Jordanie (la Syrie n'avait pas accepté la résolution 242). Ces entretiens se poursuivirent par intermittence jusqu'en 1973 mais, en dépit des efforts de M. Jarring, aucun progrès sensible ne fut accompli.

Des combats éclatèrent à nouveau le 6 octobre 1973, lorsque l'Egypte et la Syrie attaquèrent les positions israéliennes. Dans sa résolution 338 du 22 octobre 1973, le Conseil de sécurité demanda aux parties de cesser les hostilités et de commencer à appliquer intégralement la résolution 242. Il décida en outre que, parallèlement au cessez-le-feu, des négociations devaient commencer afin d'instaurer une paix juste et durable au Moyen-Orient. Les combats se poursuivant, le Conseil exigea de nouveau un cessez-le-feu immédiat et le retour des parties sur les positions qu'elles occupaient le 22 octobre. Il créa aussi une nouvelle Force d'urgence des Nations Unies (FUNU II), qui fut stationnée dans le secteur Egypte-Israël.

En décembre, la Conférence de la paix au Moyen-Orient se réunit à Genève sous les auspices de l'ONU et sous la présidence commune des Etats-Unis et de l'Union soviétique, avec la participation de l'Egypte, d'Israël et de la Jordanie. Avant d'être ajournée, elle décida de poursuivre ses travaux par le biais d'un groupe de travail militaire qui étudierait la question du dégagement des forces.

Les négociations aboutirent à un accord entre l'Egypte et Israël sur le dégagement de leurs forces. Signé en janvier 1974 lors d'une réunion du Groupe de travail présidée par le commandant de la FUNU, ce texte prévoyait un retrait partiel d'Israël du territoire occupé dans le Sinaï, la création d'une zone tampon contrôlée par la FUNU et la mise en place de zones de limitation des armements et des forces de part et d'autre de cette zone. Le processus de dégagement s'acheva en mars 1974 avec l'aide de la FUNU.

Israël et l'Egypte signèrent en septembre 1975 un deuxième accord de dégagement prévoyant de nouveaux retraits israéliens. Ceux-ci s'achevèrent en février 1976, et une nouvelle zone tampon plus large fut établie sous le contrôle de la FUNU.

Le Conseil de sécurité reconduisit périodiquement le mandat de la FUNU jusqu'en juillet 1979, après quoi ce mandat ne fut plus renouvelé. Des observateurs de l'ONUST restèrent stationnés dans diverses régions du Moyen-Orient.

En mai 1974, un accord sur le dégagement des forces israéliennes et syriennes fut signé lors d'une réunion du Groupe de travail militaire. Il prévoyait une zone tampon et des zones de limitation des forces et des armements de part et d'autre de la zone tampon et préconisait la constitution d'une force d'observateurs des Nations Unies chargée de vérifier son application. Le Conseil de sécurité créa donc la **Force des Nations Unies chargée d'observer le dégagement (FNUOD)**. Le dégagement s'acheva en juin 1974. Des observateurs de la FNUOD sont toujours stationnés dans la région.

Entre-temps, l'Assemblée générale se préoccupait de plus en plus des autres aspects de la question du Moyen-Orient. En 1968, elle créa le Comité spécial chargé d'enquêter sur les pratiques israéliennes affectant les droits de l'homme du peuple palestinien et des autres Arabes des territoires occupés – ainsi qu'il sera rebaptisé par la suite –, qui devait lui faire rapport. En 1974, elle réaffirma « les droits inaliénables » à l'autodétermination, à l'indépendance et à la souveraineté du « peuple palestinien en Palestine » et reconnut le peuple palestinien comme un interlocuteur principal pour l'établissement d'une paix juste et durable au Moyen-Orient. Elle invita également l'Organisation de libération de la Palestine (OLP) à participer à titre d'observateur à ses travaux et aux conférences internationales des Nations Unies.

L'année suivante, elle créa le Comité pour l'exercice des droits inaliénables du peuple palestinien. En 1977, elle décida que le 29 novembre de chaque année serait célébrée la Journée internationale de solidarité avec le peuple palestinien.

Un nouvel élément apparut dans la situation au Moyen-Orient en novembre 1977, avec la visite à Jérusalem du président égyptien Anouar el-Sadate. Les négociations menées ensuite directement entre l'Egypte et Israël aboutirent en septembre 1978 à la conclusion des deux accords dits de Camp David, l'un établissant un cadre pour la paix au Moyen-Orient et l'autre un cadre pour la conclusion d'un traité de paix entre l'Egypte et Israël, qui fut signé en mars 1979. En vertu de ce traité, les forces israéliennes se retirèrent du Sinaï, dont l'Egypte prit alors le contrôle.

En 1983, l'Assemblée approuva la Déclaration de Genève sur la Palestine, adoptée par la Conférence internationale sur la question de Palestine (Genève, août-septembre 1983). L'Assemblée a maintes fois répété que la question de Palestine était au cœur du conflit du Moyen-Orient et que la paix dans la région devrait être fondée sur un règlement global, juste et durable, sous les auspices des Nations Unies. Elle a également réaffirmé qu'Israël devait se retirer des territoires occupés depuis 1967, y compris Jérusalem, déclarant nulle et non avenue la décision qu'il avait prise d'imposer ses lois et son administration à Jérusalem et sur le territoire occupé des hauteurs du Golan.

Lors de sessions ultérieures, l'Assemblée a demandé la convocation, sous les auspices de l'ONU, d'une conférence internationale de la paix sur le Moyen-Orient, sur la base des résolutions 242 et 338 du Conseil de sécurité.

Décembre 1987 marqua le début de l'*intifada* palestinienne. Les Palestiniens des territoires occupés déclarèrent que le soulèvement se poursuivrait jusqu'à l'indépendance et à l'édification d'un Etat palestinien. L'Assemblée demanda à Israël d'annuler les mesures prises contre les détenus et prisonniers palestiniens et de les remettre immédiatement en liberté.

En janvier 1988, le Secrétaire général recommanda l'adoption de diverses mesures pour protéger les civils palestiniens dans les zones occupées. Le Conseil de sécurité a, quant à lui, maintes fois réaffirmé que la quatrième Convention de Genève, qui concerne la protection des civils en temps de guerre, s'appliquait à tous les territoires occupés par Israël depuis 1967 et demandé à Israël de respecter les obligations qui lui étaient imposées par ce texte.

En novembre, le Conseil national palestinien demanda la convocation, sous les auspices de l'ONU, d'une conférence internationale de la paix sur le Moyen-Orient, fondée sur les résolutions 242 et 338, à laquelle participeraient toutes les parties intéressées. Cette proclamation servit de fondement à une initiative de paix palestinienne annoncée devant l'Assemblée générale par Yasser Arafat, président du Conseil national palestinien, qui invita Israël à entamer le dialogue avec l'OLP.

En décembre, l'Assemblée générale prit acte de l'appel lancé par le Conseil national palestinien en faveur d'une conférence internationale de la paix. Elle reconnut également la proclamation de l'Etat de Palestine faite par le Conseil le 15 novembre 1988 et décida de désigner l'OLP sous le nom de « Palestine ».

En avril 1989, le Premier Ministre israélien, Yitzhak Shamir, présenta son plan concernant des élections en vue de choisir la délégation palestinienne qui négocierait la mise en place d'une administration autonome intérimaire.

En décembre 1990, dans une déclaration présidentielle, le Conseil de sécurité réaffirma son soutien à un processus de négociation auquel participeraient toutes les parties, sur la base des résolutions 242 et 338, et qui tiendrait compte du droit à la sécurité de tous les Etats de la région, y compris Israël, ainsi que des droits politiques légitimes du peuple palestinien.

En 1991, le Secrétaire général décida de renouveler la mission du Représentant spécial au Moyen-Orient, comme il était demandé dans la résolution 242. En mars, il nomma à ce poste l'ambassadeur Edouard Brunner.

En octobre, la Conférence de la paix sur le Moyen-Orient s'ouvrit à Madrid, sous l'égide commune des Etats-Unis et de l'Union soviétique. En novembre, le Secrétaire général déclara que, bien que cette réunion se déroulât en dehors du cadre des Nations

Unies, elle avait l'aval des parties et était effectivement fondée sur les résolutions 242 et 338.

En décembre, l'Assemblée réaffirma un ensemble de principes qui devaient conduire à une paix globale, à savoir notamment :

- Retrait d'Israël du territoire palestinien occupé depuis 1967, y compris Jérusalem, et des autres territoires arabes occupés;
- Démantèlement des colonies de peuplement israéliennes dans ces territoires;
- Accords garantissant la sécurité de tous les Etats de la région à l'intérieur de frontières sûres et internationalement reconnues;
- Règlement du problème des réfugiés de Palestine conformément aux résolutions de l'Assemblée générale;
- Garantie de la liberté d'accès aux Lieux saints et aux édifices et sites religieux.

Toujours en décembre, l'Assemblée renonça aux termes de sa résolution de 1975 selon lesquels « le sionisme est une forme de racisme et de discrimination raciale ».

En octobre 1992, les deux pays sous l'égide desquels s'était tenue la Conférence de Madrid invitèrent l'ONU à assister en tant que participant à part entière aux pourparlers de paix sur le Moyen-Orient. Le Secrétaire général nomma un représentant spécial à ces pourparlers, chargé de coordonner le rôle de l'ONU dans les groupes de travail sur la maîtrise des armements et la sécurité régionale, l'eau, l'environnement, le développement économique et régional, et les réfugiés.

Après plusieurs mois de négociations secrètes menées avec la médiation de la Norvège, Israël et l'OLP échangèrent le 10 septembre 1993 des lettres de reconnaissance mutuelle. L'OLP reconnaissait le droit à l'existence d'Israël, et Israël reconnaissait l'OLP comme représentante du peuple palestinien.

Trois jours plus tard, lors d'une cérémonie à Washington, D.C., à laquelle assistaient le Premier Ministre israélien, Yitzhak Rabin, le Président de l'OLP, Yasser Arafat, le Président des Etats-Unis, Bill Clinton, et le Ministre russe des affaires étrangères, Andreï Kozyrev, Israël et l'OLP signèrent la Déclaration de principes sur les arrangements intérimaires d'autonomie. Cet accord historique, qui ouvrit la voie à l'autonomie palestinienne, prévoyait le retrait d'Israël et la création d'un gouvernement palestinien intérimaire, d'abord dans la bande de Gaza et la ville de Jéricho en Cisjordanie, puis dans le reste de la Cisjordanie. Les autres questions délicates, telles que les colonies israéliennes, Jérusalem, le retour des réfugiés palestiniens et les frontières futures, seraient abordées lors de nouvelles négociations.

Se félicitant vivement de cet accord, le Secrétaire général déclara que l'ONU était prête à faciliter son application et qu'elle coordonnerait l'assistance dispensée par ses organismes et ses programmes. Une équipe spéciale fut créée sur la demande d'Israël et de l'OLP afin de favoriser le développement économique et social à Gaza et à Jéricho.

En décembre 1993, l'Assemblée générale exprima son soutien à l'accord et insista pour que les négociations progressent rapidement.

Le 4 mai 1994, Israël et l'OLP signèrent l'Accord relatif à la bande de Gaza et à la région de Jéricho, qui marqua le début du transfert de pouvoirs entre Israël et l'Autorité palestinienne.

Toujours en mai, le Secrétaire général nomma un coordonnateur spécial dans les territoires occupés, chargé d'assurer l'orientation générale des activités menées par les programmes et organismes des Nations Unies et d'en faciliter la coordination, ainsi que d'aider à appliquer la Déclaration de principes.

Le 25 juillet, Israël et la Jordanie signèrent la Déclaration de Washington, qui mettait fin à l'état de guerre entre eux. Se félicitant vivement de cet événement, le Secrétaire général exprima l'espoir qu'il accélérerait le processus devant mener à une paix globale, juste et durable au Moyen-Orient.

En septembre, Israël et l'OLP signèrent un accord selon lequel le transfert du pouvoir civil devait s'étendre progressivement au sein de la Cisjordanie.

Des progrès ont également été enregistrés dans les négociations sur les questions régionales touchant le Moyen-Orient, examinées par les groupes de travail, qui ont commencé à se pencher sur des projets précis. L'ONU a continué de jouer un rôle actif comme participant à part entière dans ces négociations.

Liban

En 1972, la tension s'aggrava le long de la frontière israélo-libanaise. Israël, déclarant agir en représailles contre les raids effectués sur son territoire par des commandos palestiniens, attaqua les camps palestiniens au Liban. En avril 1972, à la demande du Liban et sur décision du Conseil de sécurité, l'**Organisme des Nations Unies chargé de la surveillance de la trêve (ONUST)** mit en place dans le secteur une opération d'observation du cessez-le-feu. Depuis, ses observateurs sont toujours dans la région.

Une nouvelle force des Nations Unies pour le maintien de la paix fut constituée en mars 1978, après que les forces israéliennes eurent envahi le sud du Liban à la suite d'un raid effectué en Israël par un commando palestinien. Le Conseil de sécurité demanda à Israël de mettre fin à son action militaire contre l'intégrité du territoire libanais et créa la **Force intérimaire des Nations Unies au Liban (FINUL)**, chargée de confirmer le retrait des forces israéliennes, de restaurer la paix et la sécurité internationales et d'aider le Gouvernement libanais à rétablir son autorité dans la région.

Les forces israéliennes achevèrent leur retrait du Liban en juin 1978. Toutefois, elles ne cédèrent pas leurs positions dans la région frontalière à la FINUL mais aux forces irrégulières libanaises (milices chrétiennes et associées) qu'elles appuyaient et équipaient. La région resta en proie aux tensions, avec de fréquents échanges de tirs entre, d'une part, ces forces irrégulières et les forces de défense israéliennes (FDI) et, d'autre part, des éléments armés (essentiellement l'OLP et le Mouvement national libanais). En juillet 1981, un cessez-le-feu s'instaura de facto, et la région resta généralement calme jusqu'au milieu de l'année 1982.

Le 6 juin 1982, après deux journées d'intenses échanges de tirs dans le sud du Liban et de part et d'autre de la frontière israélo-libanaise, les troupes israéliennes pénétrèrent en force dans le territoire libanais. Les positions de la FINUL furent débordées ou contournées, et les forces israéliennes atteignirent et encerclèrent Beyrouth.

En juin, juillet et août, tandis que les hostilités se poursuivaient, le Conseil de sécurité demanda l'arrêt des activités militaires et exigea qu'Israël se retire jusqu'aux frontières internationalement reconnues du Liban et lève immédiatement le blocus de Beyrouth.

En août, le Conseil autorisa le déploiement d'observateurs militaires des Nations Unies – le Groupe d'observateurs de Beyrouth – pour surveiller la situation à Beyrouth et aux alentours. Un cessez-le-feu entra en vigueur le 12 août.

Vers la fin du mois, les Etats-Unis, la France et l'Italie conclurent avec le Liban un accord concernant la participation de leurs troupes à une force multinationale qui aiderait les forces armées libanaises à organiser dans l'ordre le départ du Liban des éléments palestiniens armés qui se trouvaient dans la zone de Beyrouth. L'évacuation des forces palestiniennes s'acheva le 1er septembre. Les derniers éléments de la Force multinationale furent retirés le 13 septembre.

Les tensions s'aggravèrent brusquement le 14 septembre, lorsque le président élu Bashir Gemayel et plusieurs autres personnes périrent dans un attentat à la bombe. Le lendemain, des unités des FDI occupaient de nouvelles positions dans la zone. Le Conseil de sécurité condamna les incursions effectuées par Israël dans Beyrouth en violation des accords de cessez-le-feu et de ses propres résolutions; il exigea le retour aux positions occupées par Israël avant le 15 septembre et demanda à nouveau le strict respect de la souveraineté, de l'intégrité territoriale, de l'unité et de l'indépendance politique du Liban, sous l'autorité exclusive du Gouvernement libanais.

Le 16 septembre, des milices chrétiennes libanaises pénétrèrent dans les camps de réfugiés palestiniens de Sabra et de Chatila, situés dans les faubourgs de Beyrouth, massacrant un grand nombre de réfugiés. Le Conseil de sécurité condamna ce massacre, de même que l'Assemblée générale, qui demanda le respect et l'application de la quatrième Convention de Genève relative à la protection des personnes civiles en temps de guerre. Peu après, sur la demande du Gouvernement libanais, les contingents américains, britanniques, français et italiens de la Force multinationale retournèrent à Beyrouth.

Le retrait des FDI de la zone de Beyrouth, qui commença en juillet 1983, laissa la voie libre aux combats, dans les zones évacuées, entre les forces gouvernementales libanaises et les phalanges chrétiennes, d'une part, et les milices chiites et druses, d'autre part. Avec l'intensification des hostilités, les contingents américains et français de la Force multinationale se trouvèrent mêlés aux combats.

La situation dans la zone de Beyrouth demeura instable pendant les derniers mois de 1983 et en 1984, continuant à faire des victimes et des dégâts. La Force multilatérale rencontra de sérieux obstacles dans sa tâche et compta de nombreux blessés. Les Etats-Unis, l'Italie et le Royaume-Uni retirèrent leurs contingents au début de 1984, suivis par la France en mars, ce qui mit fin à un effort multilatéral de 19 mois.

En 1984, le Secrétaire général convoqua au quartier général de la FINUL une conférence des représentants militaires du Liban et d'Israël, qui se réunit ensuite de façon intermittente entre novembre 1984 et janvier 1985, afin d'accélérer le retrait des forces israéliennes. A partir de février 1985, Israël mit à exécution son plan en trois étapes concernant le redéploiement unilatéral et le retrait de ses forces, lequel fut achevé au milieu de l'année 1985. Au cours de la troisième étape, les FDI se déployèrent le long de la frontière entre Israël et le Liban, tout en conservant dans le sud du Liban une « zone de sécurité » où les « forces locales » – dites armée du Sud-Liban (ASL) – opéraient avec leur soutien.

Après le retrait, les attaques menées par les groupes de résistance libanais contre les forces israéliennes et les forces irrégulières libanaises armées et contrôlées par ces dernières se multiplièrent. La zone contrôlée par Israël, qui chevauche en partie la zone de déploiement de la FINUL, demeure un foyer d'hostilités entre des groupes libanais, d'une part, et les forces israéliennes ainsi que les forces locales qui leur sont alliées (ASL), de l'autre.

Le Secrétaire général poursuivit en vain ses efforts pour persuader Israël d'abandonner la zone de sécurité. Israël, tout en faisant valoir que la zone est un arrangement provisoire dû à ses problèmes de sécurité et en réaffirmant ne pas avoir de visée territoriale sur le Liban, soutient que le Gouvernement libanais n'a pas le contrôle effectif de la région et que la FINUL, étant une force de maintien de la paix, n'a pas pour fonction de prendre les mesures de force indispensables pour mettre fin aux attaques menées à travers la frontière. Le Liban insiste pour qu'Israël se retire, jugeant l'occupation israélienne illégale et contraire aux résolutions des Nations Unies.

La FINUL s'efforce de contenir le conflit et de protéger les habitants de la zone, se trouvant prise à l'occasion dans des affrontements qui font des victimes dans ses rangs. Elle continue de coopérer avec les autorités libanaises, les organismes des Nations Unies et d'autres organisations pour offrir une assistance humanitaire à la population en soignant les Libanais dans des centres médicaux et en réparant les bâtiments endommagés par les tirs.

En 1988, une grave crise gouvernementale éclata au Liban, donnant lieu à de vifs affrontements. En août 1989, les hostilités atteignirent une telle ampleur que le Secrétaire général fit part au Conseil de sécurité de son inquiétude devant l'escalade de la violence à Beyrouth et aux alentours. Le Conseil demanda un cessez-le-feu immédiat.

En octobre 1989, les dirigeants libanais mirent au point un accord de paix lors d'une réunion qui se tenait à Taef (Arabie saoudite) sous l'égide de la Ligue arabe. Conformément à ce texte, les députés libanais élirent en novembre un nouveau président, René Mouawad. Assassiné 17 jours plus tard, celui-ci fut remplacé par Elias Hraoui, qui forma un nouveau gouvernement. Le Conseil de sécurité exprima son soutien à l'accord de Taef et aux efforts entrepris par le Gouvernement libanais pour étendre son autorité à l'ensemble du territoire.

En octobre 1990, le président Hraoui invita les forces syriennes à entrer dans Beyrouth-Est. Une fois qu'elles eurent pris le contrôle de la ville, il mit en œuvre un plan de sécurité pour Beyrouth, qui faisait partie de l'accord de paix de Taef. Le retrait des milices de la zone de Beyrouth s'effectua sans grande difficulté et, en décembre, l'armée libanaise aidée par la Syrie contrôlait la capitale.

En 1991, le système des Nations Unies intensifia ses efforts de reconstruction et de développement au Liban. En juillet, 14 organismes et programmes des Nations Unies entreprirent une mission d'évaluation des besoins. En décembre, l'Assemblée générale demanda à la communauté internationale d'apporter une assistance technique et financière au pays.

Toujours en 1991, à la suite d'un long et intensif processus de diplomatie discrète mené par le Secrétaire général et son envoyé, un certain nombre d'otages et de prisonniers furent libérés. En août et septembre, 3 otages occidentaux quittaient le Liban et 51 prisonniers libanais détenus par Israël étaient relâchés. Entre octobre et décembre, 6 otages et 40 prisonniers supplémentaires étaient libérés.

Entre 1992 et 1994, la situation le long de la frontière entre Israël et le Liban resta instable. Les éléments armés libanais qui

proclamaient leur résistance à l'occupation israélienne continuèrent à lancer des attaques contre les FDI et l'ASL dans la « zone
de sécurité », provoquant en représailles des tirs d'artillerie et des
raids aériens.

En juillet 1993, pour répondre aux attaques à la roquette
contre le nord d'Israël, les FDI opérèrent des frappes aériennes
massives contre le sud du Liban. Des centaines de milliers de civils
furent déplacés, des dizaines de villages libanais furent détruits ou
endommagés et d'innombrables maisons, écoles, hôpitaux, routes
et ponts furent démolis. Après la fin des hostilités, une unité de
l'armée libanaise fut déployée en plusieurs endroits de la zone
d'opération de la FINUL afin de maintenir l'ordre.

L'ONU envoya une mission d'évaluation des besoins au Liban,
sur la demande du Gouvernement. En août, s'appuyant sur les
conclusions de cette mission, le Secrétaire général lança un appel
à l'aide humanitaire d'un montant de 28 millions de dollars.

La FINUL reste déployée dans la région, où elle contribue à la
stabilité et protège la population.

Office de secours et de travaux des Nations Unies
pour les réfugiés de Palestine dans le Proche-Orient

L'Office de secours et de travaux des Nations Unies pour les
réfugiés de Palestine dans le Proche-Orient (UNRWA) fut créé
par l'Assemblée générale en 1949. Son mandat, périodiquement
renouvelé, s'étend actuellement jusqu'au 30 juin 1996.

A l'origine, l'Office venait en aide à quelque 750 000 réfugiés
palestiniens privés de leur foyer et de leurs moyens de subsistance
à la suite du conflit israélo-arabe de 1948. En 1994, il dispensait
des secours, des services sociaux et des services essentiels en matière
de santé et d'éducation à plus de 3 millions de réfugiés palestiniens
inscrits, dont un million environ résidaient dans les 59 camps de
réfugiés dont il s'occupe en Jordanie, au Liban, en République
arabe syrienne, dans la bande de Gaza et en Cisjordanie.

Les activités de l'Office sont supervisées et appuyées par les
sièges de Vienne (Autriche), d'Amman (Jordanie) et de Gaza. Le
Commissaire général, qui rend compte à l'Assemblée générale,
dirige toutes les opérations de l'Office, avec l'assistance d'une
commission consultative composée de 10 pays : Belgique, Egypte,
Etats-Unis, France, Japon, Jordanie, Liban, République arabe

syrienne, Royaume-Uni et Turquie. Outre son personnel international, l'Office emploie près de 20 500 personnes sur place, essentiellement des réfugiés palestiniens.

En 1994-1995, les grands programmes menés par l'Office dans les domaines de l'éducation, de la santé, des secours et des services sociaux ont représenté plus de 82 % du total des fonds.

L'éducation a absorbé 48 % de ces fonds. Au cours de l'année scolaire 1994/95, les 643 écoles élémentaires et préparatoires de l'Office, qui emploient plus de 11 400 enseignants, ont été fréquentées par plus de 409 500 élèves. L'Office a en outre géré 8 centres de formation professionnelle et technique à l'intention de quelque 5 000 étudiants, et octroyé 872 bourses universitaires.

Les services de santé ont représenté près de 21 % du budget de 1994-1995. En juin 1995, l'Office s'occupait de 122 unités sanitaires et dispensaires de santé maternelle et infantile, de 32 centres de consultation spécialisés, de 107 dispensaires pour diabétiques, et de 107 dispensaires de traitement de l'hypertension. Au cours de l'année, l'ensemble des services sanitaires et des dispensaires de l'Office a donné 6,4 millions de consultations.

Les secours et les services sociaux ont représenté près de 14 % du budget de 1994-1995. L'Office gérait en outre 75 centres pour femmes, dont plus de 11 000 femmes ont bénéficié, et 25 centres de réadaptation. En janvier 1995, il avait accordé 396 prêts représentant plus de 6,4 millions dollars pour 610 projets de création de revenus en Jordanie, au Liban, en Syrie, dans la bande de Gaza et en Cisjordanie. Il parraine en outre un grand nombre de projets de lutte contre la pauvreté, financés grâce à des subventions ou à de petits prêts.

Le rôle humanitaire de l'Office a dû être renforcé en raison des conflits au Moyen-Orient, notamment la guerre civile au Liban, l'*intifada* palestinienne et la crise du golfe Persique, qui a entraîné le déplacement de plus de 300 000 Palestiniens vers la zone d'opération de l'UNRWA.

Les événements historiques qui se sont produits en 1993 et 1994 (voir ci-dessus) ont eu de profondes répercussions sur les activités et les responsabilités de l'Office. Avec la création de l'Autorité palestinienne dans la bande de Gaza et la région de Jéricho et l'extension prévue de l'autonomie au reste de la Cisjordanie, l'Office a abordé une période nouvelle de ses relations avec le peuple palestinien. En octobre 1993, il a lancé un programme de 100 millions de dollars afin d'appuyer le processus de paix, de développer les infrastructures socio-économiques et d'améliorer les conditions de vie des réfugiés palestiniens.

L'Office dépend presque uniquement de contributions volontaires, tant pour ses opérations ordinaires que pour ses opérations de secours. Son budget ordinaire pour l'exercice biennal 1994-1995 s'élève à 632,3 millions de dollars, dont 532,8 millions en espèces et plus de 79,5 millions en nature.

PÉNINSULE CORÉENNE

L'Assemblée générale fut saisie pour la première fois de la question de Corée en 1947. Malgré les efforts déployés par l'ONU pour organiser des élections dans tout le pays en vue de rétablir un Etat coréen unifié, deux gouvernements distincts furent formés en 1948 : un pour la République populaire démocratique de Corée, au nord, et un pour la République de Corée, au sud.

La même année, l'Assemblée générale créa la Commission des Nations Unies pour la Corée afin de poursuivre les objectifs qu'elle avait fixés en novembre 1947, à savoir le rétablissement de l'indépendance nationale de la Corée et le retrait de toutes les forces d'occupation.

Le 25 juin 1950, les Etats-Unis et la Commission des Nations Unies pour la Corée informèrent l'ONU que la République de Corée avait été attaquée par des forces de la République populaire démocratique de Corée. Le Conseil de sécurité, réuni le jour même, demanda un cessez-le-feu ainsi que le retrait des forces de la République populaire démocratique de Corée sur le 38e parallèle. Deux jours plus tard, comme les combats continuaient, il recommanda aux Etats Membres de l'ONU d'apporter à la République de Corée toute l'aide nécessaire pour repousser les assaillants et rétablir la stabilité dans la péninsule. Entre-temps, les Etats-Unis annoncèrent qu'ils avaient donné l'ordre à leurs forces aériennes et navales de protéger et d'appuyer les troupes de la République de Corée. Ils firent savoir ultérieurement qu'ils autorisaient en outre l'emploi de forces terrestres.

En juillet, le Conseil de sécurité demanda à tous les Etats Membres qui fournissaient des forces militaires en application de ses résolutions antérieures de les mettre à la disposition d'un commandement unifié sous l'autorité des Etats-Unis. Seize pays fournirent des troupes au commandement unifié, qui n'était pas une opération de maintien de la paix des Nations Unies placée sous le commandement du Secrétaire général mais une force internationale agissant sous un commandement unifié.

L'URSS, qui s'abstenait de siéger au Conseil depuis six mois en signe de protestation contre le fait que les représentants de Tchang Kaï-chek représentaient la Chine à l'ONU, jugea illégale la décision du Conseil. Elle déclara que les résolutions n'étaient pas valables puisqu'elles avaient été adoptées en l'absence de deux membres permanents. La République populaire de Chine rejeta également les décisions du Conseil qu'elle considéra comme dépourvues de validité, et, en novembre 1950, des volontaires chinois s'engagèrent dans les combats au côté de la République populaire démocratique de Corée. Les combats se poursuivirent jusqu'au 27 juillet 1953, date à laquelle un accord d'armistice fut signé. Une commission militaire d'armistice fut créée afin de surveiller l'application de cet accord et de régler toute violation par voie de négociation.

La Commission des Nations Unies pour l'unification et la réhabilitation de la Corée, qui avait remplacé en 1950 la Commission des Nations Unies pour la Corée, demeura dans le pays jusqu'à sa dissolution par l'Assemblée générale en 1973. Dans une décision adoptée à l'unanimité, l'Assemblée considéra que le mandat de la Commission était rempli avec le communiqué commun publié simultanément par la République populaire démocratique de Corée et la République de Corée en juillet 1972, dans lequel les deux pays déclaraient que leur objectif commun était de favoriser l'unité nationale et de rechercher la réunification par des moyens pacifiques.

En 1974, l'Assemblée générale pria instamment la République populaire démocratique de Corée et la République de Corée de poursuivre le dialogue en vue d'accélérer la réunification. La République populaire démocratique de Corée et la République de Corée furent admises à l'ONU en septembre 1991.

En décembre 1991, deux accords furent signés : l'Accord sur la réconciliation, la non-agression, la coopération et les échanges entre le Nord et le Sud, et la Déclaration commune sur la dénucléarisation de la péninsule coréenne, destinée à mettre en place une zone exempte d'armes nucléaires grâce à des inspections mutuelles coréennes.

En mars 1993, la République populaire démocratique de Corée annonça son intention de se retirer du Traité sur la non-prolifération des armes nucléaires (TNP) [voir la section sur la réglementation des armements et le désarmement dans le présent chapitre], auquel elle avait adhéré en 1985. l'Accord de garanties qu'elle avait signé en décembre 1991 autorisait l'Agence internationale de l'énergie atomique (AIEA) à inspecter ses installations nucléaires. Toutefois, la demande faite par l'Agence d'inspecter deux sites supplémentaires fut rejetée, ce qui conduisit à l'annonce en question. La République populaire démocratique de Corée soutenait que les Etats-Unis et la République de Corée avaient poussé les responsables de l'AIEA et certains Etats Membres à adopter une résolution injuste exigeant que la République populaire démocratique de Corée donne accès à des sites militaires sans rapport avec les activités nucléaires.

Aux termes du TNP, le retrait peut devenir effectif trois mois seulement après avoir été annoncé. En mai 1993, le Conseil de sécurité demanda à la République populaire démocratique de Corée de reconsidérer sa décision.

Le 11 juin, à l'issue de négociations avec les Etats-Unis, la République populaire démocratique de Corée annonça qu'elle suspendait son retrait. En juin et août, l'AIEA put mener des activités limitées relatives aux garanties dans les sites nucléaires déclarés du pays. En octobre, elle fit savoir que la République populaire démocratique de Corée n'avait pas accepté ses demandes d'inspection ad hoc et régulières, comme l'exigeait l'Accord de garanties. En novembre, l'Assemblée générale demanda instamment à la République populaire démocratique de Corée de coopérer avec l'Agence à l'application intégrale de l'Accord de garanties. En décembre, la République populaire démocratique de Corée déclara qu'elle tiendrait de nouveaux pourparlers avec les Etats-Unis et l'AIEA afin de résoudre la question.

En décembre également, le Secrétaire général se rendit en République de Corée et en République populaire démocratique de Corée afin d'avoir des entretiens sur la situation dans la péninsule, et notamment sur la question des inspections nucléaires. En février 1994, l'AIEA et la République populaire démocratique de Corée conclurent un accord sur l'inspection des sept installations déclarées du pays. Ces inspections s'achevèrent en mai.

A peu près à la même époque apparut un nouveau problème. L'AIEA avait instamment prié la République populaire démocratique de Corée de ne pas commencer à décharger son réacteur expérimental sans permettre à ses inspecteurs de prendre des mesures spécifiques de garanties. Or, le 12 mai, la République populaire démocratique de Corée informa l'Agence qu'elle avait déjà commencé à recharger le réacteur. L'AIEA déclara que cet acte constituait une violation de l'Accord de garanties et maintenait l'incertitude sur la quantité de matières nucléaires existant dans le pays. La République populaire démocratique de Corée prétendit qu'elle bénéficiait d'un statut particulier vis-à-vis du TNP car elle avait seulement suspendu temporairement son retrait et n'était donc pas tenue d'appliquer intégralement les obligations stipulées dans l'Accord de garanties.

Le 30 mai, le Conseil de sécurité invita instamment la République populaire démocratique de Corée à procéder aux opérations de déchargement de façon à ménager la possibilité technique de mesurer le combustible, conformément aux exigences de l'AIEA. Début juin, l'Agence fit savoir que l'occasion de déterminer si des matières nucléaires provenant du réacteur avaient été détournées était perdue. Le 10 juin, elle constata que la République populaire démocratique de Corée l'empêchait de vérifier l'historique du réacteur, et elle suspendit son aide non médicale au pays. Le 14 juin, la République populaire démocratique de Corée se retira de l'AIEA, en déclarant qu'elle ne pouvait autoriser les inspections de l'Agence tant qu'elle n'aurait pas décidé si elle adhérait de nouveau au Traité ou s'en retirait complètement.

Les négociations reprirent alors entre la République populaire démocratique de Corée et les Etats-Unis. En octobre, les deux pays s'entendirent sur un « Cadre agréé » en vue du règlement global de la question nucléaire. La République populaire démocratique de Corée acceptait de geler puis de démanteler son programme nucléaire, sous la surveillance de l'AIEA. Elle resterait partie au TNP et coopérerait avec l'Agence en honorant son obligation d'accepter des inspections intégrales. En échange, des dispositions seraient prises pour lui fournir des réacteurs de remplacement et des sources d'énergie provisoires, ainsi que pour normaliser ses relations commerciales et diplomatiques avec les Etats-Unis.

Depuis le mois d'octobre 1994, les relations commerciales et les communications entre les deux pays se sont développées, conformément au Cadre agréé. La République populaire démocratique de Corée a accepté l'idée des Etats-Unis, qui proposaient de fournir au pays de nouveaux réacteurs présentant moins de risques. Elle a aussi accepté de continuer à s'abstenir d'utiliser ses réacteurs tout au long des pourparlers.

SOUS-CONTINENT DE L'ASIE DU SUD :
INDE-PAKISTAN

Depuis plus de 40 ans, l'ONU se préoccupe du différend qui oppose l'Inde et le Pakistan au sujet du Cachemire. Par ailleurs, elle a mis en œuvre une vaste opération humanitaire pendant et après le conflit du Bangladesh en 1971.

L'Etat du Jammu-Cachemire était une principauté qui, conformément au plan de partage et à l'Acte d'indépendance de l'Inde de 1947, pouvait choisir d'être rattachée soit à l'Inde soit au Pakistan. Le Maharaja hindou de l'Etat, qui comprend une forte population musulmane, chercha tout d'abord à éviter tout rattachement. Mais, après l'invasion des tribus Pathan du Pakistan, il accepta l'union avec l'Inde le 24 octobre 1947, et des unités de l'armée indienne furent dépêchées sur place à sa demande.

En janvier 1948, l'Inde se plaignit au Conseil de sécurité que des membres de certaines tribus et d'autres éléments envahissaient le Cachemire avec l'appui et la participation du Pakistan et que d'importants combats y avaient éclaté. Le Pakistan rejeta ces accusations, tout en déclarant illégal le rattachement du Cachemire à l'Inde. Le Conseil de sécurité créa une Commission des Nations Unies pour l'Inde et le Pakistan, chargée de procéder à une enquête et d'offrir sa médiation.

Il recommanda diverses mesures, dont la mise en place d'observateurs, l'arrêt des combats et l'instauration de conditions propices à un plébiscite. Pour permettre leur application, il enjoignit à la Commission de se rendre dans la région et d'y mettre ses bons offices à la disposition des parties.

La Commission fit des propositions de cessez-le-feu et de retrait des troupes et proposa que le rattachement du Jammu-Cachemire fût décidé par plébiscite. Les deux parties acceptèrent. Le cessez-le-feu entra en vigueur le 1er janvier 1949, et des observateurs militaires des Nations Unies furent déployés dans la région pour en surveiller l'application. En juillet 1949, une ligne de cessez-le-feu fut établie au Jammu-Cachemire conformément à un accord conclu à Karachi entre l'Inde et le Pakistan, sous les auspices de la Commission des Nations Unies.

Bien que la proposition de plébiscite eût été acceptée, la Commission ne put mettre les parties d'accord sur les conditions de démilitarisation de l'Etat avant l'organisation de cette consultation. Malgré la médiation de divers représentants des Nations Unies, les divergences subsistèrent, et le Conseil de sécurité fut saisi du problème à plusieurs reprises entre 1957 et 1964.

Des hostilités éclatèrent à nouveau entre l'Inde et le Pakistan en août 1965. Le Conseil de sécurité demanda un cessez-le-feu, et les combats prirent fin en septembre, avec l'aide du **Groupe d'observateurs militaires des Nations Unies dans l'Inde et le Pakistan (UNMOGIP)**, constitué en vertu de la résolution de 1948 du Conseil qui portait création de la Commission des Nations Unies pour l'Inde et le Pakistan. Le Secrétaire général regroupa en une **Mission d'observation des Nations Unies pour l'Inde et le Pakistan (UNIPOM)** les observateurs chargés de surveiller le cessez-le-feu le long de la frontière indo-pakistanaise.

Lors d'une série de réunions entre des représentants de l'Inde et du Pakistan convoquée par le représentant du Secrétaire général en janvier 1966, les négociateurs établirent un plan et fixèrent les principales règles qui devaient régir les retraits. Le 10 janvier, le Premier Ministre indien et le Président pakistanais convinrent, dans une déclaration commune rédigée à Tachkent, où ils s'étaient réunis sous les auspices de l'Union soviétique, que leurs forces armées respectives seraient retirées jusqu'aux positions qu'elles occupaient avant le 5 août 1965. Ce retrait s'effectua en février 1966 sous la surveillance des observateurs militaires de l'UNMOGIP et de l'UNIPOM.

En 1971, un autre conflit indo-pakistanais éclata, cette fois en rapport avec la guerre civile qui sévissait dans la région du Pakistan oriental, devenue par la suite le Bangladesh. Des millions de réfugiés affluaient dans l'Inde voisine, où la tension grandissait. Avec le consentement de l'Inde et du Pakistan, le Secrétaire général mit en œuvre deux vastes programmes humanitaires : l'un, dirigé par le HCR, visait à secourir les réfugiés du Pakistan oriental en Inde; l'autre, dirigé par un représentant de l'ONU, concernait la population du Pakistan oriental.

En décembre 1971, quand les hostilités dégénérèrent entre les deux pays, le Secrétaire général notifia au Conseil de sécurité que cette situation mettait en danger la paix et la sécurité internationales. Le Conseil, incapable de trouver un accord sur cette situation, renvoya l'affaire devant l'Assemblée générale, qui demanda aux deux pays de conclure un cessez-le-feu et de retirer leurs forces en deçà de leurs frontières respectives.

Un cessez-le-feu mit fin aux combats le 17 décembre. Le Conseil de sécurité exigea qu'il fût strictement respecté jusqu'au moment où toutes les forces armées se seraient retirées sur leurs territoires respectifs et sur des positions respectant la ligne de cessez-le-feu au Cachemire, surveillée par l'UNMOGIP. Il autorisa aussi le Secrétaire général à désigner un représentant spécial chargé des problèmes humanitaires. En 1972, les réfugiés regagnèrent leur pays avec l'aide de l'ONU, tandis que l'opération de secours de l'ONU contribuait à remettre en état l'économie du Bangladesh détruite par la guerre. Le Bangladesh adhéra à l'ONU en 1974.

En juillet 1972, l'Inde et le Pakistan signèrent à Simla un accord définissant une ligne de contrôle au Cachemire, qui suivait à quelques écarts près la ligne de cessez-le-feu fixée dans l'accord de Karachi en 1949. Aux termes de l'accord de Simla, les deux parties s'engageaient à « régler leurs différends par des moyens pacifiques » et à trouver « un règlement définitif concernant le Jammu-Cachemire ».

En juillet 1990, l'Inde et le Pakistan entamèrent des pourparlers au sujet de diverses questions bilatérales, notamment le Jammu-Cachemire. En janvier 1994, sept séries d'entretiens avaient eu lieu au niveau des ministres des affaires étrangères, mais aucun progrès manifeste n'avait été enregistré.

Depuis quelques années, la tension monte au Jammu-Cachemire. Le Secrétaire général s'est dit prêt à faciliter la recherche d'une solution durable. L'Inde a déclaré qu'elle préférait que ses pourparlers avec le Pakistan se déroulent dans un cadre strictement bilatéral. Le Pakistan a accueilli favorablement l'offre du Secrétaire général.

Faute d'accord, les observateurs de l'UNMOGIP sont toujours déployés de part et d'autre de la ligne de cessez-le-feu établie par l'accord de Simla. Tout en continuant à faire bénéficier l'UNMOGIP des mêmes facilités administratives qu'auparavant, l'Inde a limité les activités des observateurs de son côté de la ligne de contrôle, au motif que, l'accord de Karachi n'étant plus applicable, le mandat du Groupe était devenu caduc.

En décembre 1994, l'UNMOGIP comprenait 39 observateurs militaires.

TADJIKISTAN

Le Tadjikistan, qui comptait parmi les 15 républiques de l'Union soviétique, acquit son indépendance en 1991. En mai 1992, l'opposition tadjike – une coalition de groupes islamiques et autres – s'empara du pouvoir après deux mois de manifestations, plongeant ce pays d'Asie centrale dans la guerre civile. Après leur défaite en décembre 1992, la plupart des forces d'opposition traversèrent la frontière pour s'établir en Afghanistan. La guerre civile prit fin au début de 1993, mais le pays continua d'être déstabilisé par la poursuite de l'insurrection armée des forces d'opposition, qui opéraient notamment à partir de l'Afghanistan. Le bilan de la guerre s'établit à plus de 20 000 morts et environ 400 000 réfugiés et personnes déplacées.

L'ONU participa très tôt à l'effort de paix. Sur l'invitation du Gouvernement, une mission d'établissement des faits se rendit dans le pays en septembre 1992, suivie d'une mission de bons offices en novembre. En avril 1993, le Secrétaire général nomma un envoyé spécial pour le Tadjikistan, qui se rendit dans le pays et eut des entretiens avec le Gouvernement et les chefs de l'opposition. Le même mois, le Programme alimentaire mondial (PAM) lança une opération de secours d'urgence d'un montant de 4 millions de dollars.

Entre-temps, les infiltrations des groupes armés d'opposition se poursuivaient à travers la frontière afghane, ainsi que les combats entre ces groupes et les forces gouvernementales. En juillet 1993, des combattants afghans lancèrent une vaste offensive qui fit 27 morts.

En août, le Conseil de sécurité déclara que toutes les actions hostiles menées à la frontière entre le Tadjikistan et l'Afghanistan devaient cesser d'urgence et exhorta le Gouvernement et tous les groupes d'opposition à participer à des négociations en vue d'un cessez-le-feu.

En septembre, un accord fut conclu à Moscou en vue de déployer au Tadjikistan des forces de maintien de la paix appartenant à la Communauté d'Etats indépendants (CEI). Mais, en novembre, le Secrétaire général informa le Conseil de sécurité que les infiltrations de combattants afghans se poursuivaient, de même que les combats entre ceux-ci, les forces gouvernementales et les forces de la CEI. Les affrontements armés s'intensifiaient également à l'intérieur du pays.

En mars 1994, les parties tadjikes acceptèrent d'engager un dialogue politique sur la réconciliation nationale. La première série de pourparlers, qui se déroula en avril à Moscou sous les auspices de l'ONU, portait sur la recherche d'un règlement politique, la solution du problème des réfugiés et des personnes déplacées, les questions institutionnelles fondamentales et la consolidation de l'Etat tadjik. Toujours en avril, l'ONU lança un appel humanitaire d'un montant de 37 millions de dollars.

Une deuxième série de pourparlers, placée sous les auspices de l'ONU et dirigée par l'Envoyé spécial, eut lieu en juin à Téhéran. Un accord de cessez-le-feu entre le Gouvernement et l'opposition fut signé le 17 septembre. Les pourparlers qui se poursuivirent en octobre et novembre à Islamabad aboutirent à la signature d'un protocole relatif à une commission mixte composée de représentants des deux parties, chargée d'appliquer l'accord de cessez-le-feu.

Pour aider la Commission dans cette tâche, le Conseil de sécurité créa le 16 décembre 1994 la **Mission d'observation des Nations Unies au Tadjikistan (MONUT)**. Le même mois, l'ONU lança un appel d'un montant de 42 millions de dollars pour répondre aux besoins urgents de quelque 600 000 personnes touchées par le conflit.

En janvier 1995, environ 55 membres de la MONUT, dont 22 observateurs militaires, étaient déployés dans le pays. Entretemps, l'Envoyé spécial et d'autres représentants des Nations Unies poursuivaient leurs consultations dans la région afin de trouver une solution pacifique au conflit.

EUROPE

◆ **Géorgie-Abkhazie** ◆ **Ex-Yougoslavie**

GÉORGIE-ABKHAZIE

Le conflit en Abkhazie, région située sur la mer Noire, au nord-ouest de la République de Géorgie, a des racines historiques. L'Abkhazie est depuis des siècles la patrie d'un peuple qui possède une langue et une culture distinctes et dont les descendants ne constituent plus, depuis quelque temps, qu'une minorité parmi la population. En 1931, elle acquit le statut de république autonome au sein de la République socialiste soviétique de Géorgie. Les bouleversements politiques qui eurent lieu en Union soviétique à la fin des années 80 et la dissolution officielle de celle-ci en 1991 s'accompagnèrent d'une montée des sentiments nationalistes parmi les Géorgiens et les Abkhazes, ces derniers accentuant leur demande d'une plus grande autonomie.

En 1992, dans un climat de troubles sociaux, les autorités locales abkhazes tentèrent de se séparer de la Géorgie. Un affrontement armé éclata à l'été, lorsque le Gouvernement géorgien déploya 2 000 soldats en Abkhazie afin de protéger les voies de communication, notamment ferroviaire. Le 14 août, lorsque les troupes géorgiennes pénétrèrent en Abkhazie, de violents combats eurent lieu, faisant environ 200 morts. Les dirigeants abkhazes quittèrent Soukhoumi, la capitale abkhaze, pour se réfugier à Goudata.

Un accord de cessez-le-feu fut conclu le 3 septembre à Moscou entre la République de Géorgie, les dirigeants abkhazes et la Fédération de Russie. Il prévoyait que l'intégrité territoriale de la Géorgie serait assurée et qu'un cessez-le-feu entrerait en vigueur le 5 septembre, surveillé par une commission composée de représentants des trois signataires. L'ONU était invitée à apporter son aide pour l'application de l'accord.

Cet accord ne fut jamais entièrement appliqué, et la situation resta tendue, comme le confirma une mission des Nations Unies envoyée dans la région en septembre. Le 1ᵉʳ octobre, le cessez-le-feu fut rompu. Les forces abkhazes, soutenues par des combattants du Nord-Caucase, s'emparèrent rapidement des grandes villes, et 30 000 civils, selon les estimations, s'enfuirent en Russie.

Cherchant à relancer le processus de paix, l'ONU envoya une deuxième mission en octobre afin d'étudier les moyens de favoriser l'application de l'accord de cessez-le-feu. En novembre, elle ouvrit un bureau dans la capitale géorgienne Tbilissi afin de coordonner ses activités en Géorgie.

A la suite d'une demande du Gouvernement géorgien, une mission d'évaluation des besoins humanitaires se rendit dans le pays au début de 1993. L'ONU lança ensuite un appel d'un montant de 20 millions de dollars pour une aide humanitaire d'urgence.

En mai 1993, le Secrétaire général nomma un envoyé spécial pour la Géorgie, qui se rendit dans le pays et fit savoir que toutes les parties étaient favorables à ce que l'ONU joue un rôle dans la recherche d'une solution. La Géorgie appuya sans réserve la proposition émise ensuite par le Secrétaire général concernant la tenue d'une conférence de paix sous les auspices de l'ONU et le déploiement d'observateurs militaires des Nations Unies. La partie abkhaze était favorable à la conférence mais opposée au déploiement des observateurs.

Après une reprise des combats, un cessez-le-feu fut finalement conclu le 28 juillet. Le 24 août, le Conseil de sécurité créa la **Mission d'observation des Nations Unies en Géorgie (MONUG)**, chargée de surveiller le cessez-le-feu.

Alors que la MONUG était encore en train de se déployer, le cessez-le-feu fut rompu par les forces abkhazes, qui lancèrent le 16 septembre des attaques contre Soukhoumi, puis contre Otchamtchire. Les autorités géorgiennes demandèrent l'assistance de la Fédération de Russie et de l'ONU. La partie abkhaze s'empara de Soukhoumi le 27 septembre.

Les combats, qui touchèrent 100 000 personnes selon les estimations, entraînèrent des déplacements massifs de civils. L'ONU lança un appel pour réunir des fournitures d'urgence et organisa un vol pour acheminer des secours.

Le 7 octobre, le Secrétaire général informa le Conseil de sécurité que le mandat de la MONUG était devenu caduc en raison de la rupture du cessez-le-feu et de la faillite du mécanisme chargé de le faire respecter. Il proposa de maintenir les observateurs à Soukhoumi, tandis qu'il continuait de négocier avec les parties en vue de mettre fin au conflit, la Fédération de Russie agissant comme facilitateur.

Le même mois, le Conseil de sécurité condamna la rupture de l'accord de cessez-le-feu et les violations du droit international humanitaire par les forces abkhazes. Il condamna également l'assassinat du Président du Conseil de défense et du Conseil des ministres de la République autonome d'Abkhazie.

Le 2 décembre, l'Envoyé spécial du Secrétaire général annonça qu'un mémorandum d'accord avait été signé la veille entre les Géorgiens et les Abkhazes. Les parties s'engageaient à ne pas recourir à la force ni à la menace de la force durant la période de négociation, à échanger leurs prisonniers de guerre et à permettre le retour des réfugiés. Le 22 décembre, le Conseil de sécurité autorisa le déploiement d'un effectif supplémentaire d'observateurs militaires de la MONUG pour aider à l'application du Mémorandum.

A la suite de nouvelles négociations sur le statut politique de l'Abkhazie, les deux parties signèrent le 4 avril 1994 une déclaration aux termes de laquelle l'Abkhazie était autorisée à avoir sa propre constitution, sa législation et ses symboles d'Etat. Des pourparlers eurent ensuite lieu sur la création d'un Etat uni de Géorgie, qui comprendrait plusieurs républiques.

Un accord de cessez-le-feu fut conclu à Moscou le 14 mai; il instituait une zone de sécurité le long du fleuve Ingouri et précisait les modalités du retrait des troupes hors de la zone du conflit. Les parties acceptèrent le déploiement d'une force de maintien de la paix de la CEI afin de surveiller le respect de cet accord et demandèrent au Conseil de sécurité de faire en sorte que la MONUG participe à l'opération. Le 21 juillet, le Conseil demanda à la MONUG de surveiller l'application de l'accord et d'observer le fonctionnement de la force de maintien de la paix de la CEI.

Un programme de rapatriement volontaire des réfugiés et des personnes déplacées commença en octobre 1994, sous la supervision du HCR, mais les progrès dans ce domaine furent minces. L'Envoyé spécial continua de négocier en vue d'un règlement global, s'attachant notamment à la question du statut politique de l'Abkhazie ainsi qu'au retour des réfugiés et des personnes déplacées.

Membre fondateur de l'ONU, la République socialiste fédérative de Yougoslavie se composait de six républiques : Bosnie-Herzégovine, Croatie, Macédoine, Monténégro, Serbie et Slovénie. A la fin des années 80, après une période de crise économique et politique, les républiques de Slovénie et de Croatie commencèrent à se séparer du reste du pays. Les efforts déployés par la présidence fédérale collective et les six Présidents pour mettre fin aux conflits et négocier une structure révisée pour le pays échouèrent.

Les hostilités éclatèrent en juin 1991, lorsque la Croatie et la Slovénie se déclarèrent indépendantes de la Yougoslavie. Les Serbes vivant en Croatie, soutenus par l'Armée populaire yougoslave, s'opposèrent à ces décisions. En septembre, les combats avaient dégénéré en une guerre générale entre la Croatie et la Serbie. En mars 1992, la Bosnie-Herzégovine déclara aussi son indépendance, décision soutenue par les Croates bosniaques et les Musulmans bosniaques, mais contestée par les Serbes bosniaques. La Communauté européenne chercha à résoudre la crise yougoslave dans le cadre de la Conférence sur la Yougoslavie, mais en vain.

L'ONU fut impliquée dans la crise le 25 septembre 1991, lorsque le Conseil de sécurité imposa un embargo sur les armes à destination de la Yougoslavie et invita le Secrétaire général à agir pour soutenir les efforts de paix de la Communauté européenne. En octobre, le Secrétaire général nomma M. Cyrus Vance comme son envoyé personnel pour la Yougoslavie.

M. Vance entama des négociations avec toutes les parties, qui aboutirent à des accords de cessez-le-feu en Croatie et à la mise sur pied d'une opération de maintien de la paix.

Le 21 février 1992, bien que certains groupes politiques en Yougoslavie fussent encore opposés au plan des Nations Unies, le Conseil de sécurité créa la **Force de protection des Nations Unies (FORPRONU)**, afin d'instaurer la paix et la sécurité nécessaires à la négociation d'un règlement dans le cadre de la Conférence sur la Yougoslavie.

La FORPRONU fut déployée en Croatie, dans quatre « zones protégées des Nations Unies » où les Serbes constituaient soit la majorité, soit une minorité importante et où les tensions ethniques avaient été à l'origine de conflits armés. Elle avait pour mission de veiller à ce que ces zones fussent évacuées par l'Armée populaire yougoslave et démilitarisées et que tous leurs habitants fussent protégés contre les attaques armées. Elle devait aussi aider les organismes humanitaires des Nations Unies et faciliter le retour des personnes déplacées.

Avec l'éclatement et l'aggravation rapide du conflit en Bosnie-Herzégovine, les problèmes humanitaires prirent une ampleur considérable. Dans des conditions difficiles, plusieurs organismes des Nations Unies et diverses organisations humanitaires poursuivirent leur action.

A partir d'avril 1992, la situation en Bosnie-Herzégovine se détériora rapidement. Le Conseil de sécurité demanda un cessez-le-feu et exigea l'arrêt immédiat des interventions armées yougoslaves et croates. Mais, en dépit des efforts déployés par la Communauté européenne, le Secrétaire général et la FORPRONU, le conflit empira encore.

Le 30 mai, le Conseil de sécurité imposa des sanctions économiques de grande ampleur contre la Yougoslavie (qui se composait désormais de la Serbie et du Monténégro). Il exigea en outre que toutes les parties permettent l'acheminement de l'aide humanitaire vers la capitale bosniaque Sarajevo et les autres zones de la Bosnie-Herzégovine.

La Bosnie-Herzégovine, la Croatie et la Slovénie adhérèrent à l'ONU le 22 mai 1992, suivies par l'ex-République yougoslave de Macédoine le 8 avril 1993.

En juin 1992, de nombreuses informations firent état d'un « nettoyage ethnique » – élimination, par le groupe ethnique qui contrôle un territoire, des membres des autres groupes ethniques –, mené le plus souvent par les forces serbes bosniaques. Le nombre de réfugiés et de personnes déplacés dépassait 2,2 millions : il s'agissait de la plus vaste crise de réfugiés depuis la seconde guerre mondiale.

En août, la Commission des droits de l'homme de l'ONU nomma un rapporteur spécial pour enquêter sur la situation dans l'ex-Yougoslavie. Lors d'une réunion extraordinaire de deux jours sur la Yougoslavie, la Commission condamna les violations des droits de l'homme et le nettoyage ethnique, notamment en Bosnie-Herzégovine.

En septembre, alors que les forces serbes continuaient à mener de violents combats autour de Sarajevo et dans d'autres régions, le Conseil de sécurité élargit le mandat et l'effectif de la FORPRONU en Bosnie, l'autorisant à protéger les convois de détenus civils libérés et l'acheminement de l'aide humanitaire. Il autorisa aussi le déploiement de contingents supplémentaires dans cinq nouvelles zones.

Le même mois, l'Assemblée générale décida que la République fédérative de Yougoslavie (Serbie et Monténégro) ne pouvait assumer automatiquement la qualité de Membre de l'ONU à la place de l'ex-Yougoslavie. Agissant sur la recommandation du Conseil de sécurité, elle décida que la République fédérative ne participerait pas à ses travaux et devrait présenter une demande d'admission.

En octobre, le Conseil de sécurité interdit tous les vols militaires au-dessus de la Bosnie-Herzégovine en instituant une « zone d'exclusion aérienne ». Pour surveiller l'application de cette interdiction, il autorisa en novembre le déploiement d'observateurs sur les frontières de la Bosnie-Herzégovine.

En novembre, préoccupée par les incidences possibles des combats dans l'ex-Yougoslavie, l'ex-République yougoslave de Macédoine demanda le déploiement d'observateurs des Nations Unies. En décembre, le Conseil de sécurité établit une présence de la FORPRONU aux frontières du pays avec l'Albanie et la Yougoslavie. Le mandat de la Force était essentiellement préventif : il s'agissait de surveiller, dans les régions frontalières, les événements qui risquaient de menacer le territoire du pays.

Le même mois, lors de sa deuxième session extraordinaire sur la Yougoslavie, la Commission des droits de l'homme condamna toutes les violations des droits de l'homme en ex-Yougoslavie et exigea que la « République de Serbie » use de son influence auprès des autorités serbes auto-proclamées en Bosnie-Herzégovine et en Croatie pour mettre fin au nettoyage ethnique. Elle condamna le bombardement au hasard des villes, les meurtres systématiques de civils, la destruction des services vitaux et l'emploi de la force militaire contre les opérations de secours.

En décembre également, l'Assemblée générale condamna la Serbie, le Monténégro et les forces serbes pour leur violation de la souveraineté, de l'intégrité territoriale et de l'indépendance politique de la Bosnie-Herzégovine.

Les efforts diplomatiques visant à rétablir la paix en Bosnie-Herzégovine se poursuivirent. En janvier 1993, M. Vance et le médiateur de la Communauté européenne lord David Owen (coprésidents du Comité directeur de la Conférence internationale sur l'ex-Yougoslavie) eurent des entretiens à Genève avec le Président du Gouvernement bosniaque, le chef des Serbes bosniaques, le chef des Croates bosniaques et les Présidents de la Croatie et de la Yougoslavie (Serbie et Monténégro).

Le « parlement » serbe bosniaque rejeta en avril le plan Vance-Owen qui prévoyait un règlement du conflit en Bosnie-Herzégovine. Le Gouvernement bosniaque et les Croates bosniaques, ainsi que le Président serbe, avaient accepté les grandes lignes de ce plan.

En février, le Conseil de sécurité mit en place un tribunal pénal international pour l'ex-Yougoslavie, afin de poursuivre les personnes qui avaient commis ou ordonné des violations graves du droit international humanitaire. C'était la première fois que l'ONU créait une telle instance compétente pour poursuivre les auteurs de crimes commis à l'occasion de conflits armés. Le Tribunal se trouve à La Haye.

En mars, les combats s'intensifièrent dans l'est de la Bosnie-Herzégovine, les unités serbes bosniaques attaquant plusieurs villes et menaçant les musulmans bosniaques. En avril, le Conseil de sécurité exigea le retrait de ces unités, la fin des attaques armées et le libre acheminement de l'aide humanitaire. En mai, il déclara Sarajevo, Tuzla, Žepa, Gorazde, Bihać et Srebrenica « zones de sécurité », c'est-à-dire qu'elles ne devaient faire pas l'objet d'attaques armées ni d'autres actes hostiles.

Des pourparlers intensifs de paix se poursuivirent à New York et à Genève, sous les auspices de lord Owen et de M. Thorvald Stoltenberg, le nouveau représentant spécial du Secrétaire général après la démission de M. Vance en avril 1993. Sur le terrain, l'ONU s'efforçait toujours d'empêcher de nouvelles atrocités, d'alléger les souffrances de la population, d'accélérer l'acheminement de l'aide humanitaire et de mettre un frein aux activités militaires.

En juin, le Conseil de sécurité autorisa la FORPRONU à utiliser la force, et notamment la puissance aérienne, en réponse aux attaques contre les zones de sécurité par toute partie bosniaque. L'effectif de la Force fut renforcé par 7 600 soldats supplémentaires.

En décembre 1993 et janvier 1994, lord Owen et M. Stoltenberg eurent de nouvelles séries de consultations infructueuses. Les combats entre musulmans bosniaques et forces croates bosniaques continuaient de faire rage en Bosnie centrale et dans la région de Mostar.

Le 6 février, le Secrétaire général déclara, à la suite d'une attaque contre des objectifs civils à Sarajevo, qu'il fallait se préparer à opérer des frappes aériennes pour décourager de nouvelles attaques. Il demanda au Conseil de l'Atlantique Nord de l'Organisation du Traité de l'Atlantique Nord (OTAN) d'autoriser, sur la demande de l'ONU, des frappes aériennes contre des positions d'artillerie à Sarajevo ou aux alentours, dont la FORPRONU déterminerait qu'elles étaient à l'origine d'attaques contre des objectifs civils. Le 9 février, le Conseil donna son autorisation.

En mars, à l'issue de négociations menées sous les auspices des Etats-Unis, le Gouvernement bosniaque, les Croates bosniaques et la République de Croatie conclurent un accord cadre portant création d'une fédération dans les zones de Bosnie-Herzégovine où la population était en majorité bosniaque et croate et contenant les grandes lignes d'un accord préliminaire sur une confédération entre la Croatie et la Bosnie-Herzégovine.

Tandis que les dispositions politiques et militaires de cet accord se révélaient difficiles à appliquer, un cessez-le-feu conclu le 23 février permit un arrêt des combats qui se poursuivaient depuis un an entre les forces bosniaques et croates en Bosnie centrale et dans la région de Mostar, ainsi qu'un meilleur acheminement de l'aide humanitaire aux grandes villes de Bosnie-Herzégovine.

Toujours en mars, le Secrétaire général nomma un coordonnateur spécial pour Sarajevo, afin d'élaborer un plan d'action destiné à rétablir les services publics essentiels dans la ville et aux alentours.

Le 29 mars, à l'issue de négociations menées sous les auspices des Etat-Unis et de la Fédération de Russie, le Gouvernement croate et les autorités locales serbes des zones protégées conclurent un accord de cessez-le-feu, qui prévoyait l'interposition de la

FORPRONU dans une zone de séparation ainsi que la surveillance par elle du retrait des armes lourdes.

En avril, un « groupe de contact » composé de représentants de l'Allemagne, des Etats-Unis, de la Fédération de Russie, de la France et du Royaume-Uni, fut constitué afin de mettre au point un règlement pacifique en Bosnie-Herzégovine.

En mai, les Ministres des affaires étrangères de la troïka de l'Union européenne (Allemagne, Belgique et Grèce) ainsi que des Etats-Unis, de la France, du Royaume-Uni et de la Russie se réunirent à Genève avec les Coprésidents du Comité directeur de la Conférence internationale sur l'ex-Yougoslavie. Ils exhortèrent les parties bosniaques à conclure un accord sur la notion d'un compromis aux termes duquel 51 % du territoire reviendrait à la Fédération croato-bosniaque et 49 % à l'entité serbe bosniaque.

En juillet, le Groupe de contact présenta sa proposition de partage, qui fut acceptée par la Fédération bosniaque, la Croatie et la République fédérative de Yougoslavie, mais refusée par la partie serbe bosniaque. En août, la République fédérative de Yougoslavie rompit ses relations économiques et politiques avec les dirigeants serbes bosniaques et ferma sa frontière avec le territoire contrôlé par les Serbes bosniaques en Bosnie-Herzégovine, sauf pour l'acheminement des vivres, des vêtements et des médicaments.

Le deuxième anniversaire des actions du HCR dans la région fut marqué par un pont aérien humanitaire sur Sarajevo le 3 juillet 1994. Ce fut l'opération la plus longue de ce type jamais réalisée, avec une moyenne de 14 vols par jour.

En septembre, le Conseil de sécurité renforça les sanctions contre les Serbes bosniaques, qui refusaient la proposition de partage du Groupe de contact. Il suspendit aussi certaines sanctions contre la République fédérative de Yougoslavie après que les Coprésidents de la Conférence internationale sur l'ex-Yougoslavie eurent certifié qu'elle respectait son engagement de fermer la frontière avec la Bosnie-Herzégovine.

En novembre et décembre, le Secrétaire général se rendit à Sarajevo et dans d'autres capitales européennes, poursuivant les efforts diplomatiques déployés à un haut niveau pour parvenir à un règlement négocié du conflit dans l'ex-Yougoslavie. Le 31 décembre, les parties au conflit bosniaque signèrent un accord de cessation des hostilités pour quatre mois. Cet accord fut rompu en mars 1995.

En mars 1995, le Secrétaire général recommanda que la FORPRONU fût remplacée par trois opérations : une en Bosnie-Herzégovine, une en Croatie et une en ex-République yougoslave de Macédoine, estimant que cette mesure répondrait aux vœux des trois pays, sans accroître le coût relatif ni compromettre l'efficacité d'une présence intégrée des Nations Unies.

Le 31 mars, le Conseil de sécurité remplaça la FORPRONU par trois opérations distinctes mais reliées : la FORPRONU en Bosnie-Herzégovine, l'**Opération des Nations Unies pour le rétablissement de la confiance en Croatie (ONURC)** et la **Force de déploiement préventif des Nations Unies (FORDEPRENU)** en ex-République yougoslave de Macédoine.

RÉGLEMENTATION DES ARMEMENTS ET DÉSARMEMENT

Depuis sa fondation, l'ONU considère la limitation des armements et le désarmement comme l'un des aspects prioritaires des relations internationales. Si les objectifs fondamentaux n'ont pas varié au fil des ans, les modes d'approche et la portée des délibérations ont évolué en fonction des réalités politiques et de la situation internationale.

Au début, l'approche fut large. Tout au long des années 50, l'objectif était la réglementation, la limitation et la réduction équilibrée de toutes les forces armées et de tous les armements grâce à un programme coordonné et complet. En 1959, la notion de désarmement général et complet fut inscrite pour la première fois en tant que point distinct à l'ordre du jour de l'Assemblée générale. Au début des années 60, les Etats-Unis et l'Union soviétique soumirent des plans en vue d'un tel désarmement.

Comme on ne progressait guère vers la conclusion d'un accord sur ce type de programme, on se concentra, à la fin des années 50, sur une « approche partielle ». On estimait qu'avec quelques premiers pas limités, il serait possible d'affermir la confiance et d'instaurer un climat plus propice à des accords globaux. En consacrant parallèlement, et parfois prioritairement, son attention à des mesures « collatérales », on espérait faciliter la mise en œuvre d'un désarmement général et complet.

Mais, au milieu des années 60, on dut reconnaître que le désarmement général et complet n'était pas réalisable dans un délai court ni précis. Depuis, on admet qu'il faut le considérer comme l'objectif ultime et se concentrer davantage sur des objectifs partiels.

Une nouvelle stratégie fut mise en place à la fin des années 70. A l'initiative des pays non alignés, qui cherchaient à relancer les efforts multilatéraux, l'Assemblée générale tint en 1978 sa première session extraordinaire consacrée au désarmement. Dans le Document final de cette session, adopté à l'unanimité, figuraient une nouvelle stratégie assortie d'objectifs, de principes et de priorités convenus dans le domaine de la limitation des armements et du désarmement, ainsi qu'un programme d'action visant à atteindre l'objectif ultime du désarmement général et complet. Des mesures étaient également énoncées afin d'étoffer le mécanisme multilatéral chargé des questions de désarmement au sein du système des Nations Unies.

L'Assemblée générale tint deux autres sessions extraordinaires consacrées au désarmement en 1982 et 1988, mais sans pouvoir s'entendre sur la mise en œuvre d'un programme d'action. Elle convint cependant, en 1982, de formaliser la diffusion d'informations sur les questions de désarmement en tant qu'activité distincte de l'ONU et créa à cette fin le Programme d'information des Nations Unies sur le désarmement. Les efforts se poursuivirent afin de trouver les moyens de faire avancer le programme global de désarmement et de mettre en œuvre des mesures spécifiques de limitation des armements, de désarmement et de renforcement de la confiance.

Mécanisme des Nations Unies. Le mécanisme des Nations Unies qui s'occupe des questions de désarmement et des questions connexes de sécurité internationale fut créé par la Charte et les décisions ultérieures de l'Assemblée générale et du Conseil de sécurité. Au fil des ans, il évolua en fonction des aspects dominants des relations internationales.

Le principal organe délibérant des Nations Unies dans ce domaine est l'Assemblée générale. Elle fonctionne grâce à deux organes subsidiaires ouverts à tous les Etats Membres : la Commission des questions de désarmement et de la sécurité internationale (Première Commission), qui se réunit lorsque l'Assemblée est en session et qui examine tous les points relatifs au désarmement inscrits à l'ordre du jour de cette dernière; et la Commission du désarmement de l'ONU, organe délibérant spécialisé, qui se réunit en dehors des sessions de l'Assemblée et s'occupe de quelques questions précises à chaque fois.

La Conférence du désarmement, dont la composition est limitée, est la seule instance mondiale de négociation sur le désarmement de la communauté internationale. Elle examine des questions relatives aux armes nucléaires et aux autres armes de destruction massive ainsi que, plus récemment, à la transparence concernant les armes classiques. A l'issue de longues négociations, elle conclut en 1993 la Convention sur les armes chimiques. Elle négocie actuellement un traité d'interdiction complète des essais nucléaires.

Les liens entre la Conférence et l'ONU sont particuliers : la Conférence fixe son propre règlement intérieur et son ordre du jour, compte tenu des recommandations de l'Assemblée générale, à laquelle elle rend compte chaque année.

Efforts de désarmement. Au cours des dernières décennies, des idées et des initiatives très diverses furent proposées, notamment dans le domaine du désarmement nucléaire, et aussi bien à l'ONU qu'ailleurs. Elles traduisaient plus ou moins la conception que leurs défenseurs avaient des principaux obstacles à la paix et à la sécurité internationales et étaient destinées à les surmonter, soit comme éléments de l'approche globale, soit comme mesures « partielles » en tant que telles. En général, ces conceptions reflétaient elles-mêmes le point de vue militaire et stratégique des grandes alliances et des grands groupes politiques, y compris certains Etats qui n'en faisaient pas partie. Ainsi, les pays non alignés s'inquiétaient surtout des dangers que représentaient les armes nucléaires et la course aux armements nucléaires. Les Etats parties au Traité de Varsovie mettaient l'accent sur le désarmement nucléaire et demandaient une série de mesures. Et les pays membres de l'OTAN, tout en préconisant des mesures de désarmement, soulignaient la nécessité de maintenir une stabilité et un équilibre militaires globaux dans les relations internationales grâce à une dissuasion crédible.

Illustrant ce large éventail de points de vue, l'ordre du jour de la communauté internationale dans le domaine du désarmement portait sur des mesures diverses et souvent sujettes à controverses.

La plupart d'entre elles avaient trait à divers aspects des armes nucléaires, à l'arrêt de la course aux armements et au désarmement nucléaire, à l'arrêt de la mise au point, de la fabrication et du perfectionnement des armes nucléaires, à un programme global de réduction progressive des armes nucléaires en vue de leur élimination totale, à un « gel nucléaire » et à un arrêt de la production de matières fissiles.

Il y avait aussi d'autres propositions, allant de l'interdiction générale d'employer ou de menacer d'employer des armes nucléaires jusqu'à l'interdiction de les utiliser en premier, en passant par l'interdiction de certains types d'armes nucléaires. Au fil des ans, on accorda une importance grandissante aux initiatives visant à interdire tous les essais d'armes nucléaires. La question de donner aux Etats non dotés d'armes nucléaires la garantie que ces armes ne seraient pas utilisées contre eux et qu'ils n'en seraient pas menacés continue d'être débattue, comme cela a été le cas tout récemment au Conseil de sécurité.

Outre les efforts pour atténuer la menace des armes nucléaires, la communauté internationale s'est occupée des autres armes de destruction massive. Diverses propositions ont été faites afin d'interdire l'utilisation et même l'existence des armes chimiques dans le monde. Autres sujets de préoccupation, les armes biologiques, les nouveaux types d'armes de destruction massive, les armes radiologiques, la limitation et la réduction des armes classiques et des transferts internationaux d'armes, la prévention d'une course aux armements dans l'espace, l'arrêt de la course aux armements en mer, les armements et le désarmement en mer et la réduction des budgets militaires.

Quelques propositions seulement entraînèrent de réelles négociations et se traduisirent par des accords concrets, mais ces accords obligent les parties à mettre en œuvre d'importantes mesures de limitation des armements et de désarmement.

• Dans le domaine nucléaire, les accords multilatéraux les plus importants furent notamment le Traité interdisant les essais d'armes nucléaires dans l'atmosphère, dans l'espace extra-atmosphérique et sous l'eau (Traité d'interdiction partielle) [1963] et le Traité sur la non-prolifération des armes nucléaires (1968). Au niveau régional, de vastes zones du globe sont garanties contre la présence d'armes nucléaires grâce au Traité sur l'Antarctique (1959), au Traité visant l'interdiction des armes nucléaires en Amérique latine et dans les Caraïbes (Traité de Tlatelolco) [1967] et au Traité sur la zone dénucléarisée du Pacifique Sud (Traité de Rarotonga) [1985].

• Plusieurs traités bilatéraux furent conclus entre les Etats-Unis et l'Union soviétique : le Traité sur la limitation des systèmes antimissiles balistiques (Traité ABM) [1972], l'Accord sur la limitation des armes stratégiques offensives (SALT I) [1972], l'Accord relatif à la prévention de la guerre nucléaire (1973), le Traité sur la limitation des essais souterrains d'armes nucléaires (1974), le Traité sur les explosions nucléaires à des fins pacifiques (1976), l'Accord sur la limitation des armes stratégiques offensives (SALT II) [1979], et le Traité sur l'élimination des missiles à portée intermédiaire et à plus courte portée (Traité FNI) [1987].

• Plusieurs accords multilatéraux furent conclus au sujet des armes de destruction massive, de la démilitarisation ou dénucléarisation de certaines zones et des activités touchant l'environnement : le Traité sur les principes régissant les activités des Etats en matière d'exploration et d'utilisation de l'espace extra-atmosphérique, y compris la Lune et les autres corps célestes (Traité sur l'espace extra-atmosphérique) [1967], le Traité interdisant de placer des armes nucléaires et d'autres armes de destruction massive sur le fond des mers et des océans ainsi que dans leur sous-sol (Traité sur les fonds marins) [1971], la Convention sur l'interdiction de la mise au point, de la fabrication et du stockage des armes bactériologiques (biologiques) ou à toxines et sur leur destruction (1972), la Convention sur l'interdiction d'utiliser des techniques de modification de l'environnement à des fins militaires ou toutes autres fins hostiles (1977) et l'Accord régissant les activités des Etats sur la Lune et les autres corps célestes (1979).

• Dans le domaine des armes classiques, le seul accord mondial fut la Convention sur l'interdiction ou la limitation de l'utilisation de certaines armes classiques pouvant être considérées comme produisant des effets traumatiques excessifs ou comme frappant sans discrimination (Convention sur les armes inhumaines, qui traite entre autres des mines, pièges et armes incendiaires) [1981]. Au niveau régional, on a progressé, notamment en Europe, grâce aux mesures de confiance d'Helsinki (1975), au Document de Stockholm (1986), au Traité sur les forces armées conventionnelles en Europe (Traité FCE) [1990] et au Document de Vienne sur les mesures de confiance (1990).

Depuis 1990, les efforts de limitation des armements et de désarmement se poursuivent dans un contexte international très différent, marqué par des tendances contradictoires. Avec la dissolution de l'Union soviétique et les changements politiques profonds survenus en Europe orientale, plus de 40 années de rivalité idéologique et militaire ont pris fin, offrant des occasions sans précédent en matière de désarmement. Or, la fin de la guerre froide n'a nullement supprimé les risques de conflit armé dans un monde nouveau, caractérisé par la menace de courses aux armements régionales et l'accumulation d'armements toujours plus destructeurs par un nombre croissant de pays. L'instabilité régionale, l'apparition de tensions ethniques et religieuses et le risque permanent de prolifération des armes de destruction massive aussi bien que des armes classiques constituent de sérieux obstacles à la stabilité internationale. Le désarmement n'en est devenu que plus urgent comme élément du système qui vise à garantir la paix et la sécurité internationales.

Depuis la fin de la guerre froide, des progrès notables ont été enregistrés sur diverses questions anciennes. En ce qui concerne les armes nucléaires, les deux grandes puissances ont conclu deux traités sur la réduction de leurs armements stratégiques offensifs (START I en 1991 et START II en 1993). La Conférence des parties au Traité sur la non-prolifération (1995) a examiné le fonctionnement du Traité et décidé de le proroger pour une durée indéterminée. En 1994, des négociations multilatérales ont débuté sur un traité d'interdiction complète des essais nucléaires, et un comité a été créé afin de négocier l'arrêt de la production de matières fissiles destinées à l'armement.

En ce qui concerne les autres armes de destruction massive, la Convention sur les armes chimiques, qui interdit la production, l'emploi et la diffusion des armes chimiques et prévoit la destruction des stocks existants, a été signée en 1993. En 1994, une conférence spéciale des Etats parties à la Convention sur les armes biologiques a créé un groupe spécial chargé de rédiger des propositions en vue de renforcer la Convention, y compris par d'éventuelles mesures de vérification.

En ce qui concerne les armes classiques, un groupe d'experts des Etats parties à la Convention sur les armes inhumaines a achevé les préparatifs d'une conférence d'examen de cet instrument, donnant la priorité à la question des mines antipersonnel. Cette conférence se tiendra à Vienne en 1995.

De nouveaux aspects du désarmement ont gagné en importance. Parmi eux, l'échange d'informations objectives sur les questions militaires et la transparence des dépenses militaires et des transferts d'armes. Au sujet de ces transferts, l'Assemblée générale a créé en 1992 un registre des armes classiques auquel les Etats Membres peuvent communiquer le transfert de certaines catégories d'armes. On débat aussi de la reconversion des armes et des moyens de les détruire dans des conditions sûres et économiques. De nouveaux aspects sont venus s'ajouter au problème de la vérification du respect des multiples accords en vigueur.

L'Institut des Nations Unies pour la recherche sur le désarmement

L'Institut des Nations Unies pour la recherche sur le désarmement (UNIDIR) est une institution autonome au sein des Nations Unies. Il a été créé par l'Assemblée générale en 1980 pour mener des recherches indépendantes sur le désarmement et les problèmes qui s'y rapportent, notamment la sécurité internationale. Ses activités sont essentiellement financées au moyen de contributions volontaires versées par des Etats et des organisations publiques et privées, et ses objectifs sont les suivants :

• Offrir à la communauté internationale des données plus complètes et plus diversifiées sur les problèmes relatifs à la sécurité internationale, à la course aux armements et au désarmement, notamment dans le domaine nucléaire, afin de faciliter les progrès, grâce aux négociations, vers une plus grande sécurité et un plus grand développement économique et social;

• Encourager tous les Etats à participer en connaissance de cause aux efforts de désarmement;

• Faciliter les négociations sur le désarmement et les efforts visant à renforcer la sécurité internationale à un niveau d'armement de plus en plus bas, notamment dans le domaine nucléaire, grâce à des études et à des analyses objectives et factuelles;

• Mener des recherches sur le désarmement afin d'enrichir la connaissance des problèmes qui se posent et d'amener à engager de nouvelles négociations.

L'UNIDIR organise des conférences, publie des documents et exécute des projets. Il poursuit sa coopération avec les instituts de recherche grâce au développement de son service informatisé d'information et de documentation, à la *Lettre de l'UNIDIR* et à des conférences régionales. Un programme de bourses d'études permet aux spécialistes des pays en développement de faire des recherches dans ses locaux.

ESPACE EXTRA-ATMOSPHÉRIQUE

L'ONU manifesta pour la première fois son intérêt pour les utilisations pacifiques de l'espace en 1957, peu après le lancement du premier satellite fabriqué par l'homme. Depuis, cet intérêt n'a cessé de grandir avec les progrès de la technique spatiale. L'Organisation veille à ce que l'espace soit utilisé à des fins pacifiques, pour le bien de toutes les nations.

Dans ce domaine, elle agit par l'intermédiaire du **Comité des utilisations pacifiques de l'espace extra-atmosphérique**, créé en 1959 par l'Assemblée générale. Pour concrétiser l'intérêt qu'il porte à l'aspect juridique et aux autres aspects de la coopération spatiale internationale, le Comité s'est doté d'un Sous-Comité juridique et d'un Sous-Comité scientifique et technique.

Les travaux du Sous-Comité juridique ont abouti à la rédaction de cinq instruments, qui sont tous entrés en vigueur :

• Le Traité sur les principes régissant les activités des Etats en matière d'exploration et d'utilisation de l'espace extra-atmosphérique, y compris la Lune et les autres corps célestes (1966), qui stipule que l'exploration de l'espace doit se faire dans l'intérêt de tous les pays, quel que soit le stade de leur développement économique ou scientifique, que l'espace est le domaine de l'humanité tout entière, qu'il peut être exploré et utilisé librement par tous les Etats dans des conditions d'égalité et conformément au droit international, qu'il ne peut faire l'objet d'une appropriation nationale et que les corps célestes seront utilisés exclusivement à des fins pacifiques. Les Etats parties au Traité s'engagent à ne mettre sur orbite aucune arme nucléaire ou autre arme de destruction massive. Ils sont en outre responsables au niveau international de leurs activités spatiales nationales, qu'elles soient entreprises par des entités publiques ou privées;

• L'Accord sur le sauvetage des astronautes, le retour des astronautes et la restitution des objets lancés dans l'espace extra-atmosphérique (1967), qui prévoit les moyens de secourir les équipages des engins spatiaux en cas d'accident ou d'atterrissage forcé et fixe les procédures de restitution à l'autorité qui l'a lancé d'un objet spatial ou de ses éléments trouvés au-delà des limites territoriales de cette autorité;

• La Convention sur la responsabilité internationale pour les dommages causés par les objets spatiaux (1971), qui stipule que l'Etat auteur du lancement d'un objet spatial a la responsabilité des dommages causés par cet objet à la surface de la Terre ou aux aéronefs en vol, ainsi qu'aux objets spatiaux d'un autre Etat ou aux personnes ou biens se trouvant à bord de ces objets;

• La Convention sur l'immatriculation des objets lancés dans l'espace extra-atmosphérique (1974), qui prévoit que les Etats de lancement doivent inscrire sur un registre les objets lancés dans l'espace et fournir, pour inscription sur un registre des Nations Unies, des renseignements concernant chaque objet lancé;

• L'Accord régissant les activités des Etats sur la Lune et les autres corps célestes (1979), qui précise les principes énoncés dans le Traité de 1966 au sujet de la Lune et des autres corps célestes et jette les bases d'une réglementation future de l'exploration et de l'exploitation de leurs ressources naturelles.

En 1982, l'Assemblée générale adopta les Principes régissant l'utilisation par les Etats de satellites artificiels de la Terre aux fins de la télévision directe internationale, considérant que l'exploitation de ces satellites aurait des répercussions importantes dans le monde aux niveaux politique, économique, social et culturel. En 1986, elle adopta les Principes sur la télédétection de la Terre à partir de l'espace, qui stipulent que cette activité doit être menée dans l'intérêt de tous les pays, conformément au droit international, dans le respect de la souveraineté de tous les Etats et de tous les peuples sur leurs propres ressources naturelles et dans le respect des droits et des intérêts des autres Etats. La télédétection doit avoir pour but de protéger l'environnement et de mettre l'humanité à l'abri des catastrophes naturelles.

Dans le cadre de ses activités juridiques, le Comité a également élaboré des principes concernant l'utilisation de sources d'énergie nucléaire dans l'espace, étudié la définition et la délimitation de l'espace extra-atmosphérique ainsi que le caractère et l'utilisation de l'orbite géostationnaire et examiné l'application juridique du principe selon lequel l'espace doit être utilisé au profit et dans l'intérêt de tous les pays.

Dans le domaine scientifique et technique, le Comité a examiné à titre prioritaire l'exécution du Programme des Nations Unies pour les applications des techniques spatiales, entrepris en 1969. Ce programme comprend les activités suivantes : stages et séminaires de formation sur la science et la technique spatiales, souvent parrainés par des gouvernements et des organisations internationales; bourses de formation à l'intention des techniciens de l'espace et des spécialistes des applications, parrainées par les gouvernements et les agences spatiales nationales; et services consultatifs techniques à l'intention des Etats Membres, notamment les pays en développement, et des institutions spécialisées.

En 1990, l'Assemblée générale fit sienne la recommandation du Comité selon laquelle l'ONU devrait prendre la tête d'une action destinée à implanter des centres régionaux d'enseignement des sciences et des techniques spatiales, qui auraient pour vocation de développer les compétences et les connaissances des enseignants universitaires, des chercheurs et des spécialistes des applications en ce qui concerne les aspects de ces sciences qui contribuent au développement durable.

Le Comité donne également la priorité à la coordination des activités spatiales au sein des organismes des Nations Unies, dont plusieurs réalisent des projets concrets qui font appel à des techniques spatiales pour le développement économique et social de certains pays. Des activités sont ainsi menées dans les domaines de la télédétection, des communications, de la météorologie, de la science spatiale fondamentale et de l'emploi des techniques spatiales pour les communications maritimes et la navigation aérienne.

En outre, le Comité formule des recommandations à l'attention de l'Assemblée générale sur des questions relatives à la téléobservation de la Terre par les satellites, à l'emploi des sources d'énergie nucléaire dans l'espace, aux systèmes de transport spatial et à leurs conséquences futures sur les activités spatiales, à la nature physique et aux caractéristiques techniques de l'orbite géostationnaire, aux sciences de la vie (y compris la médecine spatiale), à l'exploration planétaire et à l'astronomie, aux communications spatiales au service du développement et aux retombées bénéfiques des technologies spatiales.

L'ONU a organisé deux grandes conférences sur l'espace : les première et deuxième Conférences des Nations Unies sur l'exploration et les utilisations pacifiques de l'espace extra-atmosphérique, qui se sont tenues à Vienne respectivement en 1968 et 1982. La première a examiné les avantages pratiques qui peuvent être retirés de la recherche et de l'exploration spatiales et la mesure dans laquelle les pays qui n'ont pas de secteur spatial, notamment les pays en développement, peuvent en bénéficier. La deuxième, dénommée UNISPACE 82, a témoigné de l'intérêt croissant de tous les pays pour les activités spatiales. Elle a fait le point de la science et de la technique spatiales, étudié les applications des techniques spatiales au développement économique et social et examiné des programmes de coopération internationale concernant l'espace ainsi que le rôle de l'ONU dans ce domaine.

Elle a également formulé des recommandations, approuvées par l'Assemblée générale en 1982, concernant l'utilisation des techniques spatiales, la téléobservation de la Terre par les satellites, l'utilisation de l'orbite géostationnaire et la diffusion par satellite d'émissions télévisées en direct. Le Comité a veillé à l'application de ces recommandations.

En 1989, l'Assemblée générale a approuvé l'initiative internationale visant à faire de 1992 l'Année internationale de l'espace et décidé que l'ONU devrait y jouer un rôle. Les activités ont été centrées sur la gestion des ressources de la Terre et de son environnement, les programmes d'enseignement et l'éducation du public.

Les événements scientifiques, techniques et politiques survenus récemment pourraient favoriser encore la coopération touchant l'espace. Aussi le Comité et ses organes subsidiaires étudient-ils actuellement la convocation d'une troisième Conférence UNISPACE.

CHAPITRE 3

Développement
économique et social

En dehors des opérations de maintien de la paix, l'ONU consacre l'essentiel de ses activités à des programmes qui visent à concrétiser l'engagement pris dans la Charte de favoriser « le relèvement des niveaux de vie, le plein-emploi et les conditions de progrès et de développement dans l'ordre économique et social ». L'essentiel de cet effort est concentré dans les pays en développement, où vivent les deux tiers de la population mondiale.

Depuis 1960, l'Assemblée générale a proclamé successivement quatre Décennies des Nations Unies pour le développement, afin de concentrer l'action internationale sur des politiques et des programmes d'aide au développement. Elle a aussi adopté des déclarations, des programmes d'action et des stratégies destinés à renforcer la coopération internationale au service du développement.

La tâche de donner une expression concrète à ces vastes stratégies et préoccupations incombe en grande partie aux programmes placés sous la responsabilité directe du Conseil économique et social, tels que le Programme des Nations Unies pour le développement (PNUD) et le Programme alimentaire mondial (PAM) [voir plus loin], ainsi qu'à la famille des institutions spécialisées (voir chapitre 8).

Au cours des 50 dernières années, ces efforts ont eu de profondes répercussions sur l'existence de millions de personnes à travers le monde. Si chaque Décennie pour le développement a été l'occasion de mettre l'accent sur certains problèmes particulièrement préoccupants à l'époque, l'ONU n'a cessé de souligner qu'il fallait œuvrer pour un progrès général, afin d'atteindre ses objectifs de réduction de la pauvreté et de suppression des inégalités entre riches et pauvres – à l'intérieur des pays et les uns par rapport aux autres.

RECHERCHE D'UN CONSENSUS SUR LE DÉVELOPPEMENT

Dès avant la fin de la première Décennie des Nations Unies pour le développement (1961-1970), le besoin d'un plan d'action ou d'une « stratégie » de développement à l'échelle mondiale était devenu évident. Aussi l'Assemblée générale adopta-t-elle en 1970 une Stratégie internationale du développement pour la deuxième Décennie des Nations Unies pour le développement (1971-1980), qui marqua une étape importante dans les efforts faits pour instaurer une coopération économique internationale sur une base équitable.

En 1974, l'Assemblée adopta la Déclaration et le Programme d'action pour l'instauration d'un nouvel ordre économique international, ordre qui devait être fondé sur « l'équité, l'égalité souveraine, l'interdépendance, l'intérêt commun et la coopération entre tous les Etats, indépendamment de leur système économique et social ». Afin de favoriser son instauration, elle adopta la même année la Charte des droits et devoirs économiques des Etats, qui stipule que tout Etat exerce une souveraineté entière sur ses richesses et ses ressources naturelles.

En 1979, l'Assemblée demanda l'ouverture de négociations sur la coopération économique internationale au service du développement. L'année suivante, elle adopta à l'unanimité la Stratégie internationale du développement pour la troisième Décennie des Nations Unies pour le développement (1981-1990).

A sa session extraordinaire de 1990, l'Assemblée adopta à l'unanimité la Déclaration sur la coopération économique internationale, en particulier la relance de la croissance économique et du développement dans les pays en développement.

Dans ce texte, les Etats Membres soulignaient la nécessité de créer un climat économique international favorable, d'appliquer des politiques nationales appropriées et de mettre en valeur les ressources humaines. Ils abordaient également des problèmes nouveaux tels que l'intégration de l'Europe orientale dans l'économie mondiale, la protection de l'environnement, la réduction des dépenses militaires et l'intégration économique régionale.

L'adoption de cette déclaration posa les fondements de l'adoption la même année par l'Assemblée générale de la Stratégie internationale du développement pour la quatrième Décennie des Nations Unies pour le développement (1991-2000).

Cette stratégie est axée sur la dynamique réciproque entre la relance et le développement, d'une part, et l'amélioration de la condition humaine, de l'autre. A propos de cette dernière, quatre domaines prioritaires ont été fixés : élimination de la pauvreté et de la faim; mise en valeur des ressources humaines et développement des institutions; questions de population; et environnement. Pour la relance et le développement, quatre aspects doivent être abordés en urgence : la dette extérieure, le financement du développement, le commerce international et les marchés des produits de base. Parallèlement, les pays en développement doivent moderniser et transformer leurs secteurs industriel et agricole et tirer parti du progrès scientifique et technique.

Le thème dominant en matière de développement pour les années 90 est le renforcement des liens entre la croissance économique et le bien-être.

Il y a longtemps que l'ONU est consciente du rôle fondamental que joue le développement social. C'est pourquoi de nombreux programmes des Nations Unies sont axés sur des questions sociales telles que la population, la prévention de la criminalité et la lutte contre la drogue, ou sur des catégories particulières telles que les femmes, les enfants, les jeunes, les personnes âgées, les handicapés et la famille (voir ci-après).

Cette prise de conscience est allée de pair avec une préoccupation grandissante face aux conséquences du progrès sur l'environnement, rendant urgente l'adoption de stratégies de développement durable, afin que les politiques actuelles ne compromettent pas les ressources dont les générations futures auront besoin.

Pour faire progresser le consensus mondial sur les priorités en matière de développement et conférer une dynamique politique aux programmes d'action dans certains domaines, l'ONU a pris l'initiative d'une série de conférences internationales consacrées aux enfants (1990), à l'environnement et au développement (1992), à la population et au développement (1994), au développement social (1995), à la promotion de la femme (1995) et aux établissements humains (1996).

AGENDA POUR LE DÉVELOPPEMENT

Constatant que la communauté internationale avait besoin d'une nouvelle vision stimulante de l'avenir, le Secrétaire général publia en mai 1994 l'*Agenda pour le développement**, proposant une

---

* *Agenda pour le développement*, DPI/1622/DEV, F.95.I.16, 1995.

nouvelle conception du développement et une relance de la dynamique visant à l'amélioration de la condition humaine. Ce rapport avait été demandé en décembre 1992 par l'Assemblée générale dans ses recommandations concernant les moyens de renforcer le rôle de l'ONU dans la coopération internationale au service du développement.

Aux yeux du Secrétaire général, chacun des cinq aspects du développement – paix, économie, environnement, justice sociale et démocratie – fait partie intégrante de l'ensemble. La croissance économique est le moteur du développement et, pour l'assurer, le Secrétaire général préconise des politiques pragmatiques qui tirent parti de l'efficacité des marchés, puisque les gouvernements ne peuvent plus se poser en agents économiques dominants. Ces gouvernements doivent toutefois continuer à définir les cadres réglementaires de l'activité économique. La croissance exige un investissement dans le développement humain, qui est un « investissement dans la compétitivité à long terme ». Et elle ne peut durer que si elle favorise l'emploi, l'atténuation de la pauvreté et une meilleure répartition des revenus.

La paix, la justice et la démocratie, constate le Secrétaire général, sont indispensables au développement. Sans paix, il est impossible d'employer les énergies humaines de façon productive. Sans justice sociale, la cohésion sociale est menacée par la montée des inégalités. Et sans participation politique à la liberté, le développement restera fragile et menacé.

L'ONU, et notamment le Conseil économique et social, a un rôle important à jouer en fixant les priorités du développement et en coordonnant les activités et l'assistance. Le Conseil, revitalisé, peut faire beaucoup pour améliorer la coordination des politiques dans l'ensemble du système des Nations Unies.

En novembre 1994, pour répondre aux remarques et aux points de vue des Etats Membres, le Secrétaire général présenta à l'Assemblée générale un ensemble de *Recommandations** concernant l'*Agenda pour le développement*.

Ces *recommandations* reposent sur quatre grandes notions : le développement doit être reconnu comme la tâche primordiale de notre temps, celle qui est la plus lourde de conséquences; il doit

---

* *Agenda pour le développement*, DPI/1622/DEV, F.95.I.16, 1995.

être perçu dans ses multiples dimensions – paix, économie, protection de l'environnement, justice sociale et démocratie; le consensus qui se dessine sur la priorité et les dimensions du développement devrait trouver son expression dans un nouveau cadre de coopération internationale; et, à l'intérieur de ce cadre, l'ONU doit jouer un rôle majeur, à la fois pour définir les politiques et mener des opérations.

L'Assemblée générale a constitué en décembre 1994 un groupe de travail chargé d'approfondir l'Agenda pour le développement dans le sens de l'action.

LE SOMMET MONDIAL POUR LE DÉVELOPPEMENT SOCIAL (1995)

Consciente des dimensions sociales du développement, l'Assemblée générale décida en 1992 de convoquer un sommet mondial pour le développement social au niveau des chefs d'Etat ou de gouvernement, afin d'aborder des questions essentielles qui se posent à toutes les sociétés, à savoir l'intégration sociale, notamment en ce qui concerne les groupes défavorisés et marginalisés, l'atténuation et la réduction de la pauvreté, et l'emploi.

Lors du Sommet, qui s'est tenu en mars 1995 à Copenhague, les dirigeants de 117 pays se sont engagés à faire face aux « problèmes sociaux profonds » dont sont victimes les personnes défavorisées dans le monde, notamment la pauvreté, le chômage et l'exclusion sociale. Ils ont adopté une déclaration et un programme d'action dans lesquels sont recommandées des mesures destinées à supprimer les inégalités à l'intérieur des pays et entre eux, ainsi qu'à encourager les politiques et les programmes de développement social.

Les dirigeants mondiaux se sont entendus sur un ensemble d'engagements, à savoir :
• Faire disparaître la pauvreté absolue dans un délai qui sera fixé par chaque pays;
• Soutenir le plein-emploi comme objectif fondamental des politiques;
• Promouvoir l'intégration sociale sur la base de la protection de tous les droits de l'homme;
• Parvenir à l'égalité et à l'équité entre femmes et hommes;

* Accélérer le développement de l'Afrique et des pays les moins avancés;
* Veiller à ce que les programmes d'ajustement structurel contiennent des objectifs de développement social;
* Accroître les ressources consacrées au développement social;
* Créer un contexte qui permette aux individus de parvenir au développement social;
* Assurer l'accès de tous à l'éducation et aux soins de santé primaires;
* Renforcer la coopération au service du développement social par le biais de l'ONU.

L'intensification de la coopération internationale en vue d'améliorer les conditions de vie dans le monde occupe une place centrale dans ce programme, qui met en particulier l'accent sur la nécessité de trouver une solution durable aux problèmes de dette extérieure des pays en développement, ainsi que de réaffecter les ressources en fonction des priorités du développement social.

L'AFRIQUE : UNE PRIORITÉ POUR L'ORGANISATION DES NATIONS UNIES

Inquiets de la situation économique critique en Afrique, le système des Nations Unies et les Etats Membres convoquèrent en 1986 une session extraordinaire de l'Assemblée générale sur l'Afrique. L'Assemblée adopta à cette occasion le Programme d'action des Nations Unies pour le redressement économique et le développement de l'Afrique, 1986-1990, qui avait pour but de mobiliser un soutien politique et financier en faveur des réformes économiques. Faisant le bilan de ce programme en 1991, l'Assemblée en conclut que la situation économique du continent restait critique et préconisa un nouvel Ordre du jour pour le développement de l'Afrique dans les années 90, qu'elle adopta à l'unanimité en décembre 1991.

Ce nouveau programme a pour objectif un taux de croissance réel du produit intérieur brut d'au moins 6 % par an en moyenne pour les années 90, afin que l'Afrique puisse bénéficier d'une croissance économique et d'un développement équitable, accroître son revenu et faire disparaître la pauvreté.

On y accorde une attention particulière au développement humain et à l'augmentation de l'emploi, et l'on encourage les programmes destinés à faire progresser rapidement l'espérance de vie, l'intégration des femmes au développement, la santé maternelle et infantile, la nutrition, la santé, l'eau et l'assainissement, l'éducation et logement.

ACTIVITÉS ÉCONOMIQUES ET SOCIALES

La famille des Nations Unies facilite les activités de développement de multiples manières, sous la coordination générale du Conseil économique et social.

Pour aider les gouvernements à mieux structurer le développement, l'ONU et ses institutions spécialisées prêtent leur concours à l'élaboration de plans de développement nationaux qui permettent d'équilibrer le progrès économique et social et d'utiliser au mieux les ressources financières, matérielles et humaines. Ils aident les pays en développement à réunir les fonds nécessaires pour financer leurs programmes de développement, tant en augmentant leurs recettes d'exportation qu'en attirant des capitaux étrangers à des conditions acceptables.

Une priorité croissante est accordée aux programmes qui portent sur la mise en valeur des ressources humaines, l'élimination de la pauvreté, les activités en matière de population, la promotion de la femme, la lutte contre la toxicomanie, la prévention de la criminalité, l'application de la science et de la technique au développement et la protection de l'environnement. Les grands programmes sont destinés à des catégories particulières de la population : enfants, jeunes, personnes âgées, handicapés, migrants et réfugiés.

Les programmes de développement qui concernent des pays en particulier sont réalisés à la demande des gouvernements intéressés. D'autres sont exécutés à l'échelon régional par les commissions économiques et sociales des Nations Unies, qui sont au nombre de cinq : une pour l'Afrique, une pour l'Amérique latine et les Caraïbes, une pour l'Asie et le Pacifique, une pour l'Asie de l'Ouest et une pour l'Europe.

En 1993, les dépenses consacrées aux activités opérationnelles de développement du système des Nations Unies (aide à titre gratuit) se sont élevées à 4,9 milliards de dollars. Sur ce total, 40,4 % sont allés à l'Afrique, 20,1 % à l'Asie et au Pacifique, 12,3 % aux Amériques, 4,7 % à l'Europe, 4,4 % à l'Asie de l'Ouest et 18 % à des projets interrégionaux. Les pays les moins avancés ont reçu 43 %. Par secteur, la plus grosse part est allée à la santé, suivie par l'aide humanitaire et la gestion des catastrophes, l'agriculture, la sylviculture et la pêche, et le développement général.

Mécanisme de coordination. En vertu de la Charte, le Conseil économique et social est le principal organe de coordination des activités économiques et sociales menées par l'ONU et ses institutions spécialisées. Il est aussi l'instance principale où sont examinées les questions économiques et sociales internationales et formulées les recommandations en matière de politique.

La **Commission du développement social**, qui compte 32 membres, a été créée en tant que commission technique du Conseil, afin de conseiller ce dernier sur les politiques sociales. Elle se réunit tous les deux ans et a pour mission d'étudier des politiques conçues pour favoriser le progrès social, de fixer des objectifs, de déterminer des priorités pour les programmes et de faire de la recherche sociale dans les domaines qui ont à voir avec le développement économique et social.

Au Secrétariat de l'ONU, le Département de la coordination des politiques et du développement durable appuie les fonctions de coordination et de décision du Conseil économique et social et de ses organes subsidiaires. Il s'occupe notamment d'élaborer des politiques et d'intégrer les aspects économiques, sociaux et écologiques de questions importantes telles que la croissance économique et l'ajustement, la pauvreté, la faim et la malnutrition, les droits des femmes, les personnes âgées, les enfants, les handicapés et les travailleurs migrants.

Le Département de l'information économique et sociale et de l'analyse des politiques est responsable de l'information économique et sociale au sein de l'ONU. Il s'occupe d'élaborer et de diffuser des statistiques économiques et sociales, d'analyser les tendances à long terme, y compris dans le domaine de la population, de faire des prévisions, de suivre et d'évaluer les politiques économiques et sociales au niveau mondial et de mettre en évidence les questions nouvelles qui exigent l'attention de la communauté internationale.

Le Département des services d'appui et de gestion pour le développement centralise les services de gestion pour la coopération technique. Il fait également fonction d'organisme d'exécution, s'occupant surtout du développement des institutions et des entreprises ainsi que de la mise en valeur des ressources humaines. La coopération technique est notamment axée sur les besoins des pays les moins avancés et des pays dont l'économie est en transition.

On présente ci-après dans les grandes lignes les divers programmes des Nations Unies destinés à favoriser le développement économique et social. Les activités des organismes intergouvernementaux reliés à l'ONU sont décrites au chapitre 8.

Le Programme des Nations Unies pour le développement

Le Programme des Nations Unies pour le développement (PNUD) est la principale source de financement à titre gratuit du développement humain durable – un développement à la fois centré sur l'individu et qui ne nuit pas à l'environnement. Il a été créé en 1965 par la fusion de deux programmes de coopération technique. Ses ressources générales (environ un milliard de dollars par an) proviennent de contributions volontaires versées par les Etats Membres de l'ONU ou de ses organismes. Ses politiques et ses grands programmes sont approuvés par un conseil d'administration composé de 36 pays développés et pays en développement.

Le PNUD a trois buts essentiels :
♦ Aider l'ONU à conférer une dynamique et une cohésion aux efforts en faveur du développement humain durable;
♦ Consacrer ses propres ressources à une série d'objectifs fondamentaux pour le développement humain durable : élimination de la pauvreté, régénération de l'environnement, création d'emplois et promotion de la femme;
♦ Renforcer la coopération internationale au service du développement humain durable et constituer l'une des principales ressources de fond en vue d'y parvenir.

Grâce à un réseau de 136 bureaux dans le monde, le PNUD collabore avec les gouvernements, les organisations de la société civile et la population de quelque 175 pays ou territoires en développement. Pour l'exécution des projets et programmes qu'il soutient, il s'appuie sur les capacités techniques des pays en développement ainsi que sur le savoir de plus de 30 organisations non gouvernementales et organismes internationaux et régionaux.

L'individu est au centre de toutes les activités du PNUD, qui favorisent la croissance dans l'équité. Il s'agit avant tout d'étoffer les moyens nationaux dans les domaines suivants : élimination de la pauvreté et développement au niveau local; conservation de l'environnement et utilisation durable des ressources naturelles; formation à la gestion; coopération technique entre pays en développement; transfert et adaptation de technologies; et promotion de la femme. L'esprit d'entreprise est encouragé pour sa capacité à créer des emplois et à réduire la pauvreté. Les programmes mondiaux et interrégionaux sont axés sur des questions d'intérêt mondial telles que la sécurité alimentaire, la maternité sans risque et le VIH/sida.

Chaque année, une équipe de consultants indépendants rédige pour le compte du PNUD un *Rapport sur le développement humain*, qui aide la communauté internationale à élaborer de nouveaux concepts, mesures et instruments de politique ayant un caractère concret et pragmatique afin de promouvoir le développement axé sur l'individu.

Le PNUD est normalement le principal coordonnateur des activités opérationnelles pour le développement menées par l'ensemble du système des Nations Unies. Cela veut dire qu'il administre des fonds spéciaux tels que le Fonds d'équipement des Nations Unies (FENU), les Volontaires des Nations Unies (VNU) et le Fonds de développement des Nations Unies pour la femme (UNIFEM) [voir page 173].

Le PNUD aide les pays en développement à se préparer en vue des grandes conférences des Nations Unies telles que la Conférence des Nations Unies sur l'environnement et le développement (1992), le Sommet mondial pour le développement social (1995) ou la Conférence mondiale sur les femmes (1995). Il les aide ensuite à mettre en œuvre les plans d'action élaborés lors de ces conférences et à mobiliser les ressources supplémentaires nécessaires à cette fin.

Il gère, en association avec le Programme des Nations Unies pour l'environnement (PNUE) et la Banque mondiale, le Fonds pour l'environnement mondial (FEM), qui aide les pays à traduire en plans d'action les préoccupations mondiales relatives à l'appauvrissement de la couche d'ozone, à la perte de diversité biologique, à la pollution des eaux internationales et au réchauffement de la planète (voir page 157).

Dans les situations d'urgence, le PNUD collabore étroitement avec les autres organismes des Nations Unies afin d'assurer un continuum entre les secours et le développement. (Voir aussi la section sur l'aide humanitaire au chapitre 5.) Les programmes de « développement préventif » qu'il mène dans des domaines tels que l'élimination de la pauvreté, la bonne gestion des affaires publiques et la protection des droits de l'homme aident à instaurer les conditions d'une paix durable.

Les Volontaires des Nations Unies

Créé en 1970 par l'Assemblée générale, le Programme des Volontaires des Nations Unies (VNU) est administré par le PNUD et financé par lui et par d'autres organismes des Nations Unies, ainsi que par des dons provenant de gouvernements.

Plus de 4 000 spécialistes, agents de terrain et volontaires nationaux travaillent au titre de ce programme dans plus de 130 pays. Ils participent à des programmes de développement mis en œuvre par les gouvernements avec l'assistance du PNUD et des institutions spécialisées des Nations Unies ou à des programmes conçus et exécutés par les VNU eux-mêmes. L'une des caractéristiques du Programme est son soutien aux initiatives à base communautaire. Actuellement, plus de 20 % des Volontaires participent à des projets locaux. Les VNU interviennent également dans les activités de secours humanitaires et sont de plus en plus présents dans les opérations de rétablissement de la paix et de la démocratie, notamment pour surveiller les élections et la défense des droits de l'homme.

Administré par les VNU, le programme de Services consultatifs internationaux de courte durée (UNISTAR) envoie des cadres et des spécialistes techniques conseiller les chefs d'entreprise des secteurs public et privé. Le programme de Transfert de connaissances par l'intermédiaire des expatriés (TOKTEN) permet à des expatriés d'apporter une aide à leur pays d'origine.

Les VNU représentent plus de 120 nationalités; les trois quarts d'entre eux viennent de pays en développement, ce qui montre l'accent mis sur la coopération Sud-Sud. Parmi eux, 55 % travaillent en Afrique, 25 % en Asie, et le reste en Amérique latine et aux Caraïbes, en Europe, dans la Communauté des Etats indépendants (CEI) et dans les pays arabes.

Les VNU doivent être des professionnels qualifiés. Outre un diplôme délivré par un établissement technique ou une université, ils doivent avoir plusieurs années d'expérience professionnelle. Plus de la moitié d'entre eux ont travaillé plus de 10 ans avant de devenir volontaires. La moyenne d'âge est de 40 ans. Ils sont recrutés en principe pour une période de deux ans, mais peuvent effectuer des missions plus courtes dans les domaines électoral ou humanitaire. Ils perçoivent une indemnité modeste, qui leur permet de subvenir à leurs besoins sur place mais ne constitue pas un salaire correspondant au marché.

En hommage aux activités bénévoles dans le monde entier, on célèbre, le 5 décembre de chaque année, la Journée internationale des Volontaires.

COMMERCE ET DÉVELOPPEMENT

La Conférence des Nations Unies sur le commerce et le développement

La première Conférence des Nations Unies sur le commerce et le développement (CNUCED), réunie à Genève en 1964, aboutit à la constitution, en décembre de la même année, de la CNUCED en tant qu'organe permanent de l'Assemblée générale. Les sessions ultérieures de la Conférence eurent lieu en 1968 (New Delhi), 1972 (Santiago), 1976 (Nairobi), 1979 (Manille), 1983 (Belgrade), 1987 (Genève) et 1992 (Cartagena).

La CNUCED se compose de 188 Etats membres, dont les 185 Membres de l'ONU. Son secrétariat est à Genève.

La CNUCED est le principal organe de l'Assemblée générale en matière de commerce et de développement. Elle a pour mission de promouvoir le commerce international, notamment celui des pays en développement afin d'accélérer leur progrès économique. Elle exerce les fonctions suivantes : analyse de politiques; délibérations, négociations et recherche d'un consensus au niveau intergouvernemental; surveillance, application et suivi; et coopération technique.

A sa huitième session en 1992, la CNUCED a adopté l'« Engagement de Cartagena », qui propose une nouvelle façon d'aborder les questions de développement, anciennes ou récentes.

L'orientation des activités de la CNUCED exprimée dans l'Engagement de Cartagena est fondé sur la reconnaissance des intérêts mutuels qui existent entre des pays de régions et de niveaux de développement différents. L'accent est mis sur le besoin de politiques nationales efficaces et d'une coopération internationale destinée à améliorer le contexte économique extérieur. Des recommandations concrètes sont formulées à propos de notions apparues récemment dans le dialogue sur le développement et qui ont pris de l'importance à l'ONU, notamment la « bonne gestion » aux niveaux national et international, le rôle du marché, l'importance à accorder à l'allégement de la pauvreté et au développement humain et l'importance de la démocratie et des droits de l'homme comme facteurs de développement. L'Engagement énonce des orientations visant à élargir les activités de la CNUCED consacrées au développement durable et met l'accent sur des aspects tels que l'interaction des questions commerciales et des politiques en faveur de l'environnement et l'incidence des modes de production et de consommation sur le développement durable.

Les négociations qui se sont déroulées sous les auspices de la CNUCED ont abouti aux résultats suivants :

• Adoption en 1971 d'un Système généralisé de préférences (SGP) grâce auquel plus de 70 milliards de dollars d'exportations des pays en développement bénéficient chaque année d'un traitement préférentiel sur les marchés de la plupart des pays développés;

• Accord relatif au Système global de préférences commerciales entre pays en développement (1989);

• Elaboration d'un ensemble de principes et de règles pour le contrôle des pratiques commerciales restrictives (1980);

• Conclusion d'accords internationaux relatifs aux produits de base : cacao, sucre, caoutchouc naturel, jute, bois tropical, étain, huile d'olive et blé notamment;

• Création de groupes intergouvernementaux d'étude de produit réunissant des pays producteurs et des pays consommateurs, notamment pour le minerai de fer, le tungstène, le cuivre et le nickel;

• Création du Fonds commun pour les produits de base (1989), qui a pour objet de soutenir financièrement la gestion des stocks internationaux ainsi que les projets de recherche-développement consacrés aux produits de base;

♦ Allégement de la dette des pays en développement à faible revenu : plus de la moitié des pays les plus pauvres ont bénéficié d'un allégement total supérieur à 6,5 milliards de dollars depuis 1978, année où a été adoptée une résolution sur l'ajustement rétroactif des conditions de l'Aide publique au développement (APD) accordée aux pays en développement à faible revenu;

♦ Principes directeurs pour une action internationale dans le domaine du réaménagement de la dette (1980);

♦ Accord sur le nouveau Programme substantiel d'action pour les années 1980 en faveur des pays les moins avancés (1981) et sur le Programme d'action pour les années 90 en faveur des pays les moins avancés (1990);

♦ Adoption de conventions dans le domaine des transports maritimes touchant le Code de conduite des conférences maritimes (1974), le transport international de marchandises par mer (1978), le transport multimodal international de marchandises (1980), les conditions d'immatriculation des navires (1986) et les privilèges et hypothèques maritimes (1993).

Le mécanisme intergouvernemental de la CNUCED se compose de la Conférence, qui est l'organe directeur suprême, du Conseil du commerce et du développement et de ses organes subsidiaires, dotés d'un secrétariat permanent.

L'organe exécutif de la CNUCED est le Conseil du commerce et du développement, qui se réunit deux fois par an, en automne et au printemps. Lors de la première partie de sa session annuelle, il étudie un sujet qui intéresse les conséquences internationales des politiques macro-économiques et les questions d'interdépendance, en s'appuyant sur le *Rapport sur le commerce et le développement* publié chaque année par la CNUCED; lors de la seconde partie, il étudie un sujet qui intéresse les politiques commerciales, l'ajustement structurel et les réformes économiques. Il examine aussi la contribution de la CNUCED au nouvel Ordre du jour des Nations Unies pour le développement de l'Afrique dans les années 90 (voir page 140) et fait le point de l'application du Programme d'action pour les années 90 en faveur des pays les moins avancés. Le Conseil, qui est ouvert à tous les membres de la CNUCED, comprend 138 Etats membres.

En 1992, la huitième Conférence a créé quatre commissions permanentes : une sur les produits de base, une sur l'atténuation de la pauvreté, une sur la coopération économique entre pays en développement et une sur le développement des secteurs de services : services, transports maritimes et assurance.

En 1994, le Conseil a créé trois groupes de travail spéciaux : un sur le commerce, l'environnement et le développement, un sur le rôle des entreprises dans le développement et un sur les perspectives commerciales dans le nouveau contexte du commerce international. Les autres organes principaux sont notamment le Comité spécial des préférences et le Groupe intergouvernemental d'experts sur les pratiques commerciales restrictives.

Tous les Etats membres de la CNUCED ont le droit de participer aux travaux de ces organes. Conformément à l'Engagement de Cartagena, les acteurs extérieurs tels que les entreprises, les syndicats, les milieux universitaires et les organisations non gouvernementales sont étroitement associés aux activités de la CNUCED.

L'Assemblée générale a chargé le secrétariat de la CNUCED d'assurer les services fonctionnels de deux organes :

La **Commission de l'investissement international et des sociétés transnationales** (une commission du Conseil du commerce et du développement), qui est le centre de liaison du système des Nations Unies pour les investissements étrangers directs et les sociétés transnationales. Cet organe, qui se réunit chaque année, a pour mission de mieux faire comprendre la nature des sociétés transnationales, de favoriser la conclusion d'accords internationaux et de donner aux pays en développement davantage de moyens pour négocier avec les sociétés transnationales, grâce à une approche intégrée qui comprend la recherche, l'information et l'assistance technique. Un organe subsidiaire de la Commission, le Groupe de travail intergouvernemental d'experts des normes internationales de comptabilité et de publication, s'efforce de rendre plus disponibles et plus comparables les informations publiées par les sociétés transnationales. (Voir aussi la section sur l'investissement et les sociétés transnationales ci-après.)

La **Commission de la science et de la technique au service du développement**, qui est le centre de liaison du système des Nations Unies pour les questions relatives à la science et à la technique au service du développement. Cet organe, qui se réunit tous les deux ans, se penche sur les questions suivantes : la technologie au service des petites activités économiques qui permettent de répondre aux besoins fondamentaux des pays à faible revenu; les implications, en matière de parité des sexes, de la science et de la technique au service du développement; la science et la technique face à l'environnement; la contribution des technologies nouvelles et naissantes à l'industrialisation des pays en développement; et les techniques d'information et leur rôle dans la science et la technique, notamment par rapport aux besoins des pays en développement. (Voir également la section sur la science et la technique au service du développement ci-après.)

INVESTISSEMENT ET SOCIÉTÉS TRANSNATIONALES

Dans un monde où l'activité économique déborde de plus en plus du cadre national, les sociétés transnationales deviennent des organisateurs essentiels, et leurs actions influent beaucoup sur la compétitivité de leur pays d'origine aussi bien que sur celle du pays où elles sont établies.

Il existe actuellement plus de 37 000 sociétés mères ayant plus de 200 000 filiales dans le monde. Le chiffre d'affaires des filiales étrangères dépasse le total des exportations mondiales. Depuis le milieu des années 80, les investissements étrangers directs des sociétés transnationales ont crû à un rythme sans précédent, atteignant 225 milliards de dollars en 1990, pour un stock dépassant 2,1 billions. Les investissements à destination des pays en développement ont été multipliés par cinq, avoisinant les 80 milliards de dollars en 1993, soit à peu près autant que le total mondial en 1986. Ils se sont accompagnés d'un transfert de technologie et de compétences en gestion, ainsi que d'une ouverture des marchés mondiaux grâce à l'accroissement des échanges entre les entreprises.

Pour aider les pays en développement et les pays dont l'économie est en transition à mieux comprendre le fonctionnement des sociétés transnationales et à bénéficier de leurs relations avec elles, l'ONU offre depuis 1974 une assistance consultative et technique très diverse ainsi que des services de recherche et d'information, grâce à son Programme sur les sociétés transnationales. Ce programme est placé depuis mai 1993 sous la responsabilité de la CNUCED, par le biais de sa Division des sociétés transnationales et de l'investissement.

Avec l'apparition des investissements étrangers directs durant les années 90 comme force dynamique dans l'économie mondiale et le désir croissant des Etats d'ouvrir leur économie, le Programme conseille les gouvernements sur la façon d'élargir et d'approfondir la déréglementation et sur les procédures destinées à attirer et à encourager les investissements étrangers. Parmi les projets menés récemment figurent la création d'institutions de promotion des investissements, le lancement de programmes de création d'entreprises et l'élaboration de stratégies destinées à appliquer des programmes de privatisation. Outre une aide à la formulation des cadres juridiques relatifs aux investissements étrangers, la Division participe à la conception d'infrastructures économiques plus larges, comprenant le droit des sociétés, le droit contractuel et le plan comptable national, qui sont indispensables pour créer un contexte propice au développement des marchés et aux opérations commerciales internationales.

La Division exerce en outre les fonctions suivantes :

♦ Recherche sur l'évolution des investissements internationaux, les facteurs qui les déterminent et leurs conséquences sur les pays d'origine et de destination. Les recherches portent également sur d'autres domaines : le rôle des sociétés transnationales dans le secteur des produits de base, le secteur manufacturier et celui des services, et dans le transfert de technologie et les échanges; et leur effet sur l'environnement et le milieu de travail. Ces travaux sont exposés dans le *World Investment Report* et d'autres études;

♦ Coopération technique avec les pays en développement et les pays dont l'économie est en transition, qui cherchent à attirer des investissements étrangers et à améliorer leurs négociations avec les sociétés transnationales. La Division aide ces pays à élaborer et à réviser leurs politiques, lois et réglementations ainsi qu'à évaluer et à formuler des projets d'investissements étrangers directs et des projets techniques. Elle organise également des journées nationales de formation, des séminaires et des tables rondes à l'intention de responsables politiques, de cadres et de chefs d'entreprise;

♦ Services d'information à l'intention des gouvernements et des organisations non gouvernementales sur tous les aspects des investissements internationaux et des sociétés transnationales.

LA SCIENCE ET LA TECHNIQUE AU SERVICE DU DÉVELOPPEMENT

L'ONU encourage depuis les années 60 l'application pratique de la science et de la technique au développement de ses Etats Membres. La Conférence des Nations Unies sur l'application de la science et de la technique dans l'intérêt des régions peu développées (Genève, 1963) attira l'attention sur l'application des progrès scientifiques et techniques au développement et sur la nécessité de réorienter la recherche vers les besoins des pays en développement. La Conférence des Nations Unies sur la science et la technique au service du développement (Vienne, 1979) adopta un programme d'action destiné à mettre la science et la technique au service du développement économique de tous les pays, particulièrement les pays en développement.

Le programme relatif à la science et à la technique au service du développement est confié depuis mai 1993 à la CNUCED, par le biais de sa Division de la science et de la technologie, en coopération avec le Département de la coordination des politiques et du développement durable du Secrétariat de l'ONU. La Division assure aussi le secrétariat de la Commission de la science et de la technologie au service du développement, une commission technique du Conseil économique et social composée de 53 membres, qui formule des options et des recommandations en matière de politique à l'intention du Conseil, dans le cadre du Programme d'action de Vienne et des résolutions ultérieures de l'Assemblée générale.

Le Fonds des Nations Unies pour la science et la technique au service du développement, qui est un fonds d'affectation spéciale du PNUD, finance toute une série d'activités destinées à renforcer les capacités des pays en développement.

Au sein du PNUD, la Division de la science, de la technologie et du secteur privé s'occupe des projets qui ont à voir avec la science et la technique. La FAO, l'OIT, l'ONUDI et l'Unesco s'occupent également de questions scientifiques et techniques dans le cadre de leur mandat.

Les activités menées au sein du système des Nations Unies dans le domaine de la science et de la technique au service du développement sont actuellement axées sur trois grands domaines :

* **Renforcement des capacités et mobilisation de ressources.**
Priorité est donnée au renforcement des capacités nationales dans le
domaine scientifique et technique, notamment en ce qui concerne
l'acquisition, la mise au point, l'application et la diffusion;
* **Prospective technologique et services d'information.**
L'accent est mis sur la création de réseaux entre les institutions afin
d'évaluer le potentiel et les risques liés à l'utilisation des nouvelles
technologies dans les pays en développement;
* **Investissement et technologie.** Ce domaine est essentiellement axé sur l'interdépendance entre la technique, le commerce
des biens et services, l'investissement, les finances et l'environnement.

DÉVELOPPEMENT DURABLE

L'ONU a joué un rôle essentiel dans la définition et la promotion
de la notion de «développement durable», à savoir un développement qui «répondrait aux besoins du présent sans compromettre
la capacité des générations futures de répondre aux leurs», selon
les termes de la Commission mondiale pour l'environnement et le
développement, créée par l'Assemblée générale en 1983. L'action
globale menée par l'ONU en vue du progrès économique et social
est guidée par l'objectif du développement durable.

Le Programme des Nations Unies pour l'environnement

Créé à la suite de la Conférence des Nations Unies sur l'environnement (Stockholm, 1972), le Programme des Nations Unies pour
l'environnement (PNUE) a été le premier organisme des Nations
Unies établi dans un pays en développement. Son siège se trouve
à Nairobi.
Le PNUE a pour mission de montrer la voie et d'encourager
le partenariat dans le domaine de la protection de l'environnement
en permettant aux nations et aux peuples d'améliorer leur qualité
de vie sans compromettre celle des générations futures. Son rôle
de catalyseur et de coordonnateur fut renforcé en 1992, lorsque
la Conférence des Nations Unies sur l'environnement et le développement (voir ci-après) adopta Action 21, un plan complet de
développement durable à l'échelle mondiale. Ses priorités majeures
sont les suivantes : surveillance et évaluation de l'environnement,
et alerte rapide; promotion des activités en faveur de l'environ-

nement dans tout le système des Nations Unies; sensibilisation du public; promotion des échanges d'informations sur les techniques non nuisibles à l'environnement; et prestation de conseils techniques, juridiques et institutionnels aux gouvernements dans le domaine du renforcement des capacités et des initiatives en faveur du développement durable.

Le PNUE comprend trois organes : le Conseil d'administration composé de 58 membres, qui rend compte à l'Assemblée générale par le biais du Conseil économique et social; le Fonds pour l'environnement, alimenté par des contributions volontaires, qui sert à financer diverses initiatives; et le secrétariat, dirigé par le Directeur exécutif, qui appuie le Conseil d'administration, coordonne les éléments du programme relatif à l'environnement et gère le Fonds pour l'environnement.

Le PNUE tire 7 % de ses ressources du budget ordinaire de l'ONU; le reste provient de contributions volontaires versées par des gouvernements au Fonds pour l'environnement (65 millions de dollars en 1994) et de fonds d'affectation spéciale constitués pour des projets précis.

Outre ses responsabilités fondamentales aux niveaux mondial et régional, le PNUE s'occupe des questions suivantes : mise en valeur et exploitation durables des ressources naturelles; production et consommation viables à long terme; amélioration de l'environnement en faveur de la santé et du bien-être des individus; tendances à la mondialisation et environnement. Ses activités portent sur des questions écologiques très diverses : l'atmosphère et le changement climatique; l'appauvrissement de la couche d'ozone; les ressources en eau douce; les océans et les zones côtières; la déforestation et la désertification; la diversité biologique; les biotechnologies; la santé et la sécurité dans le domaine chimique.

Le Système mondial de surveillance continue de l'environnement (GEMS) et la Base de données sur les ressources mondiales (GRID) du PNUE permettent de suivre des éléments vitaux de l'environnement tels que le climat et l'atmosphère, les océans, les ressources renouvelables, la pollution transfrontière et les conséquences de la pollution sur la santé. Le GEMS regroupe environ 25 grands réseaux mondiaux de surveillance et la GRID, qui comprend 12 nœuds de réseaux dotés chacun d'une base de données, fonctionne dans 142 pays. Plus de 30 000 scientifiques et techniciens ont déjà participé à ces activités. Les institutions dans lesquelles ils opèrent sont financées par des gouvernements et des organismes internationaux.

INFOTERRA, réseau mondial implanté dans 170 pays, aide les organisations et les particuliers à obtenir divers renseignements sur l'environnement. Il traite plus de 38 000 demandes par an.

Le Registre international des substances chimiques potentiellement toxiques (RISCPT) a été conçu pour mettre à la disposition de ceux qui en ont besoin les connaissances chimiques existant dans le monde. Actuellement, quelque 70 000 produits chimiques sont utilisés dans le monde, et le RISCPT donne des informations vitales pour les décisions à prendre en matière de sécurité. Environ 120 pays ont désigné des correspondants nationaux chargés de communiquer pour ce registre des informations sur leurs recherches et leurs réglementations les plus récentes et de diffuser en retour des renseignements aux personnes intéressées dans leur pays.

Le Bureau de l'industrie et de l'environnement diffuse des renseignements pratiques et met en contact les industries et les gouvernements afin d'assurer un développement industriel sans risque pour l'environnement grâce à la coopération technique et aux échanges d'informations.

Dans le cadre de son programme sur les mers régionales, le PNUE favorise la protection du milieu marin et l'utilisation rationnelle et durable des ressources de la mer. Depuis le Plan d'action pour la Méditerranée, il a mis en œuvre ou il prépare des plans permettant à 13 régions et plus de 140 pays de participer à différentes activités.

Le PNUE intervient également en ce qui concerne le milieu de travail, l'énergie, la technologie, les établissements humains et l'économie de l'environnement.

Le réseau d'accords sur l'environnement du PNUE exerce une influence croissante au niveau international. La Convention de Vienne (1985) et le Protocole de Montréal (1987), instruments historiques négociés sous les auspices du PNUE, ainsi que les Amendements de Londres (1990) et de Copenhague (1992) au Protocole de Montréal, visent à réduire les dommages causés à la couche d'ozone qui protège la Terre contre le rayonnement ultraviolet nuisible du Soleil. La Convention de Bâle sur le contrôle des mouvements transfrontières de déchets dangereux et de leur élimination (1989) réduit les risques de pollution. La Convention sur le commerce international des espèces menacées d'extinction (1973) est universellement reconnue pour ses effets sur le commerce des produits tirés de la faune et de la flore. Les autres initiatives importantes du PNUE sont la Convention sur la diversité biologique (1992) et la Convention-cadre sur le changement climatique (1992).

Le PNUE emploie tous les moyens à sa disposition pour sensibiliser le public et encourager les collectivités et les organisations non gouvernementales à s'attaquer aux problèmes mondiaux, régionaux et locaux.

Pour commémorer le jour d'ouverture de la Conférence de Stockholm en 1972, on célèbre le 5 juin de chaque année la Journée mondiale de l'environnement.

La Conférence des Nations Unies sur l'environnement et le développement

Les gouvernements réunis lors de la Conférence des Nations Unies sur l'environnement et le développement (Rio de Janeiro, 1992) firent un pas historique en adoptant Action 21, un plan complet d'action mondiale dans tous les domaines du développement durable. Cette conférence, connue sous le nom de Sommet planète Terre, rassembla le plus grand nombre de dirigeants mondiaux de l'histoire puisque plus de 100 chefs d'Etat ou de gouvernement y participèrent.

Le Sommet planète Terre, qui avait été convoqué par l'Assemblée générale en 1989, prit des mesures pour inverser la détérioration de l'environnement mondial et poser les bases d'un mode de vie durable à l'aube du XXIᵉ siècle.

Outre Action 21, il adopta la Déclaration de Rio sur l'environnement et le développement, qui définit les droits et les responsabilités des Etats, et un ensemble de principes destinés à assurer la gestion durable des forêts dans le monde.

Changement climatique et biodiversité. Deux conventions juridiquement contraignantes furent négociées durant la période précédant la Conférence : la Convention-cadre sur le changement climatique, aux termes de laquelle les pays industrialisés sont tenus de réduire les émissions de gaz à effet de serre qui provoquent le réchauffement de la planète et les problèmes atmosphériques qui s'y rattachent; et la Convention sur la diversité biologique qui vise à arrêter la destruction des espèces biologiques, des habitats et des écosystèmes. Ces deux instruments furent ouverts à la signature lors de la Conférence de Rio. Le second entra en vigueur en 1993, et le premier en 1994. La Conférence des parties à ces deux conventions examine actuellement des protocoles destinés à les renforcer.

Action 21. Dans ce programme, des actions précises sont recommandées afin de modifier les comportements qui nuisent à la santé des individus et à l'environnement. Les domaines visés sont les suivants : protection de l'atmosphère; lutte contre la déforestation, les pertes en terres et la désertification; prévention de la pollution de l'air et de l'eau; arrêt de l'appauvrissement des stocks de poissons; et gestion sans risque des déchets toxiques. Action 21 aborde également les modes de développement qui ont des conséquences néfastes sur l'environnement, à savoir : la pauvreté et la dette extérieure des pays en développement; les modes de production et de consommation non viables des pays industrialisés; la pression démographique; et la structure de l'économie internationale.

Commission du développement durable. Cette commission, composée de 53 membres, a été créée par l'Assemblée générale, sur la demande du Sommet planète Terre, afin de suivre l'application d'Action 21 par les gouvernements, les entreprises, les organisations non gouvernementales et d'autres entités. Le Département de la coordination des politiques et du développement durable lui apporte un soutien technique. La Commission, organe subsidiaire du Conseil économique et social, se réunit tous les ans.

Finances et technologie. La Commission et ses groupes de travail se penchent, entre autres sujets importants, sur les moyens de favoriser le transfert de technologies non nuisibles à l'environnement vers les pays en développement et de leur apporter l'aide financière nécessaire pour mettre en œuvre Action 21. L'un des mécanismes essentiels de financement est le Fonds pour l'environnement mondial (FEM), qui subventionne des projets nationaux destinés à prévenir le changement climatique, l'appauvrissement de la couche d'ozone, la perte de diversité biologique, la pollution des eaux internationales, et la désertification lorsqu'elle est causée par le changement climatique ou la perte de diversité biologique. Le FEM est géré par le PNUD, le PNUE et la Banque mondiale. Des fonds sont également disponibles par le biais de Capacité 21, une initiative du PNUD destinée à étoffer les connaissances et les institutions dans les pays en développement, afin qu'ils puissent mettre en œuvre les politiques préconisées dans Action 21.

Désertification. Au Sommet planète Terre, les gouvernements ont demandé à l'ONU d'entamer des négociations au sujet d'une convention internationale sur la lutte contre la désertification, problème qui touche plus de 900 millions de personnes dans le monde, notamment en Afrique. Cette convention a été achevée en juin 1994 et ouverte à la signature à Paris en octobre. Elle devrait entrer en vigueur en 1996. (Voir aussi la section sur la désertification ci-après.)

Pêche. A la demande du Sommet, la Conférence des Nations Unies sur les stocks de poissons dont les déplacements s'effectuent tant à l'intérieur qu'au-delà de zones économiques exclusives (stocks chevauchants) et les stocks de poissons grands migrateurs se réunit depuis 1993. Elle étudie l'appauvrissement mondial des stocks et la nécessité de les gérer de façon durable, notamment en haute mer. Un accord juridique destiné à prévenir les conflits sur les droits de pêche et à préserver les stocks devrait être ouvert à la signature en août 1995.

Petites îles. Le Sommet avait demandé à l'ONU d'organiser une conférence mondiale sur le développement durable des petits Etats insulaires en développement. Cette conférence, qui s'est tenue à la Barbade en 1994, a adopté un programme d'action concernant les problèmes des petites îles, notamment l'isolement économique, la surpopulation, la dégradation des milieux terrestre et marin et l'élévation possible du niveau de la mer dû au changement climatique.

Désertification

Des sécheresses graves et répétées ont sévi dans les zones occidentales de la région soudano-sahélienne de l'Afrique à la fin des années 60, puis se sont répandues dans toute la région au début

des années 70 et durant les années 80. Elles ont eu des conséquences catastrophiques : appauvrissement des espèces végétales,
accélération de la dégradation du sol et destruction des modes de
vie traditionnels due à de lourdes pertes en bétail et à la succession
des mauvaises récoltes.

Les actions de secours commencèrent en 1972, avec un programme d'assistance en vivres et en argent d'une valeur de
8,9 millions de dollars. En 1973, l'Organisation des Nations Unies
pour l'alimentation et l'agriculture (FAO) créa le Bureau des
opérations de secours dans la région sahélienne, qui s'est occupé
de fournir des semences, ainsi que des aliments et des vaccins pour
les animaux, de coopérer avec les autres organismes des Nations
Unies dans les domaines non agricoles et de diffuser des informations sur l'effort de secours.

Les Etats touchés de l'Afrique de l'Ouest créèrent en 1973 le
Comité permanent inter-Etats de lutte contre la sécheresse dans le
Sahel (CILSS), organe régional chargé de coordonner leurs actions
de lutte contre la sécheresse et d'alerter la communauté internationale sur leurs difficultés. La même année fut créé le **Bureau des
Nations Unies pour la région soudano-sahélienne (BNUS)**,
chargé d'aider ces pays à atteindre une autonomie alimentaire, à
atténuer les effets des sécheresses futures et à mettre en œuvre le
développement. En 1976, le BNUS fut transféré au PNUD. Les
activités sont financées par le Fonds d'affectation spéciale des
Nations Unies pour les activités dans la région soudano-sahélienne,
géré par le BNUS.

Un plan d'action pour lutter contre la désertification fut
adopté à la Conférence sur la désertification (Nairobi, 1977). En
1978, le BNUS fut chargé d'aider les pays à le mettre en œuvre
pour le compte du PNUE, et un partenariat PNUD/PNUE fut
signé.

Entre 1979 et 1993, le PNUD et le PNUE financèrent cette
action commune à hauteur de 26,7 millions de dollars. Il s'agissait
de lutter contre la désertification et les effets de la sécheresse en
aidant les pays de la région à gérer et à protéger leurs terres. Les
activités du BNUS ont évolué : elles sont passées des projets sur le
terrain tels que l'agroforesterie et la fixation des dunes de sable à
l'application de méthodes de participation à la gestion locale des
terres et à la mise en place de systèmes d'information écologique

ainsi que de processus stratégiques destinés à réunir tous les intéressés au plan local.

Le BNUS a aidé les pays d'Afrique à préparer la négociation de la Convention internationale sur la lutte contre la désertification dans les pays les plus gravement touchés par la sécheresse et/ou la désertification, en particulier en Afrique. Cette convention, signée par 87 pays le 14 octobre 1994, constitue le cadre de toutes les activités de lutte contre la désertification. (Voir également ci-dessus.)

Ressources naturelles et énergie

L'ONU aide depuis longtemps les pays à gérer de façon durable leurs ressources naturelles.

En 1952, l'Assemblée générale déclara que les pays en développement avaient le « droit de disposer librement de leurs richesses naturelles » et qu'ils devaient les utiliser pour faire progresser l'exécution de leurs plans de développement économique conformément à leurs intérêts nationaux.

L'importance des ressources naturelles pour le développement économique fut de nouveau soulignée en 1970, lorsque le Conseil économique et social créa le Comité des ressources naturelles. Cet organe formule des principes directeurs concernant les politiques et les stratégies à l'intention du Conseil et des gouvernements, examine les arrangements de coordination des activités menées par l'ONU en ce qui concerne la mise en valeur des ressources naturelles et analyse les tendances et les problèmes relatifs à l'exploration et à la mise en valeur des ressources naturelles ainsi que les perspectives de certaines ressources en eau et en minéraux. Il étudie aussi la disponibilité et la viabilité des ressources.

Eau. Au cours des années 70, le Comité des ressources naturelles joua un rôle essentiel en attirant l'attention sur une nouvelle crise : l'état des ressources mondiales en eau face aux besoins humains, commerciaux et agricoles. Sur son initiative, une conférence des Nations Unies sur l'eau se réunit en 1977 à Mar del Plata (Argentine). Le Plan d'action de Mar del Plata adopté à cette occasion devait guider les efforts déployés à l'échelle mondiale pour assurer l'aménagement, la mise en valeur et l'utilisation des ressources en eau. Pour accélérer son application, l'Assemblée générale lança en 1980 la Décennie internationale de l'eau potable et de l'assainissement (1981-1990). Cette initiative a aidé environ 1,3 milliard de personnes dans les pays en développement à avoir accès à de l'eau potable.

Une Conférence internationale sur l'eau et l'environnement (Dublin, 1992) fut organisée en commun par 21 organismes des Nations Unies, en préparation de la Conférence des Nations Unies sur l'environnement et le développement (voir ci-dessus). Les activités de l'ONU dans ce domaine visent plus particulièrement à mettre en valeur de manière durable des ressources fragiles et limitées qui sont de plus en plus sollicitées en raison de l'accroissement de la population, de la pollution et des demandes croissantes de l'agriculture et de l'industrie.

En 1994, le Comité des ressources naturelles a prié le Secrétaire général d'élaborer un rapport sur l'état des ressources mondiales en eau douce, qui serait examiné par une session extraordinaire de l'Assemblée générale en 1997. Cette demande a été appuyée par la Commission du développement durable, qui a demandé que l'ONU et ses institutions spécialisées procèdent à une évaluation complète de ces ressources, afin de déterminer ce qui était disponible et de prévoir les besoins futurs.

Energie. Au cours des années 70, la hausse et l'instabilité des prix du pétrole, qui perturbèrent l'économie de tous les pays et surtout des plus pauvres, et la prise de conscience que les ressources pétrolières connues ne permettraient pas de faire face aux besoins mondiaux à long terme ont mis en lumière l'importance des sources d'énergie nouvelles et renouvelables.

L'Assemblée générale décida donc de réunir une conférence des Nations Unies sur les sources d'énergie nouvelles et renouvelables (Nairobi, 1981). Les participants à cette conférence étudièrent divers types d'énergie : l'énergie solaire, l'énergie de la biomasse, l'énergie éolienne, l'hydroélectricité, le bois de feu et le charbon de bois, l'énergie géothermique, l'énergie des océans, les schistes bitumineux et les sables asphaltiques, la tourbe et l'utilisation des animaux de trait. Ils adoptèrent le Programme d'action de Nairobi pour la mise en valeur et l'utilisation des sources d'énergie nouvelles et renouvelables, qui prévoit des mesures à l'échelle nationale et internationale et que l'Assemblée générale approuva en 1981.

Dans ce domaine, le Comité des sources d'énergie nouvelles et renouvelables et de l'énergie pour le développement fait fonction d'organe consultatif auprès du Conseil économique et social.

A propos d'un autre aspect important dans le domaine énergétique – l'utilisation de l'énergie nucléaire pour le développement économique et social des pays en développement –, l'Assemblée commença à s'occuper en 1977 de l'organisation d'une conférence internationale qui serait la première initiative mondiale dans ce domaine. La Conférence des Nations Unies pour la promotion de la coopération internationale dans le domaine des utilisations pacifiques de l'énergie nucléaire eut finalement lieu à Genève en 1987. Les responsables de haut niveau présents à cette réunion exprimèrent des points de vue et échangèrent des expériences sur des questions très diverses allant de la production électrique aux différentes applications des techniques nucléaires dans les domaines de l'alimentation et de l'agriculture, de la médecine, de l'hydrologie, de la recherche et de l'industrie.

L'ONU mène à bien dans le domaine des ressources naturelles et de l'énergie un programme dynamique de coopération technique qui comprend trois grands volets : des services consultatifs sur les politiques et les stratégies; des activités relatives à la formulation et à la mise en œuvre de programmes et projets de gestion des ressources naturelles; et l'organisation de réunions, colloques et journées d'étude, en plus d'un programme de publications.

Elle met ses conseillers techniques à la disposition des pays en développement qui sollicitent des missions de courte durée. Ces experts dispensent des conseils en matière de politique, d'évaluation, d'exploration et d'exploitation des ressources locales, de transfert de technologie et d'élaboration de projets et d'études de faisabilité.

Au cours des 20 dernières années, des centaines de projets de coopération technique et de préinvestissement représentant des centaines de millions de dollars ont été entrepris dans le domaine des ressources naturelles et de l'énergie. Un financement à peu près équivalent a été apporté par les gouvernements sous forme de personnel, d'installations et de participation aux dépenses d'exploitation sur place. Il y a donc chaque année quelque 300 projets sur le terrain qui aident les pays en développement à mettre en valeur leurs ressources naturelles. Ces projets renforcent les capacités nationales et favorisent les investissements.

ÉTABLISSEMENTS HUMAINS

Le Centre des Nations Unies pour les établissements humains (Habitat)

Le Centre des Nations Unies pour les établissements humains (Habitat), dont le siège se trouve à Nairobi, fut créé en 1978. Il est le point de convergence des actions menées pour développer les établissements humains, améliorer le logement des personnes démunies et coordonner les activités menées dans ce domaine par le système des Nations Unies.

Le Centre sert de secrétariat pour la **Commission des établissements humains**, composée de 58 membres, qui aide les pays et les régions à résoudre leurs problèmes et encourage la coopération internationale.

Il s'occupe essentiellement d'assurer une coopération technique pour les programmes gouvernementaux, de mener des recherches, d'organiser des réunions d'experts, des journées d'étude et des séminaires de formation, de publier des documents techniques et de diffuser dans le monde entier des informations sur les questions touchant les établissements humains et sur ses activités.

Le programme de travail du Centre pour 1994-1995 est divisé en huit sous-programmes : politiques et stratégies mondiales; politiques et instruments nationaux; gestion du développement des établissements humains, y compris les ressources financières et foncières; amélioration des infrastructures et du milieu de vie; prévention des catastrophes, reconstruction et développement; logement pour tous; renforcement des collectivités locales; et atténuation de la pauvreté et promotion de l'équité.

En septembre 1994, le Centre exécutait 219 projets de coopération technique dans 91 pays.

L'une des grandes initiatives du Centre, mise en œuvre avec la coopération du PNUD et de la Banque mondiale, est le Programme de gestion urbaine destiné à favoriser une urbanisation bien conçue et à améliorer les conditions de vie des populations pauvres. Les activités de coopération technique menées dans le cadre de ce programme consistent à renforcer les moyens de gestion urbaine des autorités locales et du pouvoir central dans les pays en développement et à trouver des solutions aux problèmes créés par l'accélération de l'urbanisation. En 1990, un volet sur la gestion du milieu urbain fut ajouté au Programme afin de répondre aux problèmes écologiques qui se posent aux petites et grandes villes des pays en développement.

La même année, le Centre lança le Programme des villes vivables, qui a pour objectif premier d'aider les autorités municipales et leurs partenaires des secteurs public, privé et populaire à améliorer les capacités de planification et de gestion de l'environnement. A la fin de 1994, des villes d'une quinzaine de pays menaient à bien des activités dans le cadre de ce programme.

La Stratégie mondiale du logement jusqu'à l'an 2000, adoptée à l'unanimité par l'Assemblée générale en 1988, privilégie une politique de facilitation selon laquelle les pouvoirs publics ne fournissent pas eux-mêmes des logements mais créent un cadre juridique, institutionnel et réglementaire qui encourage les individus à se procurer un toit et à améliorer leurs conditions de logement. La Stratégie sera au cœur du programme de travail du Centre jusqu'à l'an 2000.

Le premier lundi d'octobre de chaque année a lieu la Journée mondiale de l'habitat. A l'occasion de cette célébration – coordonnée à l'échelle mondiale par le Centre –, gouvernements, organisations non gouvernementales, groupements communautaires, universités et autres organismes sont vivement encouragés à mettre en œuvre des activités centrées sur les problèmes de logement dans leur pays et à promouvoir des actions visant à y remédier.

La Conférence des Nations Unies sur les établissements humains (Habitat II), 1996

Cette conférence, qui se réunira à Istanbul en juin 1996, soit 20 ans après la première Conférence d'Habitat à Vancouver, fera le bilan des réalisations depuis 1976, notamment en ce qui concerne l'application de la Stratégie mondiale du logement jusqu'à l'an 2000. En 1993, la Commission des établissements humains a recommandé que la Conférence se concentre sur les établissements humains viables dans un monde en voie d'urbanisation et sur la nécessité d'un logement adéquat pour tous. Au cours des activités préparatoires, elle a demandé aux gouvernements de mettre en place des modalités permettant une participation élargie des groupements communautaires, des autorités locales, des organisations non gouvernementales et du secteur privé. Habitat II élaborera en principe un plan d'action mondial pour des établissements humains viables et un logement pour tous.

ALIMENTATION ET AGRICULTURE

L'ONU s'occupe de questions alimentaires depuis ses premiers jours, puisque l'Organisation des Nations Unies pour l'alimentation et l'agriculture (FAO) fut créée en 1945 (voir la section sur la FAO au chapitre 8). La Conférence mondiale de l'alimentation (Rome, 1974) aborda les problèmes mondiaux de l'alimentation dans le contexte plus large du développement. Elle donna naissance au Conseil mondial de l'alimentation, au Fonds international de développement agricole (FIDA) [voir chapitre 8] et au Comité de la sécurité alimentaire mondiale.

Le Programme alimentaire mondial

Le Programme alimentaire mondial (PAM), sis à Rome, est un organisme de l'ONU chargé de lutter contre la faim et la pauvreté dans le monde. Créé en 1963, il apporte des secours aux victimes des catastrophes naturelles et des guerres et une aide alimentaire aux personnes démunies dans les pays en développement, afin de favoriser l'autosuffisance.

Le PAM a des bureaux dans 83 pays. C'est la plus grande organisation multilatérale d'aide alimentaire, puisqu'elle assure 26 % de cette aide au niveau mondial. En 1994, elle a acheminé 3,3 millions de tonnes d'aide alimentaire par bateau, avion, péniche, chemin de fer et camion. Le PAM s'occupe également d'acheter et de transporter une part croissante de l'aide alimentaire bilatérale.

En 1994, l'aide apportée par le PAM a bénéficié directement à 57 millions de personnes, dont 32,5 millions étaient victimes de situations d'urgence telles que la guerre civile et les catastrophes naturelles. Les projets de développement soutenus par le Programme ont intéressé 24,5 millions de personnes. Les dépenses totales du PAM pour 1994 ont été de 1,5 milliard de dollars.

Le PAM est devenu le principal coordonnateur et canal d'acheminement de l'aide alimentaire pour les réfugiés. En 1994, les secours d'urgence ont absorbé 81 % de ses dépenses (1,1 milliard de dollars) et représenté une aide alimentaire d'environ 2,4 millions de tonnes. Les principaux bénéficiaires de l'assistance du Programme sont les femmes et les enfants, qui souffrent le plus des crises provoquées par la guerre ou la sécheresse.

En raison de l'accroissement du nombre des situations d'urgence dans le monde, le PAM n'a pu affecter que 19 % de ses ressources de 1994 aux projets de développement, qui aideraient en fait la population à se passer de l'aide alimentaire.

Les personnes pauvres qui souffrent de la faim et bénéficient de l'aide au développement dispensée par le PAM sont notamment les ouvriers agricoles privés de terre, les petits agriculteurs et les pauvres des villes, c'est-à-dire les personnes qui vivent au-dessous du seuil de pauvreté et n'ont pas suffisamment de nourriture, ni assez d'argent pour en acheter pour eux et leur famille. Plus de la moitié des bénéficiaires de cette aide au développement reçoivent des rations familiales en participant à des programmes de « vivres contre travail », qui emploient beaucoup de main-d'œuvre et servent à construire des infrastructures et à créer les conditions de leur développement à plus long terme. La plupart des autres sont aidés grâce à des projets de mise en valeur des ressources humaines qui consistent notamment à améliorer la nutrition et la santé ainsi qu'à dispenser une instruction et une formation.

Le PAM est le principal organisme de soutien aux projets de développement conçus pour aider les femmes pauvres, avec leur participation; il est le principal prestataire d'aide à fonds perdus à l'Afrique subsaharienne au sein du système des Nations Unies; le principal prestataire d'aide à fonds perdus en faveur de la protection et de l'amélioration de l'environnement; et le principal acheteur de nourriture et de services dans les pays en développement.

Au cours des 30 dernières années, il a investi plus de 14 milliards de dollars afin de lutter contre la faim, de favoriser le développement économique et social et d'apporter des secours dans les situations d'urgence. (Voir également la section sur l'aide humanitaire au chapitre 5.)

Le Conseil mondial de l'alimentation

Le Conseil mondial de l'alimentation, composé de 36 membres, a été créé par l'Assemblée générale en 1974 pour examiner les grandes questions de politique qui influent sur la situation alimentaire mondiale et concevoir des moyens intégrés d'y répondre.

Composé de ministres gouvernementaux, il est l'organe suprême de l'ONU chargé exclusivement des problèmes d'alimentation. Il s'occupe de fixer des objectifs mondiaux, de définir des mesures pour les atteindre et de mobiliser un soutien politique et financier parmi les pays membres. Il se réunit normalement une fois par an, mais peut tenir des sessions spéciales.

L'une des grandes initiatives du Conseil a été l'élaboration de la notion de stratégie alimentaire nationale, afin d'assurer une coordination de haut niveau des politiques nationales en matière d'alimentation et d'agriculture dans les pays en développement. Ces stratégies contiennent des programmes à moyen et long terme destinés à inverser les tendances défavorables en matière de production et de consommation en concentrant les efforts conjugués des gouvernements et en leur associant un soutien des organismes d'aide multilatéraux et bilatéraux.

Au cours des 10 dernières années, le Conseil s'est principalement occupé de faire le point du soutien international aux pays en développement, notamment en ce qui concerne les flux de ressources et le transfert de technologie. Il a formulé des propositions destinées à renforcer la coopération technique entre pays en développement grâce à des échanges de stratégies en Afrique, en Asie et en Amérique latine. Il a organisé un bilan des succès et des échecs de la Révolution verte, afin de lancer une nouvelle révolution verte, autochtone, en Afrique. Il a milité pour que l'on protège les niveaux nutritionnels des populations pauvres en incorporant dans les programmes d'ajustement des objectifs à long terme en matière de sécurité alimentaire et d'atténuation de la pauvreté. A cette fin, il a créé un groupe informel de représentants d'organismes multilatéraux, parmi lesquels les institutions financières internationales, pour harmoniser leurs activités dans certains domaines des politiques d'ajustement.

En 1993, les fonctions et activités du secrétariat du Conseil ont été transférées au Département de la coordination des politiques et du développement durable, dont le mandat porte notamment sur la gestion et la coordination mondiales des questions de sécurité alimentaire et d'atténuation de la faim.

Le Comité de la sécurité alimentaire mondiale

Créé en 1975, le Comité de la sécurité alimentaire mondiale de la FAO est le seul organe intergouvernemental de l'ONU chargé exclusivement de suivre la situation alimentaire mondiale, de l'évaluer et d'avoir des consultations à son sujet. Il analyse les besoins alimentaires ainsi que la disponibilité et le transport des denrées alimentaires de base et suit le niveau des stocks dans le monde. Il recommande aussi des politiques à court et long terme afin d'assurer un approvisionnement suffisant en céréales.

Pour s'acquitter de sa tâche, il s'appuie sur le vaste réseau de systèmes de suivi et de surveillance par satellite de la FAO. Le plus important de ces systèmes est le Système mondial d'information et d'alerte rapide sur l'alimentation et l'agriculture, reconnu comme la source d'information internationale qui fait autorité dans le domaine de l'alimentation et de l'alerte rapide, notamment pour les pays en développement vulnérables.

POPULATION ET DÉVELOPPEMENT

L'ONU s'occupe des questions de population depuis ses premières années. La **Commission de la population et du développement** (précédemment Commission de la population), composée de 27 membres, fut créée en 1947. Elle fut l'un des premiers organes subsidiaires mis en place par le Conseil économique et social. Depuis le début, son secrétariat est assuré par la Division de la population, qui fait désormais partie du Département de l'information économique et sociale et de l'analyse des politiques.

La Commission formule depuis sa création des orientations concernant le programme des Nations Unies en matière de population. Elle est chargée des tâches suivantes : donner des avis au Conseil économique et social et réaliser des études sur les questions et les tendances démographiques, y compris leurs causes et leurs conséquences, à savoir : l'intégration des stratégies en matière de population et de développement; les politiques et programmes en matière de population et les politiques et programmes de développement qui s'y rapportent; et l'assistance en matière de population. Ces conseils et ces études doivent porter non seulement sur l'effectif et la structure des populations et les changements qui s'y produisent, mais aussi sur l'interaction des facteurs démographiques, économiques et sociaux, ainsi que sur les politiques conçues pour influencer l'effectif et la structure des populations et les changements qui s'y produisent, et sur toute autre question touchant la population et le développement à propos de laquelle les organes et organismes des Nations Unies pourraient demander conseil.

La Commission est la principale entité responsable de l'examen et de l'application du Programme d'action de la Conférence internationale sur la population et le développement (voir ci-après).

L'aspect le plus connu du programme des Nations Unies en matière de population est constitué par les travaux quantitatifs et méthodologiques, et notamment les estimations et les projections de l'effectif et de l'évolution de la population, qui font autorité, ainsi que l'élaboration de manuels de recherche.

Au cours des années 60, l'accroissement exceptionnellement rapide de la population mondiale suscita des inquiétudes. Le taux culmina à la fin de ces années, baissa modérément durant les années 70, puis resta stable au cours des années 80. La population mondiale a plus que doublé entre 1950 et 1990, passant de 2,5 à 5,3 milliards d'habitants. On l'estime aujourd'hui à 5,6 milliards. Le taux de croissance est en baisse, mais les accroissements absolus augmentent; ils dépassent actuellement 86 millions de personnes par an et resteront probablement supérieurs à cette valeur jusqu'en 2025.

Une telle progression met à rude épreuve les ressources et l'environnement et nuit beaucoup aux efforts de développement. L'ONU s'est de plus en plus préoccupée des rapports entre la population et le développement, notamment en cherchant à faire progresser la condition féminine, clé de tous les efforts en la matière.

Le Fonds des Nations Unies pour la population

En 1966, l'Assemblée générale autorisa l'ONU à fournir une assistance technique dans le domaine de la population. Un fonds d'affectation spéciale fut créé l'année suivante. Il prit plus tard le nom de Fonds des Nations Unies pour la population (FNUAP). Le FNUAP est actuellement la plus importante source internationale d'assistance aux pays en développement dans le domaine de la population. Toutes les contributions qu'il reçoit sont volontaires.

Le rôle du FNUAP consiste à renforcer sur une base internationale la capacité de répondre aux besoins en matière de population et de planification familiale, à mieux faire connaître les facteurs démographiques (accroissement de la population, fécondité, mortalité, structure d'âge, localisation, migrations, etc.), à aider les gouvernements à élaborer des programmes et des projets en matière de population et à subventionner leur exécution.

La moitié environ des ressources du Fonds est consacrée à la santé génésique, et notamment à la planification familiale. Les activités vont du soutien en faveur de la recherche et de la fabrication de contraceptifs à la formation, en passant par la mise en place d'infrastructures, la logistique, l'expansion des services et l'amélioration de leur prestation. Les autres domaines prioritaires sont notamment l'information et l'éducation, la collecte et l'analyse de données sur la population, la recherche sur les relations démographiques et socio-économiques, la formulation et l'évaluation des politiques et l'élaboration de programmes destinés à améliorer la condition des femmes. Le Fonds déploie également des efforts particuliers dans le domaine de la prévention et de la lutte contre le sida et dans celui de la population et de l'environnement.

La Conférence internationale sur la population et le développement, 1994

La Conférence mondiale sur la population, première conférence intergouvernementale sur cette question, eut lieu à Bucarest en 1974. Elle adopta le Plan d'action mondial sur la population, qui soulignait les liens fondamentaux entre les facteurs démographiques et le développement économique et social. La Conférence internationale sur la population (Mexico, 1984) s'était penchée sur des questions telles que les migrations, l'urbanisation et le vieillissement des populations.

Dans le cadre de l'examen et de l'évaluation périodiques du Plan d'action mondial de 1974, le Conseil économique et social, inquiet de l'ampleur et de l'urgence des questions de population, approuva en 1989 la convocation d'une réunion internationale sur la population en 1994. Il décida ensuite que cette réunion aurait pour thème général la population, la croissance soutenue et le développement durable.

La Conférence internationale sur la population et le développement (Le Caire, 1994) réunit les représentants de 179 pays, et 249 orateurs y prirent la parole. Près de 11 000 personnes y participèrent.

On y traita six sujets jugés absolument prioritaires : l'accroissement et la structure de la population; les politiques et programmes en matière de population; la population, l'environnement et le développement; la répartition de la population et les migrations; la population et les femmes; et la planification familiale, la santé et le bien-être de la famille.

Le Programme d'action sur 20 ans fut adopté par acclamation, malgré les réserves de 23 Etats. Il y est dit que chaque pays est responsable de la formulation et de l'application de sa politique en matière de population et qu'il faut tenir compte de la diversité des conditions économiques, sociales, écologiques et culturelles nationales, et notamment des croyances religieuses et des valeurs éthiques.

Dans le Programme d'action, une nouvelle stratégie souligne le caractère inséparable de la population et du développement et insiste sur la nécessité de répondre aux besoins de l'individu plutôt qu'à des objectifs démographiques. L'un des facteurs clés de cette nouvelle approche est la femme, dont il faut renforcer les moyens d'action et élargir les choix en facilitant son accès à l'éducation et aux services de santé et en encourageant l'acquisition de compétences et l'emploi. Il est demandé dans le Programme que la planification familiale soit disponible pour tous d'ici à 2015 au plus tard, dans le cadre d'une approche plus large de la santé génésique et du droit de procréation. Des objectifs sont également fixés en matière d'éducation, notamment pour les filles, ainsi que de mortalité infantile, postinfantile et maternelle, afin de parvenir à une nouvelle réduction. Pour la première fois, les gouvernements sont invités à se pencher sur les avortements pratiqués dans de mauvaises conditions, qui sont la principale cause de mortalité maternelle et constituent un « problème majeur de santé publique ». On traite aussi des questions suivantes : la population, l'environnement et les modes de consommation; la famille; les migrations intérieures et internationales; la prévention et la lutte contre la pandémie de VIH/sida; l'information, l'éducation et la communication; et la technologie et la recherche-développement. On donne aussi une estimation des ressources nécessaires pour mettre en place des services complets de santé génésique dans les pays en développement jusqu'en 2015 et l'on préconise un partenariat entre les gouvernements, les organisations non gouvernementales et le secteur privé afin de mettre en œuvre les recommandations de la Conférence.

LE RÔLE DES FEMMES DANS LE DÉVELOPPEMENT

L'importance du rôle joué par les femmes dans le développement et la nécessité de faire davantage pour la condition féminine furent reconnues en 1975, proclamée Année internationale de la femme par l'Assemblée générale avec un triple objectif : égalité, développement et paix.

En 1975 se tint à Mexico la Conférence mondiale de l'Année internationale de la femme, à la suite de quoi l'Assemblée générale proclama les années 1976-1985 Décennie des Nations Unies pour la femme. Une conférence mondiale (Copenhague, 1980) adopta un programme pour la seconde moitié de la Décennie.

En 1985 eut lieu à Nairobi la Conférence mondiale chargée d'examiner et d'évaluer les résultats de la Décennie des Nations Unies pour la femme, qui adopta les Stratégies prospectives de Nairobi pour la promotion de la femme d'ici à l'an 2000, programme destiné à promouvoir encore la condition féminine dans le monde. Des problèmes nouveaux y étaient abordés tels que la valeur économique du travail sous-rémunéré des femmes, la nécessité pour les femmes de jouer un rôle plus important dans la prise de décisions, la violence contre les femmes, les banques de données et les statistiques sur les activités féminines et la planification familiale.

Tous les cinq ans, l'application de la Stratégie fait l'objet d'un examen et d'une évaluation. En 1990, la Commission de la condition de la femme (voir la section sur la promotion des droits de la femme au chapitre 4) fit observer que le rythme d'amélioration de la condition féminine s'était considérablement ralenti et qu'il fallait agir afin de combler le décalage grandissant entre l'égalité de droit et l'égalité de fait.

Pour relancer l'intérêt pour la promotion de la femme et ranimer la volonté politique aux niveaux national et international, le Conseil économique et social recommanda en 1990 la tenue d'une **quatrième Conférence mondiale sur les femmes : lutte pour l'égalité, le développement et la paix.** Cette conférence aura lieu à Beijing du 4 au 15 septembre 1995. Les préparatifs aux niveaux national et régional, dans lesquels les organisations non gouvernementales jouent un rôle essentiel, visent à donner une orientation concrète à cette manifestation internationale, qui se penchera sur les moyens de surmonter les obstacles fondamentaux à la promotion des femmes.

On étudie dans la présente section le rôle des femmes dans le développement. (Pour l'action menée par l'ONU afin d'assurer aux femmes des droits égaux, voir la section sur la promotion des droits de la femme au chapitre 4.)

Le Fonds de développement des Nations Unies pour la femme

Le Fonds de développement des Nations Unies pour la femme (UNIFEM) fut créé en 1976 sous le nom de Fonds de contributions volontaires pour la Décennie des Nations Unies pour la femme. Etabli à New York et doté de 11 bureaux régionaux en Asie et dans le Pacifique, en Asie de l'Ouest, en Afrique, et en Amérique latine et aux Caraïbes, il est devenu en 1985 une organisation autonome associée au PNUD.

UNIFEM apporte un soutien technique et financier direct en faveur des initiatives féminines dans les pays en développement. Il cherche aussi à intégrer la question des femmes dans la planification et la prise de décisions en matière de développement. Il améliore la qualité de vie de tous en aidant les femmes à atteindre l'égalité grâce au développement économique et social.

UNIFEM agit essentiellement dans trois domaines : agriculture et sécurité alimentaire; commerce et industrie; et politique macro-économique et planification nationale. Il cherche à favoriser l'accès des femmes à la formation, à la science et à la technologie, au crédit, à l'information et aux autres instruments de développement. Il relie aussi les femmes des communautés aux organes nationaux et internationaux d'élaboration des politiques et les fait participer aux débats mondiaux sur des questions telles que l'allégement de la pauvreté, l'environnement et les droits de l'homme. Il gère plusieurs centaines de projets, dont le budget varie de 2 000 à un million de dollars.

UNIFEM est financé par les Etats Membres de l'ONU et par les contributions de ses 17 Comités nationaux, d'organisations féminines, de fondations, de sociétés et de particuliers.

L'Institut international de recherche et de formation pour la promotion de la femme

L'Assemblée générale créa l'Institut international de recherche et de formation pour la promotion de la femme (INSTRAW) en 1975, à la suite d'une recommandation formulée la même année par la Conférence mondiale de l'Année internationale de la femme. Cet organe autonome au sein du système des Nations Unies a pour vocation de mener des activités de recherche, de formation et d'information à l'échelle mondiale afin de promouvoir le rôle des femmes en tant qu'agents indispensables du développement. Il travaille en étroite coopération avec l'ONU, ainsi qu'avec des organisations gouvernementales, des centres de recherche et des organisations non gouvernementales, et a mis en place un réseau de plus en plus vaste de points de contact et de correspondants nationaux.

L'Institut est financé au moyen de contributions volontaires versées par des Etats Membres de l'ONU, des organisations intergouvernementales et non gouvernementales, des fondations et des sources privées. Il est établi à Saint-Domingue (République dominicaine) depuis 1983.

Il s'occupe de questions intéressant les femmes grâce à des activités de recherche, de formation et d'information et travaille actuellement sur quatre thèmes : les moyens d'action des femmes; les femmes, l'environnement et le développement durable; les statistiques et indicateurs concernant les femmes; et les femmes et la communication. L'un des ses programmes vise à améliorer les statistiques et les indicateurs afin de mieux rendre compte du statut et du rôle des femmes par rapport aux hommes.

L'Institut s'efforce de faire des femmes des agents essentiels du développement. Les résultats de ses recherches soulignent la contribution féminine au développement durable, c'est-à-dire à une croissance équitable ayant une dimension humaine. Grâce à ses activités de formation et de communication, il donne des moyens d'action aux femmes et aux hommes pour leur permettre de modifier leurs relations de façon équitable et mutuellement bénéfique.

AIDE À L'ENFANCE

Le Fonds des Nations Unies pour l'enfance

Ayant pour mission d'assurer au niveau universel la survie, la protection et le développement de l'enfant, le Fonds des Nations Unies pour l'enfance (UNICEF) occupe une place unique parmi les organisations qui militent pour un développement humain durable à long terme. Créé par l'Assemblée générale en 1946 afin de répondre aux besoins urgents des enfants dans l'Europe et la Chine de l'après-guerre, il coopère actuellement avec les gouvernements pour améliorer le sort des enfants dans le monde entier.

Grâce à son vaste réseau de terrain dans les pays en développement, il met en œuvre, dans le cadre des objectifs nationaux de développement et en association avec les gouvernements, les collectivités locales et d'autres partenaires, des programmes portant sur la santé, la nutrition, l'éducation, l'approvisionnement en eau et l'assainissement, l'environnement, la participation des femmes au développement et d'autres domaines importants pour les enfants. Il privilégie les programmes peu coûteux axés sur la collectivité qui permettent à la population de participer activement et d'être formée dans des domaines tels que les soins de santé, l'assistance à l'accouchement et l'enseignement.

Le soutien aux programmes est assuré grâce à des activités d'information, de plaidoyer, d'éducation en matière de développement et de collecte de fonds à travers le monde, notamment dans les pays industrialisés. Pour cela, l'UNICEF collabore avec 38 Comités nationaux et plus de 180 organisations non gouvernementales.

Seul organisme des Nations Unies à se consacrer exclusivement aux besoins des enfants, l'UNICEF s'exprime en leur nom et encourage la ratification universelle et l'application intégrale de la Convention relative aux droits de l'enfant. Celle-ci, entrée dans le droit international en septembre 1990, moins d'un an après son adoption à l'unanimité par l'Assemblée générale, avait été ratifiée par 169 pays au 31 mars 1995. Il s'agit de l'instrument le plus complet jamais élaboré au sujet des droits individuels des enfants, qui fixe des normes universellement acceptées en vue de leur protection.

A l'instigation de l'UNICEF, un Sommet mondial pour les enfants s'est tenu au Siège de l'ONU à New York en septembre 1990, avec la participation des représentants de plus de 150 pays, dont 71 chefs d'Etat et de gouvernement. Dans la déclaration et le plan d'action issus de cette manifestation, il est dit que les ressources nationales doivent être consacrées d'abord aux droits des enfants.

L'UNICEF encourage et aide les pays à mettre au point des programmes d'action décennaux afin d'honorer les engagements pris par leurs dirigeants lors du Sommet mondial. En février 1995, 100 pays s'étaient dotés de tels programmes, et plus de 50 travaillaient à leur élaboration. Le plan d'action fixe des objectifs à atteindre d'ici à l'an 2000 dans des domaines tels que la santé, la nutrition, l'éducation, l'eau et l'assainissement.

L'UNICEF, qui détermine ses priorités en fonction de la vulnérabilité des enfants, investit donc la quasi-totalité de ses ressources dans les pays en développement les plus pauvres, avec une part prédominante pour les enfants de moins de 5 ans, c'est-à-dire ceux qui courent le plus de risques. Chaque année, près de 13 millions d'enfants de cette tranche d'âge meurent de causes liées aux maladies infectieuses et à la malnutrition, à l'absorption d'eau non potable et à des conditions de vie insalubres. La santé de millions d'autres est compromise par la misère, la maladie, le manque d'instruction, la discrimination, les traumatismes dus aux conflits militaires, l'exploitation et les mauvais traitements.

L'UNICEF soutient, en coopération avec l'OMS, un programme de vaccination contre six maladies : rougeole, poliomyélite, tuberculose, diphtérie, coqueluche et tétanos. Ce programme évite chaque année, outre des souffrances intolérables, la mort de plus de 3 millions d'enfants. Lorsqu'il fut lancé en 1974, moins de 5 % des enfants du monde en développement étaient vaccinés contre ces maladies mortelles. En 1991, les deux organismes annoncèrent qu'ils avaient atteint leur objectif : protéger 80 % des enfants avant leur premier anniversaire. Cette réalisation, largement reconnue comme la plus importante de la décennie dans le domaine de la santé publique, est un exploit en matière de logistique et de mobilisation. Elle a également permis de créer des circuits grâce auxquels d'autres services peuvent être fournis aux enfants, telle l'administration de suppléments de vitamine A et de vaccins contre la fièvre jaune et l'hépatite B.

L'UNICEF coopère étroitement avec l'OMS dans la lutte contre la déshydratation diarrhéique, l'une des premières causes de décès dans les pays en développement. Il encourage la fabrication et l'utilisation de sel préemballé ou de solutions fabriquées dans les foyers. Le recours à la thérapie de réhydratation orale est passé de 17 % en 1985 à 44 % en 1994, ce qui a permis de sauver plus d'un million d'enfants.

Toujours en collaboration avec l'OMS, l'UNICEF a lancé en 1992 l'initiative « Hôpitaux amis des bébés » afin d'empêcher que l'allaitement maternel ne devienne une « pratique en voie de disparition », tendance que les hôpitaux et les médecins des pays riches comme des pays pauvres ont encouragée en séparant la mère de l'enfant à la naissance et en prônant l'alimentation artificielle des nouveaux-nés. Cette initiative vise à éduquer et à former le personnel soignant des pays en développement afin qu'il encourage chez les mères ce qui est le moyen le plus immédiat, le meilleur, le moins coûteux et le plus naturel de nourrir et de protéger les nourrissons. Elle a également pour objet de promouvoir l'allaitement maternel dans les établissements de santé et les hôpitaux locaux. En août 1994, plus de 1 000 hôpitaux étaient devenus « amis des bébés » grâce à l'application des « dix étapes d'un allaitement réussi » recommandées par l'UNICEF et l'OMS.

Environ un million d'enfants dans le monde sont nés séropositifs. L'UNICEF soutient les programmes d'éducation concernant le sida et aide les personnes et les communautés touchées à affronter le problème.

Il milite, en coopération avec le PNUD et le FNUAP, pour la formule « 20/20 » selon laquelle les gouvernements des pays en développement alloueraient au moins 20 % de leur budget aux services sociaux de base, tandis que les pays donateurs affecteraient la même proportion de leur APD à ces services.

L'UNICEF dépend uniquement des contributions volontaires versées par le public et les gouvernements. En 1994, plus de 30 % de ses recettes (1 006 millions de dollars) sont venues du public.

Il soutient des programmes en faveur des enfants dans 144 pays et territoires.

L'UNICEF a reçu le prix Nobel de la paix en 1965. (Voir aussi la section sur les droits de l'enfant au chapitre 4, et celle sur l'aide humanitaire au chapitre 5.)

LA JEUNESSE ET LE DÉVELOPPEMENT

Lorsqu'elle adopta en 1965 la Déclaration concernant la promotion parmi les jeunes des idéaux de paix, de respect mutuel et de compréhension entre les peuples, l'Assemblée générale souligna l'importance du rôle de la jeunesse dans le monde actuel, et en particulier la contribution qu'elle peut apporter au développement.

En 1979, l'Assemblée décida de proclamer 1985 Année internationale de la jeunesse : participation, développement et paix, afin de faire largement connaître la situation, les besoins et les aspirations des jeunes et de les engager ainsi dans le processus de développement.

L'Année vit sa consécration symbolique grâce à une série de séances plénières que l'Assemblée générale tint en 1985 et qu'elle désigna sous le nom de Conférence mondiale des Nations Unies pour l'Année internationale de la jeunesse. A l'issue de cette conférence, elle adopta des principes directeurs concernant la planification et la poursuite des activités futures, sous la forme d'une stratégie mondiale à long terme pour les activités en faveur de la jeunesse. Depuis 1985, l'ONU encourage activement l'application de ces principes, notamment en aidant les gouvernements à élaborer des politiques et des programmes intégrés en faveur de la jeunesse, en renforçant ses communications avec les organisations de jeunes et en intensifiant la coopération interorganisations dans le domaine de la jeunesse. Le Fonds des Nations Unies pour la jeunesse continue à soutenir des projets auxquels participent les jeunes.

En 1995, le dixième anniversaire de l'Année internationale de la jeunesse a été l'occasion de lancer des activités mondiales visant à donner une plus grande place aux problèmes de la jeunesse dans les activités de développement. A cet égard, l'Assemblée générale des Nations Unies consacrera jusqu'à quatre séances plénières de sa cinquantième session à la célébration de cet anniversaire. Elle devrait adopter un programme mondial d'action pour la jeunesse jusqu'à l'an 2000 et au-delà, destiné à orienter, dans un cadre mondial, les actions nationales et régionales à long terme.

LE VIEILLISSEMENT ET LES PERSONNES ÂGÉES

L'Assemblée mondiale sur le vieillissement fut convoquée à Vienne en 1982 afin d'étudier le vieillissement des populations et l'accroissement du nombre et de la proportion des personnes âgées qui en résulte. Elle adopta un plan international d'action sur le vieillissement, qui fut approuvé plus tard dans l'année par l'Assemblée générale. Ce plan porte sur le vieillissement démographique, dû à la baisse de la fécondité et à l'accroissement de la longévité, et donne des conseils aux particuliers, aux familles, aux communautés et aux pays qui devront procéder aux adaptations socio-économiques nécessaires. Il contient des recommandations concernant les actions dans certains secteurs tels que l'emploi et la sécurité du revenu, la santé et la nutrition, le logement, l'éducation et l'action sociale. On y considère les personnes âgées comme un groupe divers et actif de personnes ayant de multiples capacités et, parfois, des besoins particuliers en matière de soins. Et l'on y attire l'attention sur ce que la prépondérance des femmes parmi ces personnes implique en matière de politique, ainsi que sur les besoins particuliers des réfugiés et des migrants âgés.

La Commission du développement social, qui fait régulièrement le point de l'application du Plan, a déterminé des mesures prioritaires telles que la création de comités nationaux sur le vieillissement, la planification coordonnée et le renforcement des programmes d'échange d'informations, de formation, de recherche et d'éducation.

L'Assemblée générale et le Conseil économique et social ont exhorté les gouvernements et les organisations non gouvernementales à accorder la priorité à la question du vieillissement et à verser des contributions au Fonds d'affectation spéciale des Nations Unies pour le vieillissement, qui aide les pays en développement à formuler et à mettre en œuvre des politiques et des programmes. Ils ont été à l'origine de nombreuses initiatives internationales, notamment la création en 1988 d'un Institut international du vieillissement à La Valette (Malte) et celle en 1991 de l'« Association de la Fondation Banyan : Une fondation mondiale du vieillissement » à Torcy (France). En 1991 également, l'Assemblée générale a adopté un ensemble de 18 Principes des Nations Unies pour les personnes âgées, regroupés en cinq rubriques : indépendance, participation, soins, épanouissement personnel et dignité.

A l'occasion du dixième anniversaire de l'adoption du Plan international d'action sur le vieillissement, l'Assemblée consacra quatre séances plénières de sa session de 1992 à une conférence internationale sur le vieillissement. Cette conférence adopta la Proclamation sur le vieillissement, qui prescrit les grandes lignes de l'application du Plan d'action pour sa deuxième décennie, et décida que 1999 serait l'Année internationale des personnes âgées. L'Assemblée adopta également les objectifs mondiaux pour l'an 2001 concernant le vieillissement, qui constituent une stratégie pratique.

En 1993, l'Assemblée pria le Secrétaire général d'élaborer le cadre conceptuel d'un programme pour la célébration de l'Année. Ce cadre a été publié en mars 1995 et sera soumis à l'Assemblée à la fin de 1995.

LES PERSONNES HANDICAPÉES

En 1971, l'Assemblée générale adopta la Déclaration des droits du déficient mental, qui stipule que les personnes déficientes ont les mêmes droits que les autres, notamment le droit aux soins médicaux, à la sécurité économique, à la réhabilitation et à la formation et le droit de vivre avec leur famille ou dans un foyer adoptif. La Déclaration des droits des personnes handicapées adoptée par l'Assemblée en 1975 proclame que ces personnes ont les mêmes droits civils et politiques que tout autre citoyen et qu'elles doivent bénéficier d'un régime et de services égaux qui leur permettent de développer au maximum leurs capacités. En 1976, l'Assemblée proclama 1981 Année internationale des personnes handicapées.

Cette année internationale fut suivie par l'adoption en 1982 du Programme mondial d'action en faveur des personnes handicapées, qui constitue un cadre d'action et une philosophie directrice, fondés sur la reconnaissance des droits individuels des personnes handicapées. Ses principes relatifs à la prévention, à la réinsertion et à l'égalité des chances des handicapés se sont révélés être une base solide de progrès.

L'Assemblée générale proclama en 1982 la Décennie des Nations Unies pour les personnes handicapées (1983-1992). Deux opérations de suivi de cette décennie eurent lieu en 1987 et en 1992. On admit à cette occasion que, en dépit de multiples efforts, les handicapés n'avaient toujours pas des chances égales et que, dans de nombreuses sociétés, ils restaient isolés. Des progrès avaient été réalisés dans le domaine de la sensibilisation, mais peu d'actions concrètes avaient été menées.

En 1993, l'Assemblée adopta un nouvel ensemble de normes internationales : les Règles pour l'égalisation des chances des handicapés. Le Secrétaire général nomma un Rapporteur spécial chargé de suivre leur application.

En 1994, l'Assemblée approuva une stratégie à long terme pour la mise en œuvre du Programme d'action mondial de 1982. L'objectif ultime de cette stratégie est une « société pour tous », embrassant la diversité humaine et permettant à chaque individu de mettre en valeur ses possibilités.

LA FAMILLE

Au début des années 80, l'Assemblée générale, le Conseil économique et social et la Commission du développement social firent le point des questions relatives à la famille. Il apparut alors urgent d'intensifier la coopération internationale en la matière, dans le cadre des efforts entrepris au niveau mondial pour accélérer le progrès social et le développement. C'est ainsi qu'en 1989 l'Assemblée générale proclama 1994 Année internationale de la famille, avec pour thème : les ressources et les responsabilités de la famille dans un monde en mutation.

L'Année internationale de la famille avait pour objectif de sensibiliser davantage les responsables politiques et le grand public au rôle et aux besoins de la famille et de favoriser les actions destinées à améliorer son bien-être. A cette occasion, des programmes de fond axés sur la famille ont été mis en œuvre dans plusieurs pays. Certains ont ainsi créé un ministère de la famille, tandis que d'autres ont adopté une législation en faveur de la famille.

Le 18 octobre 1994, l'Assemblée générale a convoqué à New York une conférence internationale sur les familles, afin de donner suite à l'Année internationale. Les participants à cette conférence ont examiné les orientations d'un plan d'action à soumettre à l'Assemblée en 1995.

JUSTICE PÉNALE

L'action de l'ONU dans le domaine de la prévention du crime et de la justice pénale a six objectifs :

* Prévenir la criminalité à l'intérieur des Etats et entre eux;
* Lutter contre la criminalité aux niveaux national et international;
* Intensifier la coopération régionale et internationale en matière de prévention, de justice pénale et de lutte contre la criminalité transnationale;
* Intégrer et regrouper les actions menées par les Etats Membres en vue de prévenir et de combattre la criminalité transnationale;
* Assurer une administration plus efficace de la justice, en respectant comme il convient les droits individuels de tous ceux qui sont touchés par la criminalité ou qui ont affaire au système de justice pénale;
* Promouvoir les plus hautes normes d'équité, d'humanité, de justice et de conduite professionnelle.

L'ONU contribue ainsi à réduire le coût social et matériel de la criminalité et ses conséquences sur le développement socio-économique, ainsi qu'à favoriser le respect des normes internationales de justice pénale, en encourageant la diffusion et l'échange d'informations et la formation de personnel et en apportant une aide directe aux gouvernements.

Soucieuse d'offrir une instance où soient présentées des politiques appropriées et de faire progresser cette question, l'Assemblée générale autorisa en 1950 la convocation, tous les cinq ans, du Congrès des Nations Unies pour la prévention du crime et le traitement des délinquants. Les participants à ce congrès sont des criminologues, des spécialistes des régimes pénitentiaires et des officiers supérieurs de la police, ainsi que des pénalistes et des spécialistes des droits de l'homme et de la réadaptation sociale. Neuf congrès ont déjà été organisés :

* Le premier Congrès (Genève, 1955) approuva un Ensemble de règles minima pour le traitement des détenus, que le Conseil économique et social adopta en 1957;
* Le deuxième Congrès (Londres, 1960) se pencha sur les mesures propres à prévenir la délinquance juvénile et sur les questions du

travail pénitentiaire, de la liberté conditionnelle et de l'assistance postpénale;

• Le troisième Congrès (Stockholm, 1965) approuva des mesures concernant l'action préventive des collectivités contre la criminalité ainsi que la lutte contre la récidive;

• Le quatrième Congrès (Tokyo, 1970) souligna qu'il fallait tenir compte de la criminalité dans la planification du développement, particulièrement en raison des effets sur la société de l'urbanisation, de l'industrialisation et de la révolution technologique;

• Le cinquième Congrès (Genève, 1975) adopta la Déclaration sur la protection de toutes les personnes contre la torture et autres peines ou traitements cruels, inhumains ou dégradants, que l'Assemblée générale approuva la même année (voir aussi la section sur la lutte contre la torture au chapitre 4), et posa les bases du Code de conduite pour les responsables de l'application des lois, que l'Assemblée générale approuva en 1979;

• Le sixième Congrès (Caracas, 1980) traita de sujets tels que l'évolution de la criminalité et les stratégies de prévention, la délinquance juvénile, le crime et l'abus de pouvoir et la désinstitutionnalisation des châtiments. La Déclaration de Caracas fut approuvée par l'Assemblée générale la même année;

• Le septième Congrès (Milan, 1985) adopta le Plan d'action de Milan tendant à renforcer la coopération internationale en matière de prévention du crime et de justice pénale, que l'Assemblée générale approuva par la suite. Parmi les autres documents du Congrès, il convient de citer : une série de Principes directeurs relatifs à la prévention du crime et à la justice pénale dans le contexte du développement et d'un nouvel ordre économique international; les Principes de base relatifs à l'indépendance de la magistrature; un accord type sur le transfert de prisonniers étrangers; la Déclaration des principes fondamentaux de justice relatifs aux victimes de la criminalité et aux victimes d'abus de pouvoir; et l'Ensemble de règles minima des Nations Unies concernant l'administration de la justice pour mineurs (Règles de Beijing). Tous ces documents ont été adoptés ou approuvés par l'Assemblée générale.

• Le huitième Congrès (La Havane, 1990) approuva un certain nombre de résolutions et d'instruments qui furent adoptés la même année par l'Assemblée générale : traité type d'extradition, traité type d'entraide judiciaire en matière pénale, traité type sur le transfert des poursuites pénales, traité type relatif au transfert de la surveillance des délinquants bénéficiant d'un sursis à l'exécution de la peine ou d'une libération conditionnelle; Règles minima des Nations Unies pour l'élaboration de mesures non privatives de liberté (Règles de Tokyo); Principes fondamentaux relatifs au traitement des détenus; Principes directeurs des Nations Unies pour la prévention de la délinquance juvénile (Principes directeurs de Riyad); et Règles des Nations Unies pour la protection des mineurs privés de liberté.

◆ Le neuvième Congrès (Le Caire, 1995) s'est penché sur quatre grands sujets : coopération internationale et assistance technique en vue du renforcement de la primauté du droit; lutte contre la délinquance économique et le crime organisé nationaux et transnationaux et rôle du droit pénal dans la protection de l'environnement; amélioration des systèmes de justice pénale et de police; et stratégies de prévention de la criminalité, notamment en ce qui concerne la criminalité dans les zones urbaines, la délinquance juvénile et les crimes violents. Des résolutions ont été adoptées sur ces quatre sujets. Elles portent notamment sur les problèmes suivants : prolifération des armes à feu; dégâts intentionnels causés à l'environnement; attaques contre des minorités; violence contre les femmes; et crimes terroristes. Le Congrès a également examiné des mesures concrètes visant à lutter contre la corruption des fonctionnaires.

La **Commission pour la prévention du crime et la justice pénale**, nouvel organe technique du Conseil économique et social, fut créée en 1992 afin de renforcer les activités de l'ONU dans ce domaine. Composée de 40 membres, elle se réunit chaque année à Vienne.

Conformément à la recommandation de la Commission, une conférence ministérielle mondiale sur la criminalité transnationale organisée s'est tenue à Naples (Italie) en 1994. La même année, une conférence internationale sur le blanchiment et le contrôle du produit du crime a eu lieu à Courmayeur (Italie). Les recommandations issues de ces réunions, qui figurent dans la Déclaration politique et le Plan mondial d'action de Naples, ont été approuvées par l'Assemblée générale en décembre 1994. La Commission est chargée de favoriser et de suivre leur application.

L'Institut interrégional de recherche des Nations Unies sur la criminalité et la justice

L'Institut interrégional de recherche des Nations Unies sur la criminalité et la justice (UNICRI) fut créé en 1968 afin de mener et d'encourager des recherches concrètes sur la prévention de la criminalité et le traitement des délinquants.

Etabli à Rome, cet organe autonome est l'instrument du programme de lutte contre la criminalité et de justice pénale de l'ONU pour ce qui concerne la recherche et la formation interrégionales. Il s'efforce de contribuer à l'amélioration des politiques de prévention et de lutte contre la criminalité, grâce à des activités de recherche, de formation, de coopération technique et de diffusion d'informations.

LUTTE INTERNATIONALE CONTRE LES STUPÉFIANTS

La lutte contre les stupéfiants préoccupe le monde depuis la première conférence internationale sur cette question qui eut lieu à Shangai en 1909. Un système international de contrôle se mit progressivement en place sous l'égide de la Société des Nations à partir de 1920, puis sous celle de l'ONU à partir de 1946.

Une série d'instruments internationaux adoptés sous les auspices de l'ONU oblige les Etats qui y ont adhéré à exercer un contrôle sur la production et la distribution des stupéfiants et des substances psychotropes, à lutter contre le trafic de drogue et la toxicomanie, à se doter des mécanismes administratifs nécessaires et à présenter des rapports aux organes internationaux sur les mesures qu'ils prennent dans ce domaine.

Ces instruments sont les suivants :
- La Convention unique sur les stupéfiants (1961), qui codifie les dispositions des conventions antérieures sur les stupéfiants naturels ou synthétiques, le cannabis et la cocaïne;
- La Convention sur les substances psychotropes (1971), qui porte sur les hallucinogènes, les amphétamines, les barbituriques et les calmants et tranquillisants autres que les barbituriques;
- Le Protocole portant modification de la Convention unique (1972), qui souligne la nécessité de traiter et de réadapter les toxicomanes;

• La Convention des Nations Unies contre le trafic illicite de stupéfiants et de substances psychotropes (1988), destinée à priver les trafiquants de leurs gains financiers illicites et de leur liberté de mouvement.

L'une des dispositions novatrices de cette dernière convention (qui compte 34 articles) est l'engagement d'identifier, de geler et de confisquer les profits réalisés et les biens acquis grâce au trafic des stupéfiants. Dans ce genre d'affaires, les tribunaux ont le droit de saisir ou de produire des documents bancaires, financiers ou commerciaux, et le secret bancaire ne peut être invoqué. Les trafiquants ne bénéficient plus d'aucun refuge puisque la Convention prévoit notamment leur extradition, l'entraide judiciaire des Etats pour les enquêtes liées à la drogue et le transfert des poursuites pénales. Les parties s'engagent en outre à supprimer ou à réduire la demande de drogue.

L'objectif essentiel de ces instruments est de limiter aux besoins scientifiques et médicaux l'offre et la demande de stupéfiants et de substances psychotropes.

La Commission des stupéfiants, commission technique du Conseil économique et social, examine toutes les questions relatives aux buts des conventions et à l'exécution de leurs dispositions et adresse des recommandations au Conseil sur le contrôle des stupéfiants et des substances psychotropes. Créée en 1946, elle est, au sein du système des Nations Unies, le principal organe directeur concernant la lutte internationale contre les stupéfiants. Elle a la responsabilité principale des modifications qui doivent être apportées aux listes annexées aux conventions internationales afin de soumettre des substances au contrôle international, de les en retirer ou de modifier le régime de contrôle auquel elles sont assujetties. Elle fait le point de la situation mondiale en matière de drogue et recommande des mesures afin de renforcer les contrôles internationaux, notamment en proposant de nouvelles conventions.

L'Organe international de contrôle des stupéfiants, opérationnel depuis 1968, a pour mission de surveiller dans son ensemble l'application par les gouvernements des conventions sur les stupéfiants. Il examine et approuve les estimations annuelles des besoins licites en stupéfiants présentées par les gouvernements qui limitent la fabrication et le commerce des stupéfiants aux utilisations médicales et scientifiques. Il surveille aussi la circulation licite des substances psychotropes. Il peut exiger des gouvernements qu'ils adoptent des mesures de redressement en cas de violation des conventions et soumettre ces violations à l'attention des parties, du Conseil économique et social ou de la Commission des stupéfiants.

Le Programme des Nations Unies pour le contrôle international des drogues

Créé en 1990 afin d'améliorer l'efficacité de l'ONU dans la lutte contre la drogue, le Programme des Nations Unies pour le contrôle international des drogues (PNUCID) est devenu opérationnel en 1991. Doté de 20 bureaux extérieurs, il est le centre mondial de connaissances et d'information sur la lutte contre la toxicomanie et joue un rôle essentiel dans le suivi de la situation afin de recommander des mesures aux gouvernements et de leur apporter une assistance technique. Il fournit des services au Conseil économique et social, à l'Assemblée générale et à d'autres organes de l'ONU qui s'occupent de questions ayant à voir avec la lutte contre la drogue. Il est le centre de liaison des activités menées dans le cadre de la Décennie des Nations Unies contre la drogue (1991-2000).

Le PNUCID s'acquitte notamment des tâches suivantes :

• Il aide les Etats Membres à appliquer les conventions internationales destinées à lutter contre la drogue; il s'efforce de réduire la demande illicite, de réprimer le trafic et d'affranchir les agriculteurs de leur dépendance économique à l'égard des cultures illicites en créant d'autres sources de revenu et en améliorant leur niveau de vie;

• Il collabore avec les gouvernements, les organisations intergouvernementales et non gouvernementales et le secteur privé dans des domaines tels que l'assistance juridique, le traitement, la réadaptation et la réinsertion sociale des toxicomanes;

• Il coordonne les activités des institutions spécialisées et des programmes des Nations Unies dans les domaines touchant la lutte internationale contre la drogue;

• Il sensibilise le public aux effets nocifs de la toxicomanie;

• Il assure le service des réunions de la Commission des stupéfiants et de l'Organe international de contrôle des stupéfiants;

• Il encourage la coopération régionale et interrégionale.

Le **Fonds du Programme des Nations Unies pour le contrôle international des drogues**, créé par l'Assemblée générale en 1991, est la principale source d'assistance financière et technique au sein du système des Nations Unies, assistance essentiellement destinée aux pays en développement. Il est exclusivement financé au moyen de contributions volontaires versées par des Etats Membres ou des organisations privées. Il fournit à l'Organisation les ressources extrabudgétaires dont elle a besoin pour s'adapter plus efficacement à l'évolution de la toxicomanie et pour lutter contre le trafic des stupéfiants.

La Conférence internationale sur l'abus et le trafic illicite des drogues (Vienne, 1987), qui réunit 138 Etats, adopta le Schéma multidisciplinaire complet pour les activités futures de lutte contre l'abus des drogues, qui recommandait des mesures concrètes à prendre par les gouvernements et les organisations pour prévenir et réduire la demande illicite de stupéfiants et de substances psychotropes, contrôler l'offre, réprimer le trafic et promouvoir des politiques efficaces de traitement et de réadaptation. Dans une déclaration adoptée par la Conférence, les participants s'engagèrent à prendre des mesures internationales énergiques pour lutter contre la toxicomanie et le trafic. Ils se dirent également résolus à renforcer l'action et la coopération afin d'instaurer une société sans drogue. Conformément à la recommandation de la Conférence, l'Assemblée générale décida en 1987 de faire du 26 juin la Journée internationale contre l'abus et le trafic illicite des drogues.

En 1990, lors d'une session extraordinaire consacrée à la lutte internationale contre la drogue, l'Assemblée générale proclama la Décennie des Nations Unies contre la drogue (1991-2000). Cette période doit servir à favoriser l'application du Programme d'action mondial adopté à cette même session. Dans une déclaration politique, l'Assemblée a exprimé la conviction des Etats Membres que la communauté internationale devrait assigner une plus grande priorité à la lutte contre la toxicomanie et le trafic des stupéfiants.

FORMATION ET RECHERCHE

L'Institut des Nations Unies pour la formation et la recherche

A la suite d'une décision prise par l'Assemblée générale en 1963, l'Institut des Nations Unies pour la formation et la recherche

(UNITAR) fut créé en 1965 comme organe autonome dans le cadre des Nations Unies.

Il a pour mission de renforcer, grâce à la formation et à la recherche, l'efficacité de l'ONU dans la réalisation de ses grands objectifs, particulièrement le maintien de la paix et de la sécurité internationales et la promotion du développement économique et social.

L'UNITAR, qui a son siège à Genève, est financé par des contributions volontaires provenant de gouvernements, d'organisations intergouvernementales, de fondations et d'autres sources non gouvernementales, ainsi que par les recettes de son Fonds de réserve.

L'UNITAR a deux fonctions essentielles : la formation et la recherche. Depuis quelque temps cependant, il met davantage l'accent sur la formation. Les activités de recherche sont concentrées sur la recherche relative, alliée ou destinée à la formation.

L'Institut conçoit et met sur pied environ 70 programmes de formation par an pour quelque 3 000 participants des 5 continents. Cette formation, dispensée à divers niveaux, doit permettre à ses bénéficiaires, qui viennent surtout des pays en développement, d'exercer des tâches à l'ONU ou dans les institutions spécialisées, ou encore des tâches qui, dans leur fonction publique nationale, ont un rapport avec l'ONU et les institutions qui opèrent dans des domaines connexes. Au 30 septembre 1994, plus de 21 000 personnes d'environ 180 pays avaient participé aux cours, séminaires et ateliers organisés par l'UNITAR.

Les programmes de formation comprennent des cours sur la diplomatie multilatérale et la coopération internationale, destinés surtout aux diplomates accrédités à l'ONU. Il y a aussi des cours sur le développement économique et social, y compris la gestion de l'environnement et les négociations relatives à l'environnement, sur le règlement des différends, sur la gestion de la dette et les finances internationales, notamment les aspects juridiques, sur l'énergie et sur la prévention des catastrophes.

Chaque année, l'UNITAR met sur pied un programme de bourses d'études dans le domaine du droit international, en coopération avec le Bureau des affaires juridiques de l'ONU, et un autre dans le domaine du droit international de l'environnement, en commun avec le PNUE. Il offre aussi, en association avec l'Académie mondiale pour la paix, un programme de bourses dans le domaine du rétablissement de la paix et de la diplomatie préventive, qui dispense à des fonctionnaires nationaux et internationaux une formation avancée concernant l'analyse des conflits et la médiation.

L'Université des Nations Unies

L'Université des Nations Unies (UNU) fut créée en 1973, année où l'Assemblée générale en approuva la Charte. Etablie à Tokyo, c'est une institution autonome dans le cadre des Nations Unies.

Cette université d'un type nouveau s'emploie à promouvoir une coopération internationale et scientifique entre chercheurs afin d'aider à résoudre des problèmes urgents qui se posent au niveau mondial. Sa structure et son fonctionnement sont différents de ceux d'une université classique. Elle n'a ni étudiants à elles, ni corps enseignant, ni campus. Elle fonctionne grâce à des réseaux mondiaux d'établissements universitaires et de recherche qui comprennent ses propres centres et programmes de recherche et de formation ainsi que des chercheurs individuels, en vue d'étudier les problèmes mondiaux.

Ses domaines prioritaires sont actuellement les suivants : valeurs humaines universelles et responsabilités mondiales; nouvelles orientations pour l'économie mondiale; équipements de vie dans le monde; progrès scientifiques et techniques; et dynamique de la population et bien-être de l'individu. Elle s'efforce aussi de renforcer les moyens de recherche et de formation des pays en développement.

Les centres et programmes de recherche et de formation de l'UNU sont spécialisés chacun dans un domaine particulier. Ils coordonnent des activités de recherche et de formation auxquelles participent les établissements supérieurs de nombreux pays. Ces centres et programmes sont les suivants :
♦ Institut mondial de recherche sur les aspects économiques du développement (UNU/WIDER), Helsinki (Finlande) [1985];
♦ Institut pour la nouvelle technologie (UNU/TECH), Maastricht (Pays-Bas) [1990];
♦ Institut international pour la technologie des logiciels (UNU/IIST), Macao (1992);

♦ Institut des ressources naturelles en Afrique (UNU/INRA), Accra (Ghana), avec une unité des ressources minérales à Lusaka (Zambie) [1990].

L'UNU a aussi un programme pour la biotechnologie en Amérique latine et aux Caraïbes (UNU/BIOLAC) à Caracas (Venezuela) [1988].

L'Institut de recherche des Nations Unies pour le développement social

L'Institut de recherche des Nations Unies pour le développement social est un organisme autonome qui mène des recherches pluridisciplinaires sur les dimensions sociales des problèmes actuels touchant le développement. Ses travaux reposent sur la conviction que, pour formuler des politique de développement efficaces, il est indispensable de comprendre le contexte social et politique. Il s'efforce de mieux faire comprendre aux gouvernements, aux organismes de développement, aux organisations locales et aux spécialistes comment les politiques de développement et les processus de changement économique, social et écologique agissent sur les différentes catégories sociales. S'appuyant sur un vaste réseau de centres nationaux de recherche, il a pour but d'encourager les recherches originales et de renforcer les moyens de recherche des pays en développement.

Les thèmes de recherche actuels sont les suivants : ajustement structurel; drogue; développement durable; intégration des questions d'égalité des sexes dans les politiques de développement; conflits ethniques; changement des relations de propriété dans les sociétés communistes et postcommunistes; violence politique; et divers thèmes relatifs au Sommet mondial pour le développement social (1995).

Etabli à Genève, l'Institut finance ses activités uniquement au moyen de contributions volontaires.

CHAPITRE 4

Droits de l'homme

Dans le Préambule de la Charte des Nations Unies, les peuples des Nations Unies se déclarent résolus à « préserver les générations futures du fléau de la guerre..., à proclamer à nouveau [leur] foi dans les droits fondamentaux de l'homme ... et à favoriser le progrès social et instaurer de meilleures conditions de vie dans une liberté plus grande ». Aussi, l'un des buts des Nations Unies proclamés à l'Article 1 est-il de réaliser la coopération internationale en développant et en encourageant le respect des droits de l'homme et des libertés fondamentales pour tous sans distinction de race, de sexe, de langue ou de religion.

DÉCLARATION UNIVERSELLE DES DROITS DE L'HOMME

L'une des premières grandes réalisations de l'ONU dans le domaine des droits de l'homme fut l'adoption par l'Assemblée générale, le 10 décembre 1948, de la Déclaration universelle des droits de l'homme. L'Assemblée proclama que cette déclaration était l'« idéal commun à atteindre par tous les peuples et toutes les nations » et invita tous les Etats Membres et tous les peuples à encourager et à assurer le respect universel et effectif des droits et libertés qui y étaient énoncés.

Le 10 décembre de chaque année, jour anniversaire de l'adoption de la Déclaration, on célèbre dans le monde entier la Journée des droits de l'homme.

Les articles 1 et 2 de ce texte stipulent que « tous les êtres humains naissent libres et égaux en dignité et en droits » et peuvent se prévaloir de tous les droits et libertés proclamés dans la Déclaration, « sans distinction aucune, notamment de race, de couleur, de sexe, de langue, de religion, d'opinion politique ou de toute autre opinion, d'origine nationale ou sociale, de fortune, de naissance ou de toute autre situation ».

Les articles 3 à 21 énoncent les droits civils et politiques reconnus à tout être humain, notamment :

- Le droit à la vie, à la liberté et à la sûreté de la personne;
- Le droit de ne pas être tenu en esclavage ni en servitude;

* Le droit de ne pas être soumis à la torture ni à des peines ou traitements cruels, inhumains ou dégradants;
* Le droit à la reconnaissance en tout lieu de sa personnalité juridique; le droit à un recours effectif devant les juridictions; le droit de ne pas être arbitrairement arrêté, détenu ou exilé; le droit à ce que sa cause soit entendue équitablement et publiquement par un tribunal indépendant et impartial; le droit d'être présumé innocent jusqu'à ce que sa culpabilité soit établie;
* L'absence d'immixtions arbitraires dans sa vie privée, sa famille, son domicile ou sa correspondance et d'atteintes à son honneur et à sa réputation; le droit d'être protégé par la loi contre de telles immixtions et atteintes;
* Le droit de circuler librement; le droit d'asile; le droit à une nationalité;
* Le droit de se marier et de fonder une famille; le droit à la propriété;
* La liberté de pensée, de conscience et de religion; la liberté d'opinion et d'expression;
* Le droit à la liberté de réunion et d'association pacifiques;
* Le droit de prendre part à la direction des affaires publiques et d'accéder, dans des conditions d'égalité, aux fonctions publiques.

Les articles 22 à 27 énoncent les droits économiques, sociaux et culturels de tout être humain et notamment :
* Le droit à la sécurité sociale;
* Le droit au travail; le droit à un salaire égal pour un travail égal; le droit de fonder avec d'autres des syndicats et de s'affilier à des syndicats;
* Le droit au repos et aux loisirs;
* Le droit à un niveau de vie suffisant pour assurer la santé et le bien-être;
* Le droit à l'éducation;
* Le droit de prendre part librement à la vie culturelle de la communauté.

Enfin, les articles 28 à 30 reconnaissent à toute personne le droit à ce que règne, sur le plan social et sur le plan international, un ordre tel que les droits et libertés énoncés dans la Déclaration puissent y trouver plein effet. Ils précisent que ces droits ne peuvent être limités qu'à seule fin d'assurer la reconnaissance et le respect des droits et libertés d'autrui et que chacun a des devoirs envers la communauté dans laquelle il vit.

PACTES INTERNATIONAUX RELATIFS AUX DROITS DE L'HOMME

Après l'adoption de la Déclaration universelle des droits de l'homme, on entreprit, pour donner une forme juridique obligatoire aux droits proclamés dans la Déclaration, de rédiger deux pactes internationaux relatifs aux droits de l'homme, l'un sur les droits économiques, sociaux et culturels et l'autre sur les droits civils et politiques.

Le Pacte international relatif aux droits économiques, sociaux et culturels, le Pacte international relatif aux droits civils et politiques et le Protocole facultatif à ce dernier furent adoptés à l'unanimité par l'Assemblée générale le 16 décembre 1966. Ces instruments ainsi que la Déclaration elle-même et un deuxième Protocole facultatif adopté en 1989 constituent ce qu'on appelle généralement la Charte internationale des droits de l'homme.

Bien que les Pactes soient fondés sur la Déclaration universelle, ils ne traitent pas exactement des mêmes droits. Le droit le plus important énoncé dans les deux Pactes et qui ne figure pas dans la Déclaration est le droit des peuples à disposer d'eux-mêmes et notamment à disposer librement de leurs richesses et ressources naturelles.

Le Pacte international relatif aux droits économiques, sociaux et culturels est entré en vigueur le 3 janvier 1976. Au 31 décembre 1994, il comptait 131 Etats parties.

Les droits de l'homme que ce Pacte a pour objet de faire valoir et de protéger sont de trois ordres, qu'on peut résumer succinctement comme suit :

 • Droit de travailler dans des conditions justes et favorables;

 • Droit à la protection sociale, à un niveau de vie suffisant et aux niveaux de bien-être physique et mental les plus élevés possible;

 • Droit à l'éducation et aux bénéfices de la liberté culturelle et du progrès scientifique.

Le Pacte prévoit le respect de ces droits, sans discrimination d'aucune sorte. Les Etats parties soumettent des rapports périodiques au Conseil économique et social. Le Comité des droits économiques, sociaux et culturels, organe composé de 18 experts créé par le Conseil afin d'aider à l'application du Pacte, étudie ces rapports et s'entretient de leur contenu avec les représentants des gouvernements intéressés. Les observations qu'il formule au sujet du Pacte ont pour objet d'aider les Etats parties à appliquer cet instrument ainsi que de porter à leur attention les insuffisances relevées dans les rapports et leurs procédures d'établissement. Le Comité soumet également au Conseil économique et social des recommandations inspirées de son examen des rapports.

Le Pacte international relatif aux droits civils et politiques et son premier Protocole facultatif sont tous deux entrés en vigueur le 23 mars 1976. Au 31 décembre 1994, le Pacte comptait 129 Etats parties, et le Protocole 80.

Le Pacte porte sur des droits tels que la liberté de circulation, l'égalité devant la loi, le droit à un procès équitable, la présomption d'innocence, la liberté de pensée, de conscience et de religion, la liberté d'opinion et d'expression, le droit de réunion pacifique, la liberté d'association, la participation aux affaires publiques et aux élections et la protection des droits des minorités. Il interdit la privation arbitraire de la vie, la torture et les traitements ou châtiments cruels ou dégradants, l'esclavage et le travail forcé, l'arrestation ou la détention arbitraire, l'ingérence arbitraire dans la vie privée, la propagande en faveur de la guerre et la propagande en faveur de la haine raciale ou religieuse.

Le Pacte porte création d'un Comité des droits de l'homme composé de 18 membres, qui examine les rapports présentés par les Etats parties sur les mesures qu'ils ont prises afin d'en appliquer les dispositions. Le Comité fait des recommandations aux Etats parties en fonction de son examen. Il formule également des remarques générales sur certaines dispositions du Pacte afin d'aider les Etats parties à l'appliquer. Il peut également, si certaines conditions sont remplies, recevoir des communications d'un Etat partie indiquant qu'un autre Etat partie ne respecte pas les obligations qu'il a souscrites au titre du Pacte.

Le Comité des droits de l'homme reçoit et examine les communications présentées par des particuliers qui estiment que leurs droits de l'homme, c'est-à-dire les droits protégés par le Pacte, ont été violés par un Etat partie. Cette fonction a été créée par le premier Protocole facultatif. Le Comité procède à cet examen en séance privée. Les lettres et autres documents relatifs aux cas individuels restent confidentiels, mais les conclusions du Comité sont toujours rendues publiques immédiatement après la séance au cours de laquelle elles ont été adoptées, et elles sont reproduites dans le rapport annuel du Comité à l'Assemblée générale. Un certain nombre de pays ont modifié leurs lois à la suite de décisions rendues par le Comité concernant des plaintes déposées en vertu du premier Protocole facultatif. Dans plusieurs cas, des détenus ont été libérés et des indemnités ont été versées aux personnes victimes de violations des droits de l'homme. Le Comité a institué depuis peu un mécanisme qui lui permet de vérifier de plus près si les Etats parties donnent suite à ses décisions.

Le deuxième Protocole facultatif au Pacte international relatif aux droits civils et politiques, qui vise à abolir la peine de mort, a été adopté par l'Assemblée générale le 15 décembre 1989. Au 31 décembre 1994, 26 Etats avaient accepté d'être liés par ses dispositions, dont l'application est supervisée par le Comité des droits de l'homme.

CONVENTIONS SPÉCIALISÉES RELATIVES AUX DROITS DE L'HOMME

A la Charte internationale des droits de l'homme sont venus s'ajouter plusieurs instruments juridiques internationaux portant sur des types particuliers de violation des droits de l'homme tels que la torture et la discrimination raciale, ou sur des groupes particuliers de personnes vulnérables tels que les enfants et les travailleurs migrants.

Outre les deux Pactes, six des grandes conventions spécialisées relatives aux droits de l'homme stipulent que des comités d'experts surveilleront l'application de leurs dispositions. Les Etats parties à ces conventions ont accepté de présenter régulièrement au comité compétent des rapports donnant des détails sur l'application de l'instrument et indiquant les problèmes qui se sont posés. Après avoir examiné ces rapports et toutes les informations dont il peut disposer, le comité formule éventuellement des recommandations afin d'aider l'Etat à remplir ses obligations juridiques.

ORGANES RELATIFS AUX DROITS DE L'HOMME

Créée par le Conseil économique et social en 1946, la **Commission des droits de l'homme** est chargée de présenter à l'Assemblée générale, par le biais du Conseil, des propositions, des recommandations et des rapports d'enquête sur les questions relatives aux droits de l'homme. Au fil du temps, elle s'est développée pour devenir le premier organe de l'ONU dans son domaine, offrant aux Etats et aux organisations intergouvernementales et non gouvernementales une tribune pour exprimer leurs préoccupations relatives aux droits de l'homme. Composée de 53 Etats membres élus pour trois ans, elle se réunit chaque année pendant six semaines à Genève.

Au cours des dernières années, la Commission a mis en place des mécanismes destinés à enquêter sur des problèmes dans certains pays ou territoires et sur certains sujets. Ces mécanismes comprennent des groupes de travail et des rapporteurs spéciaux.

En 1946, le Conseil économique et social a créé la **Sous-Commission de la lutte contre les mesures discriminatoires et de la protection des minorités**, afin d'aider la Commission dans sa tâche. Composée de 26 experts appartenant à toutes les régions du monde, cette sous-commission formule des recommandations et mène des enquêtes sur des questions ayant trait à la discrimination et à la protection des minorités ethniques, religieuses, raciales et linguistiques.

(Pour la **Commission de la condition de la femme**, voir la section sur la promotion des droits de la femme ci-après.)

CONFÉRENCE MONDIALE SUR LES DROITS DE L'HOMME

Vingt ans après l'adoption de la Déclaration universelle des droits de l'homme, l'ONU commémora l'occasion en déclarant 1968 Année internationale des droits de l'homme. L'événement dominant de cette année fut la Conférence internationale sur les droits de l'homme de Téhéran, qui adopta un programme d'action et une proclamation.

Vingt-cinq ans après cette conférence, la Conférence mondiale de Vienne (1993) représenta un important pas en avant dans les efforts déployés par la communauté internationale pour faire valoir et protéger les droits de l'homme et les libertés fondamentales dans le monde. La Déclaration et le Programme d'action de Vienne, issus de la Conférence, constituent désormais le fondement des actions communes menées par la communauté internationale pour assurer les respect universel de ces droits et de ces libertés.

Selon l'ordre du jour de la Conférence, fixé par l'Assemblée générale en 1992, les participants devaient recenser les obstacles qui empêchent de nouveaux progrès dans le domaine des droits de l'homme et déterminer les moyens de les surmonter; ils devaient examiner les rapports entre le développement, la démocratie et la jouissance universelle de tous les droits de l'homme, ainsi que les nouveaux obstacles qui s'y opposent; et ils devaient étudier les moyens de renforcer la coopération internationale en matière de droits de l'homme, d'améliorer l'efficacité des activités et mécanismes des Nations Unies et de mobiliser des ressources, notamment financières, pour ces activités.

Les préparatifs de la Conférence illustrèrent les divergences entre pays en développement et pays industrialisés sur diverses questions telles que l'universalité des droits de l'homme opposée aux particularités régionales, le caractère interconnecté et indivisible de tous les droits de l'homme, l'interdépendance du droit au développement et des droits civils et politiques, la menace que le terrorisme fait peser sur l'exercice des droits civils et politiques et la question du mécanisme d'application, du suivi et de la prévention. Il fallut attendre la dernière session préparatoire pour que des progrès se manifestent.

La Conférence fut marquée par une participation sans précédent des gouvernements, des organismes et organes des Nations Unies, des institutions nationales et de 841 organisations non gouvernementales (ONG). La Déclaration et le Programme d'action de Vienne furent adoptés par consensus par 171 Etats, avant d'être approuvés par l'Assemblée générale en décembre 1993. Celle-ci demanda que de nouvelles mesures soient prises afin d'appliquer les recommandations de la Conférence.

Les résultats de cette conférences furent notamment les suivants :

♦ Elle recommanda la nomination d'un Haut Commissaire aux droits de l'homme (voir plus loin);

♦ Elle renforça le caractère universel des droits de l'homme;

♦ Elle reconnut pour la première fois, par consensus, que le droit au développement est un droit inaliénable;

* Elle déclara que les droits économiques, sociaux et culturels étaient indivisibles et interconnectés avec les droits civils et politiques;
* Elle reconnut que la démocratie faisait partie des droits de l'homme, ce qui ouvrit la voie au renforcement et à la promotion de la démocratie, de la démocratisation et de la primauté du droit;
* Elle reconnut que les actes, méthodes et pratiques terroristes avaient pour but de réduire à néant les droits de l'homme;
* Elle renforça les politiques et les programmes destinés à éliminer le racisme, la discrimination raciale, la xénophobie et l'intolérance.

La Déclaration et le Programme d'action de Vienne portent aussi sur les points suivants : les violations massives des droits de l'homme, notamment le génocide, le nettoyage ethnique et le viol systématique; l'autodétermination, décrite pour la première fois comme « un gouvernement représentant l'ensemble du peuple appartenant à un territoire, sans distinction d'aucune sorte »; les besoins des générations présentes et futures dans le domaine de l'environnement; les groupes « rendus vulnérables », notamment les travailleurs migrants, les handicapés et les réfugiés; et les droits individuels des femmes et des petites filles, y compris la fixation de nouveaux principes d'action visant à intégrer les droits des femmes dans le courant général des activités menées par l'ONU en faveur des droits de l'homme.

Il est également reconnu dans ces deux documents que les organisations, organismes et organes du système des Nations Unies, ainsi que les organisations régionales et les institutions financières et de développement, devraient jouer un rôle accru dans la promotion et la protection des droits de l'homme.

HAUT COMMISSAIRE AUX DROITS DE L'HOMME

En décembre 1993, l'Assemblée générale créa le poste de Haut Commissaire des Nations Unies aux droits de l'homme, décidant qu'il serait le fonctionnaire des Nations Unies auquel incomberait à titre principal, sous la direction et l'autorité du Secrétaire général, la responsabilité des activités des Nations Unies dans le domaine des droits de l'homme. Le premier Haut Commissaire a été nommé en février 1994.

Le Haut Commissaire est chargé des fonctions suivantes : promouvoir et protéger la jouissance effective par tous de tous les droits civils, culturels, politiques et sociaux; promouvoir et protéger la pleine jouissance du droit au développement et obtenir un soutien accru des organismes compétents des Nations Unies à cette fin; dispenser des services consultatifs et apporter une assistance technique et financière concernant les droits de l'homme, par l'intermédiaire du Centre pour les droits de l'homme et d'autres institutions; coordonner les programmes des Nations Unies relatifs à l'éducation et à l'information dans le domaine des droits de l'homme; contribuer à écarter les obstacles et à régler les problèmes qui entravent actuellement la réalisation intégrale de tous les droits de l'homme ainsi qu'à empêcher que les violations des droits de l'homme ne persistent, où que ce soit dans le monde; engager un dialogue avec les gouvernements afin de garantir le respect des droits de l'homme; et exécuter les tâches qui lui seront assignées par les organismes compétents des Nations Unies et leur adresser des recommandations tendant à ce que tous les droits de l'homme soient encouragés et défendus plus efficacement.

Le Haut Commissaire a également pour mission de renforcer la coopération internationale visant à promouvoir et à défendre tous les droits de l'homme; de coordonner les activités touchant la promotion et la protection des droits de l'homme dans l'ensemble du système des Nations Unies; de rationaliser, d'adapter, de renforcer et de simplifier les mécanismes des Nations Unies dans le domaine des droits de l'homme afin d'en améliorer l'efficacité et la productivité; et de superviser le Centre pour les droits de l'homme.

CENTRE POUR LES DROITS DE L'HOMME

Le Centre pour les droits de l'homme a pour vocation d'aider les organes de l'ONU à faire valoir et à protéger les droits de l'homme, de mener des recherches, sur la demande des organes concernés, et de publier et diffuser des informations sur les droits de l'homme. Il assure aussi le secrétariat de plusieurs organes, dont la Commission des droits de l'homme et la Sous-Commission de la lutte contre les mesures discriminatoires et de la protection des minorités.

Etabli à Genève, le Centre se compose du Bureau du Secrétaire général adjoint aux droits de l'homme et de cinq sections, ainsi que du Bureau du Haut Commissaire aux droits de l'homme. La Section des communications examine les communications relatives aux violations alléguées. La Section des procédures spéciales assure le secrétariat des organes d'enquête mis sur pied par les organismes chargés des droits de l'homme, tels que les groupes de travail et les rapporteurs spéciaux, et organise les missions sur le terrain. La Section des instruments internationaux suit l'application des traités et conventions relatifs aux droits de l'homme. La Section de la législation et de la prévention de la discrimination aide à rédiger les instruments internationaux et à réaliser les études et rapports demandés par la Sous-Commission. La Section des services consultatifs et techniques administre le programme de services consultatifs et d'assistance technique, et notamment le Fonds de contributions volontaires pour la coopération technique et les services consultatifs. En 1994, une assistance technique a été apportée sur demande à 37 pays. Le Centre a établi des bureaux au Guatemala, au Cambodge, au Burundi, en Croatie, au Rwanda et au Malawi.

CESSATION DES VIOLATIONS

L'ONU s'efforce de lutter contre les violations des droits de l'homme à la fois par des débats publics, par des enquêtes sur les cas de violation et par l'examen confidentiel des plaintes présentées par des particuliers ou des organisations.

Chaque année, la Commission des droits de l'homme et sa Sous-Commission examinent, au cours de séances ouvertes à la presse et au public, les violations où qu'elles se produisent dans le monde. Leurs membres, ainsi que des représentants d'organisations non gouvernementales, communiquent des informations sur les situations qui les préoccupent, et, souvent, les gouvernements mis en cause donnent leur réponse. En fonction de l'examen de ces situations, des experts ou des groupes d'enquête peuvent être désignés, des visites sur place peuvent être organisées, des entretiens peuvent avoir lieu avec les gouvernements, une assistance peut être fournie et les violations peuvent être condamnées.

Si la situation dans un pays est jugée suffisamment grave, la Commission peut décider l'ouverture d'une enquête soit par un groupe d'experts indépendants (groupe de travail), soit par une personne (rapporteur spécial). En fonction des renseignements reçus, elle demandera au gouvernement en cause de procéder aux changements nécessaires. Elle pourra aussi nommer des experts afin d'évaluer, en coopération avec le gouvernement, l'assistance requise pour rétablir la pleine jouissance des droits de l'homme. Souvent, les circonstances exigent la poursuite de l'enquête pendant de nombreuses années. C'est ainsi que la Commission examine depuis 1968 la question des violations des droits de l'homme dans les territoires occupés par Israël, y compris la Palestine.

En mars 1995, il y avait un rapporteur spécial pour chacun des pays suivants : Afghanistan, Burundi, Cuba, Guinée équatoriale, Iran, Iraq, Myanmar (ancienne Birmanie), les territoires arabes occupés, y compris la Palestine, Rwanda, Soudan, ex-Yougoslavie et Zaïre.

La Commission étudie également les droits de l'homme en tant que phénomène global, enquêtant sur de grandes questions qui se rapportent à ce domaine et sur des violations qui ne sont pas propres à un pays en particulier. Elle a ainsi un groupe de travail sur les disparitions forcées ou involontaires et un autre sur la détention arbitraire.

Des rapporteurs spéciaux ont été nommés pour enquêter sur les informations qui font état d'exécutions sommaires ou arbitraires et sur les cas de torture signalés. Les autres questions relatives aux droits de l'homme examinées par des rapporteurs spéciaux sont notamment l'intolérance religieuse, la liberté d'expression, la violence contre les femmes, la prostitution des enfants, la pornographie impliquant des enfants et l'adoption d'enfants à des fins commerciales. Les rapporteurs reçoivent des rapports de particuliers ou d'organisations et, lorsqu'il y a lieu, s'entretiennent avec les gouvernements concernés pour éclaircir les allégations et mettre fin aux violations.

Plaintes pour violation des droits de l'homme

Plaintes au titre de conventions spécialisées. Les Etats parties à la Convention pour l'élimination de toutes les formes de discrimination raciale, à la Convention contre la torture et à la Convention internationale sur la protection des droits de tous les travailleurs migrants et des membres de leur famille peuvent autoriser l'ONU à recevoir des plaintes de leurs ressortissants concernant la violation des droits protégés par l'instrument en question.

Lorsqu'un comité chargé de surveiller l'application d'une convention reçoit une plainte au sujet d'un Etat partie, et si cet Etat a accepté que les personnes placées sous sa juridiction puissent déposer des plaintes auprès de l'ONU, il demande des explications au gouvernement intéressé. Il doit déterminer que l'affaire n'est examinée par aucune autre instance internationale et que tous les recours juridiques intérieurs ont été épuisés. Une fois ces conditions remplies, il rend un avis en fonction des informations communiquées par le plaignant et l'Etat, et le transmet aux deux parties.

Plaintes au titre de la procédure 1503. L'ONU reçoit chaque année des milliers de lettres et de rapports qui ne relèvent pas des mécanismes établis par les instruments ci-dessus. La procédure mise au point pour traiter ces plaintes, régie essentiellement par la résolution 1503 (XLVIII) du Conseil économique et social, est communément appelée « procédure 1503 ».

Les lettres et rapports alléguant de violations des droits de l'homme et qui ne peuvent être traités par l'un des comités spécialisés sont résumés dans des documents confidentiels, qui sont envoyés à la Commission des droits de l'homme et à sa Sous-Commission. Des copies sont également envoyées aux Etats Membres, qui peuvent faire parvenir leur réponse à l'ONU.

Les plaintes et les réponses des gouvernements sont d'abord examinées par la Sous-Commission. Si celle-ci constate qu'elles semblent révéler des « violations flagrantes, constantes et systématiques des droits de l'homme », elle en saisit la Commission, qui peut poursuivre l'enquête. Les plaintes sont examinées dans des réunions à huis clos et restent confidentielles jusqu'à ce que la Commission décide de présenter un rapport au Conseil économique et social. Elles concernent de nombreux pays appartenant à toutes les régions du monde.

Prévention des exécutions extrajudiciaires et des disparitions

La Commission des droits de l'homme a mis en place des procédures spéciales pour enquêter à la fois sur les exécutions sommaires et sur les disparitions.

Le Groupe de travail sur les disparitions forcées ou involontaires, qui se réunit trois fois l'an, reçoit des rapports de gouvernements et d'organisations intergouvernementales ou non gouverne-mentales, ainsi que de particuliers, de leur famille ou de leurs représentants. Après avoir examiné ces rapports, il les communique aux gouvernements intéressés en leur demandant les informations les plus complètes possibles sur le sort de la personne disparue et le lieu où elle se trouve. Toute information ainsi obtenue est ensuite transmise aux parents du disparu. Le Groupe de travail peut formuler à l'intention du gouvernement des recommandations spécifiques ou générales concernant les causes des disparitions et les mesures destinées à y remédier, et transmettre ces recomman-dations à la Commission. Il a mis en place une « procédure d'action urgente » qui lui permet d'intervenir rapidement si besoin est.

En 1982, la Commission des droits de l'homme a nommé un rapporteur spécial pour enquêter sur les exécutions sommaires ou arbitraires, c'est-à-dire les meurtres commis sur ordre d'un gouver-nement ou avec sa complicité et qui constituent une violation des normes internationales en matière de droits de l'homme ou des lois qui régissent la guerre et les conflits armés. Ce rapporteur est habilité à réagir aux informations qu'il reçoit, notamment lorsque celles-ci révèlent l'imminence d'une exécution arbitraire ou sommaire. En pareil cas, il peut envoyer des messages urgents au gouvernement intéressé pour lui demander de respecter les normes internationales et de protéger la vie des personnes qui risquent d'être exécutées. Dans d'autres situations, il peut communiquer les allégations d'exécutions sommaires ou arbitraires au gouvernement concerné, en lui demandant des informations supplémentaires. Il peut aussi se rendre dans un pays sur l'invitation du gouverne-ment. Ses rapports sont débattus publiquement à la Commission des droits de l'homme.

Prévention de la détention arbitraire

En 1991, la Commission à créé un groupe de travail de la détention arbitraire afin d'enquêter sur les cas de détention arbitraire non conforme aux normes internationales. Ce groupe de travail reçoit des informations de sources très diverses, qui sont notamment des gouvernements, des organisations intergouvernementales ou non gouvernementales, les particuliers concernés et leur famille ou leurs représentants. Il les transmet aux gouvernements intéressés, qui sont invités à faire connaître leur réponse dans un délai de neuf mois. Une fois ce délai écoulé, et en fonction des informations dont il dispose, le Groupe de travail prend une décision sur la détention et son caractère éventuellement arbitraire au regard des normes internationales et des obligations du pays concerné.

Lutte contre la torture

En 1975, l'Assemblée générale a adopté la Déclaration sur la protection de toutes les personnes contre la torture et autres peines ou traitements cruels, inhumains ou dégradants, qui stipule que de tels actes sont une insulte à la dignité humaine et constituent une violation des droits de l'homme et des libertés fondamentales. En 1982, elle a adopté les Principes d'éthique médicale, qui définissent le rôle que doivent jouer les agents de santé, particulièrement les médecins, pour protéger les prisonniers et les détenus contre la torture et les autres peines cruelles.

En 1984, l'Assemblée a adopté la Convention contre la torture et autres peines ou traitements cruels, inhumains ou dégradants. Au 31 décembre 1994, 86 Etats étaient parties à cet instrument, qui leur impose de faire de la torture un crime ainsi que de poursuivre et de punir ceux qui s'en rendent coupables. Aux termes de la Convention, la torture ne peut être justifiée ni par les ordres d'un supérieur ni par des circonstances exceptionnelles, et les tortionnaires peuvent être jugés par les tribunaux de n'importe quel Etat partie, quel que soit le lieu où les actes ont été commis. Une enquête internationale peut être ouverte s'il existe des informations fiables selon lesquelles la torture est pratiquée sur le territoire d'un Etat partie.

La Convention portait également création d'un comité contre la torture composé de 10 membres, qui reçoit et examine les rapports élaborés par les Etats parties sur les mesures qu'ils ont prises afin d'empêcher les actes de torture. Le Comité examine ces rapports, formule des remarques générales à leur sujet et informe les Etats parties et l'Assemblée générale de ses activités.

Le Fonds de contributions volontaires des Nations Unies pour les victimes de la torture apporte une aide humanitaire, juridique et financière aux victimes de la torture et à leur famille. La plupart des dons qu'il reçoit sont destinés à financer des projets de thérapie et de réadaptation.

En 1985, la Commission des droits de l'homme a nommé un rapporteur spécial chargé d'examiner la question de la torture, qui reçoit des informations sur les cas de torture et peut intervenir rapidement en cas d'urgence. Il mène également des enquêtes afin de déterminer la situation dans un pays donné et formule à l'intention de la Commission des recommandations sur le problème de la torture en général.

Services consultatifs et assistance technique

Depuis 1955, le Centre pour les droits de l'homme administre un programme de services consultatifs et d'assistance technique qui a pour objet de favoriser l'existence d'un climat propice au respect des droits de l'homme. Ce programme comporte des activités très diverses allant de la formation des fonctionnaires et des agents chargés de l'application des lois à la mise en place d'institutions nationales telles que les médiateurs, les commissions nationales et les centres de documentation. Une assistance spécialisée est offerte aux gouvernements dans plusieurs domaines essentiels tels que les procédures d'élection, la rédaction de textes législatifs et constitutionnels, et la mise en place de régimes juridiques efficaces et accessibles.

ÉLIMINATION DE LA DISCRIMINATION RACIALE

En 1963, l'Assemblée générale adopta la Déclaration des Nations Unies sur l'élimination de toutes les formes de discrimination raciale, qui proclame l'égalité fondamentale de tous les individus et confirme que la discrimination entre les êtres humains pour des motifs de race, de couleur ou d'origine ethnique constitue un outrage à la dignité humaine, une négation des principes de la Charte, une violation des droits de l'homme proclamés dans la Déclaration universelle et un obstacle aux relations amicales et pacifiques entre les peuples.

Deux ans plus tard, l'Assemblée adopta la Convention internationale sur l'élimination de toutes les formes de discrimination raciale. Entrée en vigueur le 4 janvier 1969, cette convention comptait 142 Etats parties au 31 décembre 1994. Les Etats parties s'engagent à poursuivre une politique visant à éliminer la discrimination raciale et à favoriser l'entente entre les races.

Le Comité pour l'élimination de la discrimination raciale, organe de 18 experts créé par la Convention, examine les rapports soumis par les Etats parties sur les mesures qu'ils ont prises pour appliquer la Convention, s'entretient de ces rapports avec les représentants des gouvernements et formule des recommandations d'ordre général. Il peut aussi examiner des plaintes émanant de particuliers ou de groupes qui estiment que la Convention a été violée, à condition que l'Etat intéressé ait fait une déclaration reconnaissant la compétence du Comité pour recevoir ces plaintes.

En 1993, l'Assemblée proclama la troisième Décennie de la lutte contre le racisme et la discrimination raciale (1993-2003). Elle exhorta tous les Etats à prendre des mesures pour lutter contre les nouvelles formes de racisme, grâce notamment à des lois, à des mesures administratives, à l'éducation et à l'information. Elle déclara que toutes les formes de racisme et de discrimination raciale, notamment celles qui découlent de doctrines officielles de supériorité raciale telles que le nettoyage ethnique, comptent parmi les violations les plus graves des droits de l'homme dans le monde contemporain et doivent être combattues par tous les moyens.

La première Décennie de la lutte contre le racisme et la discrimination raciale fut proclamée en 1973 et la deuxième en 1983. Deux conférences mondiales de la lutte contre le racisme et la discrimination raciale ont eu lieu à Genève en 1978 et 1983.

PROMOTION DES DROITS DE LA FEMME

La Charte des Nations Unies fut le premier instrument international à mentionner spécifiquement l'égalité de droit des hommes et des femmes. Les peuples des Nations Unies s'y disent résolus à réaffirmer leur « foi dans les droits fondamentaux de l'homme, dans la dignité et la valeur de la personne humaine, dans l'égalité de droits des hommes et des femmes ». Ce principe est énoncé plus précisément dans la Déclaration universelle, qui proclame que « tous les êtres humains naissent libres et égaux en dignité et en droits » et peuvent se prévaloir de tous les droits et libertés proclamés dans la Déclaration, « sans distinction aucune, notamment... de sexe ».

Lors de l'élaboration du mécanisme relatif aux droits de l'homme à l'ONU, un organe spécial chargé des questions féminines – la **Commission de la condition de la femme** – fut créé en 1946 par le Conseil économique et social. Composée de 45 membres, la Commission examine les progrès réalisés vers l'égalité, rédige des recommandations sur la promotion des droits de la femme dans les domaines politique, économique, social et éducatif et se saisit de problèmes qui exigent une attention immédiate. Elle rédige aussi des conventions et autres instruments destinés à améliorer la condition féminine en droit et en pratique.

Les activités de la Commission ont évolué, passant de la définition des droits des femmes à l'étude des facteurs qui empêchent celles-ci d'en jouir. Elle en est donc venue à mettre en relief les causes culturelles et sociales de la discrimination. En 1993 par exemple, elle a élaboré une déclaration sur l'élimination de la violence à l'égard des femmes, qui a été adoptée par l'Assemblée générale. La violence y est clairement définie comme étant la violence physique, sexuelle et psychologique exercée au sein de la famille ou de la communauté et celle perpétrée ou tolérée par l'Etat. La Déclaration détermine des mesures propres à remédier aux facteurs qui encouragent cette violence et en rendent les femmes victimes et énonce les droits à protéger ainsi que les actions à mettre en œuvre par les Etats et les organisations internationales.

Convention pour l'élimination de toutes les formes de discrimination à l'égard des femmes

La première préoccupation de la Commission de la condition de la femme fut d'enraciner solidement dans le droit international les normes de l'égalité. La Convention sur les droits politiques de la femme, adoptée par l'Assemblée générale en 1952, fut le premier instrument des Nations Unies dans lequel les Etats parties souscrivaient à des obligations juridiques fondées sur le principe de l'égalité des droits entre hommes et femmes. La Convention sur la nationalité de la femme mariée, adoptée par l'Assemblée la même année, visait à remédier au fait que les hommes et les femmes n'avaient pas les mêmes droits juridiques concernant la famille. La Convention sur le consentement au mariage, l'âge minimum du mariage et l'enregistrement des mariages, adoptée en 1962, était destinée à faire en sorte que la législation nationale garantisse les mêmes droits aux deux conjoints.

L'un des temps forts des travaux de la Commission dans le domaine du droit relatif aux droits de l'homme fut la Convention sur l'élimination de toutes les formes de discrimination à l'égard des femmes. Adoptée par l'Assemblée générale en 1979 et rapidement ratifiée, cette convention est désormais le principal instrument destiné à protéger les droits individuels des femmes. Divisée en 6 parties et 30 articles, elle traite des mesures à prendre par les Etats pour mettre fin à la discrimination dans de nombreux domaines, notamment la vie politique et publique, la nationalité, l'éducation, l'emploi, la santé, le mariage et la vie de famille. Elle définit les droits de la femme dans le cadre du régime international des droits de l'homme et illustre l'évolution qui a eu lieu entre la reconnaissance juridique des droits de la femme et leur exercice concret. Au 31 décembre 1994, elle comptait 138 Etats parties.

L'organe créé au titre de la Convention pour surveiller l'application de celle-ci est le Comité pour l'élimination de la discrimination à l'égard des femmes, composé de 23 experts, auquel les Etats parties rendent compte régulièrement des mesures qu'ils ont prises pour donner effet aux dispositions de la Convention.

(Voir aussi la section sur le rôle des femmes dans le développement au chapitre 3.)

DROITS DE L'ENFANT

La Déclaration sur les droits de l'enfant, adoptée par l'Assemblée générale en 1959, affirme le droit de l'enfant à bénéficier d'une protection spéciale ainsi que de possibilités et de facilités qui lui permettent de se développer sainement et normalement. Ces droits, ainsi que d'autres, furent transformés en obligations contraignantes grâce à l'adoption par l'Assemblée générale en 1989 de la Convention relative aux droits de l'enfant. Au 31 décembre 1994, cette convention comptait 168 Etats parties. Un Comité des droits de l'enfant, créé aux termes de la Convention, se réunit régulièrement pour suivre les progrès accomplis par les Etats parties dans le respect de leurs obligations. Il peut présenter aux gouvernements et à l'Assemblée générale des suggestions et des recommandations sur les moyens d'atteindre les objectifs de la Convention.

(Sur les **droits des handicapés,** voir la section consacrée aux personnes handicapées au chapitre 3.)

AUTRES QUESTIONS RELATIVES
AUX DROITS DE L'HOMME

Droits de l'homme et développement

En 1986, l'Assemblée générale adopta la Déclaration sur le droit au développement, dans laquelle elle proclamait que ce droit était un droit de l'homme inaliénable en vertu duquel tous les individus et tous les peuples peuvent participer et contribuer à un développement économique, social, culturel et politique de nature à assurer la pleine jouissance de tous les droits de l'homme et de toutes les libertés fondamentales. La question de la jouissance effective du droit au développement continue d'être examinée par la Commission des droits de l'homme. Le Comité des droits économiques, sociaux et culturels s'en est également occupé. Sur sa proposition, une consultation mondiale sur la jouissance effective du droit au développement en tant que droit de l'homme a eu lieu à Genève en 1990.

Protection des minorités

La Déclaration sur les droits des personnes appartenant à des minorités nationales ou ethniques, religieuses et linguistiques, adoptée par l'Assemblée générale en 1992, proclame que les personnes appartenant à des minorités ont le droit de jouir de leur propre culture, de professer et de pratiquer leur propre religion, d'utiliser leur propre langue, d'établir et de maintenir des contacts avec d'autres membres de leur groupe, et de quitter tout pays, y compris le leur, ainsi que de rentrer dans leur pays. Elle demande aux Etats de prendre des mesures pour que ces personnes puissent exercer les droits de l'homme et les libertés fondamentales, notamment dans les domaines de l'enseignement, de la culture et de l'information.

Protection des populations autochtones

L'expression « population autochtone » désigne les descendants des personnes qui habitaient un pays ou une région géographique au moment où des personnes ayant une culture ou une origine ethnique différente sont arrivées et sont devenues dominantes par la conquête, l'occupation, l'installation ou par d'autres moyens. Il existe aujourd'hui des millions d'autochtones qui vivent dans des régions vastes mais souvent marginales de la planète. En 1982, la Sous-Commission constitua un groupe de travail sur les populations autochtones, qui rédigea et approuva en 1994, pour adoption par l'Assemblée générale, une déclaration universelle des droits des populations autochtones. En 1990, l'Assemblée générale proclama l'année 1993 Année internationale des populations autochtones. Il s'agissait d'intensifier la coopération internationale en vue de résoudre les problèmes qui se posent à ces populations dans les domaines des droits de l'homme, de l'environnement, du développement, de l'éducation et de la santé. A l'issue de cette année, l'Assemblée a proclamé la Décennie internationale des populations autochtones (1994-2004). Un fonds de contributions volontaires sera créé pour financer des projets et des programmes durant la Décennie.

Protection des travailleurs migrants

En 1990, l'Assemblée générale adopta la Convention internationale sur la protection des droits de tous les travailleurs migrants et des membres de leur famille, qui fixe des normes concernant les lois et les procédures judiciaires et administratives des Etats. Les pays qui adhèrent à cette convention s'engagent à en appliquer les dispositions et à faire en sorte que les travailleurs migrants dont les droits ont été violés puissent demander réparation en justice. Au 30 septembre 1994, les 20 ratifications nécessaires à l'entrée en vigueur n'avaient toujours pas été atteintes. Lorsque ce sera fait, un comité pour la protection des droits de tous les travailleurs migrants et des membres de leur famille sera créé afin d'examiner l'application de la Convention. Il recevra, de la part des Etats parties, des rapports réguliers mentionnant les problèmes rencontrés dans l'application de la Convention et donnant des informations sur les flux migratoires.

LA QUESTION DE L'APARTHEID

L'apartheid (mot afrikaans signifiant séparation), système institutionnalisé de discrimination et de ségrégation raciales, fut la politique officielle du Gouvernement sud-africain de 1948 au début des années 90.

Sous l'apartheid, la population sud-africaine était divisée en plusieurs groupes selon la couleur : les Noirs (Africains), les Blancs

(Européens), les Métis et les Indiens. Les Noirs sud-africains, qui constituent environ 73 % de la population, ne pouvaient exercer leurs droits et libertés fondamentaux. Ils n'étaient pas autorisés à participer à la vie politique du pays et étaient assujettis à des lois et à des règlements répressifs.

La ségrégation était appliquée et réglementée par d'innombrables lois, dont la principale était le *Population Registration Act* (1950), qui définissait les catégories raciales, instituait un registre de la population et imposait la délivrance de « cartes d'identité ». Elle était confirmée par la division du pays en zone blanche et réserves africaines et par la séparation des habitants de la zone blanche en « zones de groupes ». A l'intérieur des agglomérations blanches, en vertu du *Group Areas Act* (1950), la population non blanche était divisée en plusieurs zones résidentielles (métis, indienne et noire), tandis que la population africaine était à nouveau divisée selon des critères « ethniques » à l'intérieur des townships qui lui étaient réservés.

Dix réserves, appelées « bantoustans » (ou encore « homelands »), étaient assignées aux Africains, une pour chacune des « unités nationales » de la population africaine, définies par le Gouvernement. Elles étaient réparties en 81 superficies de terre séparées et non contiguës. Alors que les Africains étaient plus de quatre fois plus nombreux que les Blancs, ces réserves ne représentaient que 13 % des terres sud-africaines et comprenaient quelques-unes des zones les plus arides et stériles du pays.

Actions internationales visant à éliminer l'apartheid

La politique raciale du Gouvernement sud-africain constitua une préoccupation majeure pour l'ONU pendant plus de 47 ans. La question fut soulevée pour la première fois en 1946, lorsque l'Inde se plaignit que l'Afrique du Sud avait adopté une législation discriminatoire à l'encontre des Sud-Africains d'origine indienne. La question plus large du conflit racial dû à la politique d'apartheid fut inscrite à l'ordre du jour de l'Assemblée générale en 1952.

Au cours des années 50, l'Assemblée générale demanda à plusieurs reprises au Gouvernement sud-africain d'abandonner sa politique d'apartheid conformément aux principes de la Charte. Mais l'Afrique du Sud se refusa toujours à tenir compte de ces demandes, considérant que les décisions de l'ONU étaient illégales et inacceptables et qu'elles violaient le principe de la non-ingérence dans ses affaires intérieures.

En 1960, à la suite des incidents survenus à Sharpeville le 21 mars, au cours desquels 69 manifestants anti-apartheid avaient trouvé la mort, le Conseil de sécurité demanda à l'Afrique du Sud de renoncer à sa politique d'apartheid.

Depuis 1966, en mémoire de cet événement, le 21 mars est célébré comme la Journée internationale pour l'élimination de la discrimination raciale.

En 1962, l'Assemblée générale créa le Comité spécial contre l'apartheid, chargé de suivre l'évolution de la politique raciale du Gouvernement sud-africain. Ce comité devint rapidement le centre de liaison des efforts menés par la communauté internationale pour promouvoir un programme d'action global contre l'apartheid et encourager le soutien et l'aide au peuple sud-africain et à ses mouvements de libération.

A partir de 1961, l'Assemblée générale invita les Etats à envisager toute une série de mesures. Elle leur demanda de rompre leurs relations diplomatiques avec l'Afrique du Sud, de fermer leurs ports à tous les navires battant pavillon sud-africain, d'interdire à leurs navires de pénétrer dans les ports sud-africains, de boycotter tout commerce avec l'Afrique du Sud, de refuser l'atterrissage et le transit de tous les avions appartenant au Gouvernement et aux compagnies enregistrées selon la loi sud-africaine et d'appliquer un embargo volontaire sur les livraisons de pétrole et de matières premières stratégiques. Entre 1962 et 1988, elle demanda à de multiples reprises au Conseil de sécurité d'imposer des sanctions obligatoires contre l'Afrique du Sud.

Le Conseil de sécurité décréta en 1963 un embargo facultatif sur les armes, qu'il rendit obligatoire le 4 novembre 1977. Cette mesure était prise en vertu du Chapitre VII de la Charte, qui prévoit une action coercitive en cas de menaces contre la paix et la sécurité internationales.

Autre forme de censure, l'Assemblée générale refusa de 1970 à 1974 les pouvoirs présentés par les représentants de l'Afrique du Sud pour participer à ses sessions ordinaires. En 1974, le Président de l'Assemblée déclara, à propos de ce refus systématique, qu'il « revient à dire explicitement que l'Assemblée générale refuse de laisser la délégation sud-africaine participer à ses travaux ». A la suite de cela, l'Afrique du Sud ne participa plus aux délibérations de l'Assemblée.

Toujours en 1974, l'Assemblée recommanda que l'Afrique du Sud fût exclue de toute participation aux travaux de toutes les organisations internationales et de toutes les conférences réunies sous les auspices de l'ONU tant qu'elle poursuivrait sa politique d'apartheid. Toutefois, une proposition faite au Conseil de sécurité en vue d'exclure l'Afrique du Sud de l'Organisation ne bénéficia pas de la majorité des voix nécessaire parmi les membres du Conseil.

L'ONU adopta aussi toute une série de mesures visant à apporter un soutien politique, moral et matériel aux mouvements de libération reconnus par l'OUA, l'African National Congress (ANC) et le Pan Africanist Congress of Azania (PAC).

L'Assemblée générale (en 1971) et le Conseil de sécurité (en 1972) reconnurent la « légitimité de la lutte du peuple opprimé d'Afrique du Sud » dans la revendication de ses droits individuels et politiques. L'Assemblée déclara ensuite que le peuple avait le droit inaliénable d'employer tous les moyens disponibles, y compris la lutte armée.

A partir de 1974, l'Assemblée générale invita les représentants de l'ANC et du PAC à participer en tant qu'observateurs aux débats sur la question de l'Afrique du Sud.

Elle demanda à de multiples reprises la libération des prisonniers politiques. Elle condamna l'exécution des combattants pour la liberté ainsi que la torture et l'assassinat des détenus et exigea que les combattants pour la liberté fussent traités comme des prisonniers politiques. Le Conseil de sécurité demanda à plusieurs reprises que les peines de mort prononcées à l'issue de procès politiques fussent commuées. En 1976, l'Assemblée proclama le 11 octobre Journée de solidarité avec les prisonniers politiques sud-africains.

Pour attirer l'attention sur la politique discriminatoire de l'Afrique du Sud en matière sportive, l'Assemblée générale demanda aux sportifs, hommes et femmes, de boycotter les manifestations sud-africaines (1971) et adopta la Déclaration internationale contre l'apartheid dans les sports (1977), puis la Convention internationale contre l'apartheid dans les sports (1985).

En 1973, elle adopta la Convention internationale sur l'élimination et la répression du crime d'apartheid. En 1976, après le soulèvement qui eut lieu le 16 juin à Soweto et dans d'autres régions, elle proclama cette date Journée internationale de solidarité avec la population en lutte d'Afrique du Sud, et le 9 août Journée internationale de solidarité avec la lutte des femmes d'Afrique du Sud.

Toujours en 1976, elle approuva un programme d'action contre l'apartheid, à appliquer par les gouvernements, les organisations intergouvernementales, les syndicats, les églises, les mouvements de lutte contre l'apartheid et de solidarité et les autres organisations non gouvernementales. En 1977, elle proclama l'Année internationale pour la lutte contre l'apartheid qui devait commencer le 21 mars 1978 et déclara 1982 Année internationale de mobilisation pour des sanctions contre l'Afrique du Sud.

Dans toutes les régions du monde, des conférences et des séminaires internationaux et régionaux furent convoqués sous les auspices de l'ONU afin d'étudier les moyens de faire disparaître l'apartheid.

Démantèlement de l'apartheid

A partir de 1989, une série d'événements se produisit tant à l'intérieur qu'à l'extérieur de l'Afrique du Sud, plantant un décor propice à l'élimination de l'apartheid par la négociation. L'amélioration du climat international, favorable au règlement pacifique des conflits, se manifesta en Afrique australe par des accords qui conduisirent à l'indépendance de la Namibie. En Afrique du Sud même, les organisations anti-apartheid renouvelèrent leur exigence de voir l'apartheid éliminé par la négociation et un nouvel ordre constitutionnel s'instaurer, de sorte que la réflexion au sein du Parti national au pouvoir évolua vers une nouvelle politique qui reconnaissait l'échec de l'apartheid et la nécessité d'un changement constitutionnel.

Le Gouvernement prit à partir de 1990 plusieurs mesures dans le sens du démantèlement de l'apartheid : levée de l'interdiction de l'ANC, du PAC, du Parti communiste sud-africain et d'autres organisations politiques; libération de dirigeants politiques tels que Nelson Mandela, incarcéré depuis plus de 27 ans; octroi de l'immunité pour les infractions politiques commises par les Sud-

Africains à l'intérieur ou à l'extérieur du pays; et conclusion d'un accord avec le HCR en vue du retour des exilés et des réfugiés.

Le Gouvernement supprima en outre d'importantes structures juridiques, abrogea la législation sur l'apartheid et conclut un accord national de paix avec les grands partis et organisations politiques, afin de promouvoir la paix et la réconciliation dans les communautés victimes de la violence et dans l'ensemble du pays. Une commission d'enquête destinée à prévenir la violence et l'intimidation (Commission Goldstone) fut mise en place pour faciliter l'application de cet accord.

Pour soutenir ce processus, l'Assemblée générale adopta, lors d'une session extraordinaire sur l'apartheid en décembre 1989, la Déclaration sur l'apartheid et ses conséquences destructrices en Afrique australe, dans laquelle elle encourageait les Sud-Africains à joindre leurs efforts pour négocier l'élimination de l'apartheid et à convenir de toutes les mesures nécessaires pour transformer leur pays en une démocratie non raciale.

En décembre 1991, le Gouvernement engagea des négociations avec les parties intéressées afin de parvenir à un accord sur les principes constitutionnels, la participation politique, le rôle de la communauté internationale, les dispositions de transition et le calendrier d'application des décisions devant conduire à l'adoption d'une nouvelle constitution et à la tenue d'élections libres, démocratiques et non raciales.

L'ONU poursuivit son soutien à la transition. L'Assemblée générale et le Conseil de sécurité accueillirent favorablement le processus politique qui menait à l'organisation de pourparlers multipartites. Ils se déclarèrent préoccupés par l'escalade de la violence politique et exhortèrent les parties à déployer des efforts pour y mettre fin et parvenir à un accord sur les dispositions de transition.

Dans deux résolutions adoptées en juillet et août 1992, le Conseil souligna la détermination de la communauté internationale à faciliter la transition. En application de ces résolutions, le Secrétaire général envoya en Afrique du Sud un représentant spécial chargé de recommander des mesures pour mettre fin à la violence; il dépêcha aussi deux envoyés spéciaux chargés de mener des missions d'enquête. En septembre, le Conseil créa la **Mission**

d'observation des Nations Unies en Afrique du Sud (MONUAS).

La MONUAS avait pour objectif de renforcer les structures de l'Accord national de paix et d'aider à mettre un terme à la violence. Elle coordonna ses activités avec celles du Comité national de paix, du Secrétariat national pour la paix et de la Commission Goldstone, ainsi qu'avec celles des équipes d'observateurs de l'OUA, de l'Union européenne et du Secrétariat du Commonwealth. Le personnel de la MONUAS observa les manifestations, les marches et les autres formes d'action de masse, prenant note du comportement de toutes les parties. Il instaura également des contacts à tous les niveaux avec les structures gouvernementales, les partis et organisations politiques, les associations civiques et les autres groupements communautaires.

En décembre 1992, l'Assemblée générale engagea la communauté internationale à soutenir le processus en cours dans le pays et à revoir les mesures restrictives en vigueur s'il se produisait des événements positifs. Compte tenu des progrès accomplis, elle demanda la reprise des relations universitaires, scientifiques, culturelles et sportives avec les organisations et les particuliers opposés à l'apartheid.

En septembre 1993, des progrès sensibles ayant été enregistrés au Forum multipartite de négociation, un accord fut conclu sur les questions constitutionnelles et les dispositions de transition telles que la tenue d'élections libres et démocratiques pour une assemblée constituante non raciale, la formation d'un conseil exécutif de transition et la création d'une commission électorale indépendante.

Le 24 septembre, le Président de l'ANC Nelson Mandela prit la parole devant le Comité spécial contre l'apartheid au Siège de l'ONU. Il demanda à la communauté internationale de lever toutes les sanctions économiques contre l'Afrique du Sud en raison des progrès historiques accomplis vers la démocratie et afin de renforcer la dynamique en cours. En octobre, l'Assemblée générale demanda à l'unanimité la levée de ces sanctions.

En novembre, le Conseil de sécurité se félicita de l'aboutissement des négociations multipartites et de la conclusion d'accords sur une constitution intérimaire et un projet de loi électorale. En décembre, il approuva la nomination d'un nouveau représentant spécial du Secrétaire général pour l'Afrique du Sud, qui se rendit sur place afin d'évaluer ce dont l'ONU avait besoin pour exécuter son mandat d'assistance au processus électoral.

Les élections se déroulèrent du 26 au 29 avril 1994, sous l'observation de 2 527 membres de la MONUAS répartis dans tout le pays. Elles furent remportées par l'ANC avec 62,6 % des voix, suivi par le Parti national (20,4 %), le Parti de la liberté inkatha (10,5 %) et quatre autres partis. Le 9 mai, le Parlement proclama Nelson Mandela Président de l'Afrique du Sud, et celui-ci prit ses fonctions le lendemain comme Président du Gouvernement d'unité nationale.

La première constitution démocratique et non raciale de l'Afrique du Sud entra en vigueur, mettant fin à 46 ans d'apartheid. Le 25 mai, le Conseil de sécurité leva l'embargo sur les armes et les autres restrictions qui subsistaient contre le pays. Le 23 juin, après 24 ans d'absence, l'Afrique du Sud reprit sa place à l'Assemblée générale.

CHAPITRE 5

AIDE HUMANITAIRE
ET ASSISTANCE AUX RÉFUGIÉS

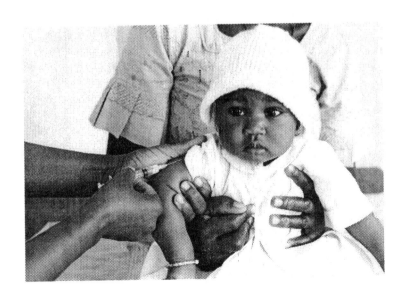

Depuis la fin de la guerre froide, des millions d'enfants, de femmes et d'hommes subissent les conséquences de l'explosion des conflits ethniques, religieux et civils. En 1994, le conflit et les actes de génocide au Rwanda et la poursuite des autres crises, notamment en Afrique, en Asie de l'Ouest, en ex-Yougoslavie et dans certaines régions de l'ex-Union soviétique, ont mis à rude épreuve un système d'aide humanitaire internationale dont les efforts étaient déjà très sollicités.

Les catastrophes naturelles touchent aussi un nombre croissant de personnes, notamment dans les pays en développement. Le bilan mondial a presque décuplé depuis les années 60, et 90 % des victimes appartiennent à des pays en développement. Ces chiffres montrent à quel point la pauvreté, la pression démographique et la dégradation de l'environnement amplifient l'échelle des destructions. Les préjudices économiques dus aux catastrophes naturelles ont été multipliés par trois entre les années 60 et les années 80, et ils sont passés de 44 à 62 milliards de dollars entre 1991 et 1992, soit une augmentation de 40 %.

Dans ce domaine, l'ONU a surtout pour tâche de réduire les délais et d'accroître l'efficacité de l'aide humanitaire internationale, ainsi que de renforcer les moyens dont les pays disposent pour prévenir et affronter les situations d'urgence. Si l'on veut intervenir de manière efficace dans les grandes crises humanitaires, il faut une planification, une coordination, une logistique, une diplomatie et un système de collecte de fonds. L'ONU joue un rôle majeur dans tous ces domaines, qui sont coordonnés par le Département des affaires humanitaires.

L'ONU agit comme prestataire d'aide humanitaire, surtout par le biais de ses six organismes opérationnels, et comme catalyseur de l'action des gouvernements et des organisations humanitaires intergouvernementales et non gouvernementales.

Elle doit souvent faire preuve de diplomatie pour obtenir l'accès aux populations qui subissent les effets d'un conflit. Cependant, les violations des principes humanitaires par les parties adverses et les menaces contre ceux qui distribuent les secours deviennent de plus en plus préoccupantes.

Entre juin 1992 et juin 1995, l'ONU a lancé 52 appels communs interorganisations pour financer des programmes destinés à aider un nombre de personne estimé à 180 millions dans une trentaine de pays. Sur les 11,4 milliards de dollars demandés au total, elle en a reçu 7,3 milliards.

L'aide humanitaire apportée par le système des Nations Unies va au-delà des secours pour toucher le redressement et le développement à long terme. L'objectif est que les secours d'urgence contribuent au développement futur. La meilleure protection contre les catastrophes – aussi bien naturelles que provoquées par l'homme – reste un développement économique et social durable.

L'assistance que l'ONU s'efforce d'apporter consiste notamment à aider les pays à incorporer la prévention des catastrophes dans leurs plans généraux de développement. Pour mieux faire comprendre la nécessité de la prévention et de la planification préalable, l'Assemblée générale a déclaré la période 1990-2000 Décennie internationale de la prévention des catastrophes naturelles. Cette décennie a notamment pour objet d'aider les pays à devenir moins vulnérables. Elle vise aussi à renforcer la coopération internationale en vue de réduire le nombre des victimes, les dommages économiques et les perturbations sociales causées par les catastrophes naturelles, notamment dans les pays en développement. Une conférence mondiale à mi-parcours (Yokohama, 1994) a réuni des scientifiques, des techniciens et des responsables politiques afin d'élaborer une stratégie de prévention, de planification préalable et d'atténuation des conséquences des catastrophes.

LE DÉPARTEMENT DES AFFAIRES HUMANITAIRES

Le Département des affaires humanitaires (DAH) coordonne l'intervention de l'ONU face aux grandes urgences humanitaires – d'origine naturelle ou humaine – et encourage les efforts de prévention et de planification préalable. Il coopère étroitement avec les organismes opérationnels des Nations Unies, les gouvernements, les organisations régionales, les organisations non gouvernementales et les organisations humanitaires intergouvernementales. Grâce à un accord avec le PNUE, les aspects écologiques de ces situations sont désormais pris en compte.

Créé par le Secrétaire général en 1992 à la suite d'une demande faite par l'Assemblée générale l'année précédente, le DAH a incorporé l'ancien Bureau du Coordonnateur des Nations Unies pour les secours en cas de catastrophe, qui s'occupait surtout des catastrophes naturelles, et le secrétariat de la Décennie. Son rôle est de veiller à ce que le système des Nations Unies réagisse rapidement aux catastrophes naturelles, aux catastrophes technologiques telles que l'explosion de 1986 dans la centrale nucléaire de Tchernobyl et aux grandes crises humanitaires, dont beaucoup sont dues à des conflits intérieurs ou internationaux.

Le Secrétaire général adjoint aux affaires humanitaires, qui fait également fonction de Coordonnateur des Nations Unies pour les secours d'urgence, est le principal interlocuteur du système pour ce qui est de dispenser des conseils en matière de politique, d'assurer la coordination des actions et d'attirer l'attention sur les questions relatives aux urgences humanitaires. Il collabore avec les chefs des organismes opérationnels du système et les grandes organisations non gouvernementales ainsi qu'avec les gouvernements et les organisations humanitaires intergouvernementales, conseille le Secrétaire général sur les urgences et recommande les mesures à prendre.

Le Coordonnateur des secours d'urgence préside le Comité permanent interinstitutions, composé des chefs des organismes opérationnels des Nations Unies qui s'occupent de secours humanitaires : PNUD, UNICEF, HCR, PAM, FAO et OMS. Les grandes organisations humanitaires telles que l'Organisation internationale pour les migrations et le Comité international de la Croix-Rouge font partie du Comité. La Fédération internationale des sociétés de la Croix-Rouge et du Croissant-Rouge et d'autres organisations non gouvernementales sont également invitées à y participer.

Le Comité définit les interventions du système face à chaque situation d'urgence, fixe les priorités et soutient les activités destinées à renforcer les moyens nationaux en matière de secours. Il s'occupe également de plusieurs autres aspects tels que l'assistance aux personnes déplacées, dont le nombre est estimé à 26 millions dans le monde (il s'agit des personnes déplacées à l'intérieur de leur pays par des catastrophes ou des crises humanitaires), la lutte contre les mines terrestres (dont le nombre est estimé à environ 100 millions) et la démobilisation des ex-combattants.

Le DAH coordonne les missions d'évaluation des besoins effectuées sur le terrain par les organismes opérationnels des Nations Unies; il lance les appels interorganisations destinés à financer l'aide humanitaire; il organise les réunions de donateurs et les accords de suivi; il fait le point des contributions reçues en réponse aux appels; et il rédige des rapports pour tenir notamment les donateurs au courant de l'évolution de la situation.

Les secours humanitaires dispensés par l'ONU sont à peu près entièrement financés par des contributions volontaires. Rien qu'en 1994, le DAH a lancé des appels communs interorganisations qui ont permis de recueillir, en plus des appels en cours, plus de 2,7 milliards de dollars afin d'aider 27 millions de personnes dans une vingtaine de pays.

Le DAH administre un fonds central autorenouvelable de secours d'urgence de 50 millions de dollars, qui facilite les interventions rapides dans les situations de crise, en attendant que des fonds soient versés par les donateurs. A la fin du mois de mai 1995, les organismes humanitaires avaient emprunté au total 116 millions de dollars en 38 occasions depuis le démarrage du fonds en 1992 et avaient remboursé environ 100 millions de dollars sur cette somme.

Dans les régions touchées par des urgences, il est indispensable de mettre en place une coordination afin de permettre au système d'intervenir au bon moment et de façon cohérente, en évitant les chevauchements, les doubles emplois et le gaspillage des ressources, et de déterminer les ressources qui font défaut. Lorsqu'une crise se produit dans un pays en développement, le Coordonnateur résident (qui est normalement le Représentant résident du PNUD), ou un coordonnateur humanitaire nommé spécialement, relève directement du Coordonnateur des secours d'urgence et coordonne l'intervention du système des Nations Unies au niveau du pays, coopérant avec le gouvernement, les organisations non gouvernementales et les autres organisations humanitaires.

En outre, on a créé dans de nombreux pays en développement sujets à des catastrophes des équipes des Nations Unies pour la gestion des opération en cas de catastrophe, composées de représentants des organismes des Nations Unies au niveau du pays, sous la responsabilité du Coordonnateur résident. Ces équipes prennent des dispositions pour coordonner les activités de secours en prévision d'une urgence.

Un service est en place 24 heures sur 24 au DAH pour réagir sans délai et diffuser des informations sur les catastrophes. Pour permettre une intervention rapide, notamment en cas de catastrophe naturelle, le DAH a créé, avec la participation des pays donateurs, une équipe de réserve des Nations Unies pour l'évaluation et la coordination en cas de catastrophe, qui peut être envoyée immédiatement dans un pays afin d'aider les autorités locales et nationales à déterminer les secours nécessaires et de mettre en place une coordination. Le DAH peut aussi faire appel à des équipes et à des spécialistes civils et militaires. Il gère un entrepôt d'articles de secours à Pise (Italie), qui peut servir de plaque tournante pour les ponts aériens.

Le DAH a aidé à lancer des programmes destinés à améliorer la mobilisation contre les risques dans plus de 70 pays, en collaboration avec d'autres organes internationaux et des organisations non gouvernementales. Il procède actuellement à une extension de son système d'alerte rapide sur les catastrophes naturelles pour y inclure des informations sur les autres situations d'urgence. Un programme de formation à la gestion des catastrophes, géré en commun par le DAH et le PNUD, a permis de former jusqu'ici environ 1 500 personnes appartenant à plus de 40 pays. Le DAH a également mis en place un fichier central des capacités de gestion des catastrophes, qui comprend des fichiers sur les stocks des organisations humanitaires, sur les spécialistes en gestion des catastrophes et sur les équipements de la défense civile et militaire disponibles pour les secours.

En préconisant une amélioration de la coordination de l'aide humanitaire en 1991, l'Assemblée générale a souligné qu'il fallait remédier aux causes profondes des crises et mettre en place des systèmes efficaces d'alerte rapide, de prévention, de planification préalable et de secours, ainsi que de transition vers le redressement et le développement. Les secours humanitaires doivent être dispensés d'une manière qui permette le redressement, la relance et le développement à long terme.

Organismes opérationnels

Le Fonds des Nations Unies pour l'enfance (UNICEF), tout en s'occupant essentiellement d'aider à mettre en place des services durables pour les enfants et les mères dans les pays en développement, peut également intervenir rapidement pour répondre à leurs besoins immédiats.

En étroite coopération avec le DAH, les autres organismes des Nations Unies et de nombreuses organisations non gouvernementales, il axe ses interventions d'urgence sur les soins, la nutrition, l'approvisionnement en eau et l'assainissement, l'éducation de base et la réadaptation psychologique des enfants traumatisés. Pionnier de la notion d'acheminement sans risque des secours pour répondre aux besoins des enfants durant les conflits armés, l'UNICEF a été à l'origine des « jours de tranquillité » et des « couloirs de la paix » en Afrique, en Asie, en Europe et au Moyen-Orient. Il participe de plus en plus aux programmes en faveur des enfants non accompagnés séparés de leur famille et aux actions visant à interdire les mines terrestres.

Le Fonds de programmation pour les secours d'urgence de l'UNICEF est l'un des principaux moyens d'intervenir rapidement et d'apporter des ressources financières en attendant les contributions des donateurs. (Voir aussi la section sur l'aide à l'enfance au chapitre 3.)

Haut Commissariat des Nations Unies pour les réfugiés (HCR) [voir la section sur l'aide aux réfugiés ci-après].

L'Organisation des Nations Unies pour l'alimentation et l'agriculture (FAO) est souvent sollicitée pour aider les agriculteurs à relancer la production après des inondations, des épidémies touchant le bétail et d'autres urgences analogues. L'assistance qu'elle apporte dans les catastrophes est coordonnée par son Bureau des opérations spéciales de secours. Entre 1977 et octobre 1994, ce bureau a mis en œuvre 444 projets pour un coût total de 240,9 millions de dollars.

Le Service mondial d'information et d'alerte rapide de la FAO publie chaque mois des rapports sur la situation alimentaire mondiale. Les pays menacés par des pénuries sont signalés par des alertes spéciales, à l'intention des gouvernements et des organisations de secours. (Voir aussi la section sur la FAO au chapitre 8.)

La Division des opérations de secours d'urgence et de l'aide humanitaire de l'**Organisation mondiale de la santé (OMS)** coordonne, au sein du système des Nations Unies, l'intervention en matière de santé dans les crises et les catastrophes naturelles. Grâce à son vaste réseau technique, l'OMS peut dispenser aux Etats membres des conseils spécialisés sur la surveillance épidémiologique, la lutte contre les maladies contagieuses, l'information concernant la santé publique, et la formation aux urgences sanitaires. La Division s'occupe notamment de fournir des médicaments et des articles de secours, d'envoyer des missions techniques d'évaluation des besoins et d'apporter un soutien technique. En matière de planification préalable aux urgences, elle a principalement pour objectif de renforcer les moyens dont disposent les Etats membres pour atténuer les conséquences des crises et des catastrophes dans le domaine de la santé.

En 1994, l'OMS a participé à des opérations de secours dans de nombreux pays, apportant ses compétences techniques et distribuant des fournitures médicales d'urgence. A la suite des poussées de choléra, de méningite ou de paludisme en Afrique, en Amérique latine et en Europe, elle a été sollicitée pour aider à mobiliser une assistance internationale afin de lutter contre ces maladies et de mettre en œuvre une prévention. En 1995, à la suite de la poussée de fièvre hémorragique due au virus Ebola au Zaïre, elle a aidé à créer un comité scientifique et technique qui a réussi à maîtriser l'épidémie. (Voir aussi la section sur l'OMS au chapitre 8.)

Le **Programme alimentaire mondial (PAM)** est, au sein du système des Nations Unies, l'un des principaux acteurs des opérations de secours d'urgence organisées pour venir en aide aux populations victimes des catastrophes naturelles et des pénuries alimentaires causées par la guerre, les conflits civils et les violences ethniques ou religieuses.

Il a notamment pour mission d'apporter des secours, de coordonner l'aide d'urgence provenant de diverses sources grâce aux services exceptionnels qu'il peut offrir en matière de transports et de logistique, de mettre ses connaissances et son expérience à la disposition des donateurs et d'administrer sa Réserve alimentaire internationale d'urgence, destinée à répondre aux besoins partout dans le monde.

Le PAM collabore étroitement avec le DAH, les autres organismes des Nations Unies et les organisations gouvernementales et non gouvernementales. Il évalue les besoins, fait appel aux contributions des donateurs, transporte l'aide alimentaire et organise sa distribution à l'échelle du pays. A la suite des nouvelles dispositions convenues entre le PAM et le HCR, qui sont entrées en vigueur en 1992, c'est le PAM qui s'occupe de l'essentiel des vivres fournis aux réfugiés.

Un nombre croissant de projets du PAM consistent à faciliter la transition entre les secours et le développement. Dans certains cas, les opérations d'urgence et de secours ont renforcé les moyens dont disposent les collectivités pour mener à bien les activités de développement. (Voir aussi la section sur l'alimentation et l'agriculture au chapitre 3.)

En cas d'urgence et de catastrophe naturelle, les représentants résidents du **Programme des Nations Unies pour le développement (PNUD)** jouent un rôle essentiel dans la gestion des actions de secours et de redressement, en coopération avec le Coordonnateur des secours d'urgence. Les gouvernements font souvent appel au PNUD pour les aider à mettre au point des programmes de redressement et pour diriger l'aide fournie par les donateurs.

Le PNUD veille à ce que les opérations de secours intègrent des activités de relance. L'aide humanitaire et l'aide au développement sont donc liées, de façon à relancer au plus vite le développement durable dans une région touchée.

Les projets de redressement menés par le PNUD visent à atténuer la pauvreté, qui est souvent à l'origine des conflits civils. Pour que les ressources fournies aient la plus grande incidence possible, chaque projet est réalisé en consultation avec les responsables administratifs locaux et nationaux, ainsi qu'avec le bureau extérieur du PNUD dans le pays. Cette méthode à base communautaire a aidé à apporter des secours urgents mais durables à des centaines de milliers de victimes de la guerre ou des conflits civils dans des pays tels que l'Afghanistan, le Cambodge, El Salvador et le Soudan. De nombreuses communautés stigmatisées par des conflits ont pu améliorer leur niveau de vie grâce à des programmes de formation, de crédit et d'infrastructures. (Voir aussi la section sur le PNUD au chapitre 3.)

AIDE AUX RÉFUGIÉS

Le **Haut Commissariat des Nations Unies pour les réfugiés (HCR)**, créé en 1951, remplit deux grandes fonctions : assurer une protection internationale aux réfugiés et chercher des solutions durables à leur situation. Depuis sa création, il a aidé plus de 30 millions de réfugiés à recommencer leur vie. Pour répondre efficacement au problème posé actuellement par les réfugiés, le HCR a adopté une triple stratégie de prévention, d'intervention d'urgence et de solutions.

Au début de 1995, le HCR s'occupait du sort de 27 millions de réfugiés et autres personnes, dont 14,5 millions de réfugiés proprement dit, le reste étant constitué de groupes tels que les rapatriés et les personnes déplacées à l'intérieur de leur pays.

Dans ses rapports avec les réfugiés et les autres personnes dont il s'occupe, le HCR est guidé par des considérations exclusivement humanitaires. Selon son Statut, un réfugié est une personne qui, parce qu'elle craint à juste titre d'être persécutée en raison de sa race, de sa religion, de sa nationalité ou de ses opinions politiques, se trouve en dehors du pays dont elle est ressortissante et ne peut pas ou, en raison de ses craintes, ne veut pas, bénéficier de la protection de ce pays. L'un des éléments essentiels du statut juridique international des réfugiés est le principe généralement admis du non-refoulement, qui interdit l'expulsion ou le rapatriement forcé d'une personne vers un pays où elle a des raisons de craindre la persécution.

Les personnes dont se préoccupe le HCR sont celles définies comme réfugiés dans son Statut, ainsi que les rapatriés selon la résolution 40/118 de l'Assemblée générale de 1985 et les personnes déplacées auxquelles l'ONU lui demande d'apporter une assistance.

La définition du réfugié formulée à l'origine reste au cœur du mandat du HCR, mais on lui a progressivement adjoint d'autres critères. Dans de nombreuses situations, le HCR offre aujourd'hui une aide et une protection aux réfugiés qui fuient la persécution, les conflits et les violations généralisées des droits de l'homme.

Les personnes déplacées, dont le nombre avoisine actuellement 26 millions, ont souvent des besoins très similaires à ceux des réfugiés. L'Assemblée générale et le Secrétaire général font de plus en plus appel au HCR pour protéger ou aider des groupes particuliers de personnes déplacées. Le HCR apportait ainsi, au début de 1995, des secours humanitaires à des personnes déplacées en Azerbaïdjan, en Bosnie-Herzégovine, dans la région tchétchène de la Fédération de Russie, en Géorgie, au Rwanda, en Somalie, à Sri Lanka et au Tadjikistan.

Pour assurer une protection internationale aux réfugiés, le HCR s'efforce de faire adopter et appliquer les normes internationales du traitement des réfugiés, notamment la protection de leurs droits dans le pays d'asile et la protection contre le retour forcé dans leur pays d'origine. A la recherche de solutions durables, il s'efforce de faciliter le rapatriement volontaire des réfugiés et leur réintégration dans leur pays d'origine ou, si c'est impossible, leur intégration dans leur pays d'asile ou leur réinstallation dans un pays tiers.

Le statut juridique des réfugiés est défini dans deux instruments internationaux : la Convention relative au statut des réfugiés (1951) et son Protocole de 1967, qui énoncent les droits et obligations des réfugiés. Au 1er mai 1995, 128 Etats étaient parties à l'un de ces instruments ou aux deux. Un autre instrument juridique important est la Convention régissant les aspects propres aux problèmes des réfugiés en Afrique, adoptée par l'OUA en 1969, qui comptait 41 Etats parties au 1er mai 1995.

Le HCR finance une partie de ses dépenses administratives de base grâce au budget ordinaire de l'ONU, puisque c'est un organe subsidiaire de l'Assemblée générale. Mais, pour ses programmes de protection et d'assistance, il dépend entièrement de contributions volontaires.

Les activités d'assistance sont regroupées en deux grandes catégories : les programmes généraux (dont le Fonds extraordinaire) et les programmes spéciaux. En 1994, le HCR a dépensé environ 415 millions de dollars pour ses programmes généraux et 776 millions de dollars pour ses programmes spéciaux (qui comprennent les programmes financés grâce aux appels du Secrétaire général).

Le HCR coopère avec d'autres organismes des Nations Unies et avec des organisations intergouvernementales et non gouvernementales. Outre l'aide substantielle qu'elles apportent grâce à leurs propres ressources, les organisations non gouvernementales font souvent office de partenaires opérationnels du HCR pour des projets précis. Elles jouent aussi un rôle important en plaidant la cause des réfugiés. Elles sont plus de 200 à coopérer aux programmes de secours et d'assistance juridique du HCR.

Le HCR a reçu le prix Nobel de la paix en 1954 et en 1981.

(Pour les réfugiés palestiniens, voir la sections sur l'UNRWA au chapitre 2.)

Les réfugiés dans le monde. En Afrique, des millions de personnes ont été déracinées à la suite de conflits civils et ethniques, de violations des droits de l'homme, de la sécheresse, de la famine et des souffrances qu'entraînent ces événements. Au début de 1995, l'Afrique comptait environ 6,8 millions de réfugiés, soit près de la moitié du nombre total dans le monde, dont 2 millions de Rwandais. Un nombre beaucoup plus grand de personnes avaient été déplacées à l'intérieur de leur pays. En 1994, on estimait ce nombre à 16 millions, soit une augmentation considérable par rapport aux 4 millions de 1980.

Depuis le début des années 90, les Etats d'Europe sont touchés de près par les problèmes de réfugiés et d'asile en raison du conflit qui a éclaté dans l'ex-Yougoslavie à la fin de 1991, créant le plus vaste flux de réfugiés en Europe depuis la seconde guerre mondiale. En novembre 1991, le HCR a été chargé par le Secrétaire général de coordonner la protection et l'aide apportées par le système des Nations Unies aux personnes touchées par le conflit, dont on estimait alors le nombre à 500 000. En mai 1995, ce nombre était passé à 3,5 millions.

Par opposition aux crises nées en Europe et dans certaines régions d'Afrique et d'Asie au début des années 90, les problèmes de réfugiés ont connu une évolution favorable dans divers pays. Ainsi, plus de 2 millions de rapatriements volontaires ont eu lieu dans le monde en 1994, surtout en Afrique et en Asie. Le rapatriement au Mozambique a été la plus vaste opération de ce type jamais menée par le HCR en Afrique : en avril 1995, 1,6 million de Mozambicains réfugiés dans les six Etats voisins avaient regagné leur pays.

Pour que les réfugiés et les personnes déplacées puissent recommencer leur vie une fois rentrés, le HCR collabore avec divers autres organismes afin de faciliter leur réintégration. Pour réussir cette opération, il faut apporter une aide d'urgence aux intéressés, soutenue par des programmes de développement touchant les régions dévastées, afin que les rapatriés puissent exercer des activités rémunératrices.

A cette fin, le HCR met en œuvre des projets « à impact rapide » dans les communautés de rapatriés et collabore avec les organismes de développement. On est désormais conscient que, pour résoudre de façon durable le problème des réfugiés, il faut faire le lien entre la paix, la stabilité, la sécurité, le respect des droits de l'homme et le développement durable.

CHAPITRE 6

Décolonisation

Depuis que l'ONU a été créée en 1945, plus de 80 pays dont les peuples étaient auparavant soumis à la domination coloniale y ont adhéré en tant qu'Etats souverains et indépendants. L'Organisation a joué un rôle essentiel dans cette évolution historique en encourageant les aspirations des peuples dépendants et en fixant des buts et des normes pour hâter leur accession à l'indépendance.

Ses efforts de décolonisation sont inspirés du principe de l'« égalité des droits et de l'autodétermination des peuples », énoncé dans la Charte, ainsi que des Chapitres XI, XII et XIII, consacrés aux intérêts des peuples dépendants. L'action de l'ONU est également guidée depuis 1960 par la Déclaration sur l'octroi de l'indépendance aux pays et aux peuples coloniaux [résolution 1514 (XV) de l'Assemblée générale du 14 décembre 1960], également dénommée Déclaration sur la décolonisation, dans laquelle les Etats Membres proclamèrent la nécessité de mettre rapidement fin au colonialisme.

Malgré les importantes défaites infligées au colonialisme, près de 2 millions de personnes vivent toujours sous un régime colonial, et l'ONU poursuit son action en vue d'aider les territoires non autonomes à exercer leur droit à l'autodétermination et à accéder à l'indépendance.

LE RÉGIME INTERNATIONAL DE TUTELLE

Conformément au Chapitre XII de la Charte, l'ONU a établi un régime international de tutelle afin de surveiller la situation dans les territoires soumis à ce régime en vertu d'accords particuliers passés entre elle et les Etats administrants. Ce régime devait s'appliquer : i) aux territoires qui relevaient de mandats établis par la Société des Nations après la première guerre mondiale; ii) aux territoires détachés d'Etats ennemis à la suite de la seconde guerre mondiale; iii) aux territoires qui seraient volontairement placés sous le régime de tutelle par les Etats responsables de leur administration. L'objectif essentiel du régime était de favoriser le progrès politique, économique et social des territoires sous tutelle et leur évolution progressive vers l'autonomie ou l'indépendance.

Le Conseil de tutelle a été créé en vertu du Chapitre XIII de la Charte afin de surveiller l'administration des territoires sous tutelle et de faire en sorte que les gouvernements chargés de cette administration prennent les mesures qui conviennent pour préparer les territoires à la réalisation des objectifs énoncés dans la Charte.

Au cours des premières années d'existence de l'ONU, 11 territoires furent placés sous le régime de tutelle. En 1975, tous les territoires sous tutelle sauf celui des îles du Pacifique, zone stratégique administrée par les Etats-Unis en vertu d'un accord approuvé par le Conseil de sécurité, avaient accédé à l'indépendance ou s'étaient unis à un Etat voisin pour constituer un pays indépendant.

Le territoire sous tutelle des îles du Pacifique se composait à l'origine de trois archipels comprenant un total de 2 100 îles. En 1975, l'un de ces archipels, les îles Mariannes septentrionales, décida, à l'issue d'un vote, de devenir Commonwealth des Etats-Unis à l'expiration de sa tutelle et fut séparé administrativement du reste du territoire. Par la suite, les îles restantes devinrent trois entités autonomes dotées de leur propre constitution : les Iles Marshall, les Etats fédérés de Micronésie et les Palaos. Les deux premiers, exerçant leur droit à disposer d'eux-mêmes, choisirent en 1983 un statut politique de libre association avec les Etats-Unis, ce qui amena le Conseil de sécurité à mettre fin en 1990 à l'Accord de tutelle pour toutes les entités sauf les Palaos. Enfin, à la suite d'un plébiscite en 1993, la population des Palaos choisit un régime de libre association avec les Etats-Unis, de sorte que le Conseil mit fin en 1994 à l'Accord de tutelle pour les Palaos (voir le Conseil de tutelle au chapitre 1). Plus aucun territoire n'étant inscrit à l'ordre du jour, le régime de tutelle a achevé sa tâche historique.

En 1994, les territoires qui avaient exercé leur droit à l'autodétermination étaient les suivants :

TERRITOIRES SOUS TUTELLE AYANT EXERCÉ LEUR DROIT À L'AUTODÉTERMINATION

Togo sous administration britannique	Uni en 1957 à la Côte-de-l'Or (colonie et protectorat), territoire non autonome administré par le Royaume-Uni, pour constituer le Ghana

Somalie sous administration italienne	Unie en 1960 au protectorat britannique de la Somalie pour constituer la Somalie
Togo sous administration française	Devenu indépendant sous le nom de Togo en 1960
Cameroun sous administration française	Devenu indépendant sous le nom de Cameroun en 1960
Cameroun sous administration britannique	La partie septentrionale du territoire sous tutelle s'est jointe à la Fédération du Nigéria le 1er juin 1961 et la partie méridionale s'est jointe à la République du Cameroun le 1er octobre 1961
Tanganyika sous administration britannique	Devenu indépendant en 1961 (en 1964, le Tanganyika et l'ancien protectorat de Zanzibar, qui était devenu indépendant en 1963, se sont unis pour constituer la République-Unie de Tanzanie)
Ruanda-Urundi sous administration belge	S'est divisé en 1962, à l'issue d'un vote, en deux Etats souverains, le Rwanda et le Burundi
Samoa-Occidental sous administration néo-zélandaise	Devenu indépendant sous le nom de Samoa en 1962
Nauru, administré par l'Australie au nom de l'Australie, de la Nouvelle-Zélande et du Royaume-Uni	Devenu indépendant en 1968
Nouvelle-Guinée sous administration australienne	Unie en 1975 avec le territoire non autonome de Papouasie, également administré par l'Australie, pour constituer l'Etat indépendant de Papouasie-Nouvelle-Guinée
Territoires sous tutelle des îles du Pacifique :	
a) Etats fédérés de Micronésie	Devenus entièrement autonomes et librement associés aux Etats-Unis en 1990
b) République des Iles Marshall	Devenue entièrement autonome et librement associée aux Etats-Unis en 1990
c) Commonwealth des îles Mariannes septentrionales	Devenu entièrement autonome en tant que Commonwealth des Etats-Unis en 1990
d) Palaos	Devenus entièrement autonomes et librement associés aux Etats-Unis en 1994

TERRITOIRES NON AUTONOMES

La Charte des Nations Unies traite également de la question des territoires non autonomes qui n'ont pas été placés sous le régime de tutelle.

La Déclaration relative aux territoires non autonomes (Chapitre XI de la Charte) stipule que les Membres de l'ONU qui administrent des territoires dont les populations ne s'administrent pas encore complètement elles-mêmes doivent reconnaître le principe de la primauté des intérêts des habitants de ces territoires et accepter comme une mission sacrée l'obligation de favoriser dans toute la mesure possible leur prospérité.

A cette fin, les puissances administrantes doivent non seulement assurer le progrès politique, économique et social de ces populations, ainsi que le développement de leur instruction, et les traiter avec équité, mais aussi développer leur capacité de s'administrer elles-mêmes, tenir compte de leurs aspirations politiques et les aider dans le développement de leurs libres institutions politiques. Elles sont tenues de transmettre régulièrement au Secrétaire général des renseignements statistiques et autres sur les conditions économiques et sociales et sur la situation de l'instruction dans leurs territoires respectifs.

En 1946, huit Etats Membres – Australie, Belgique, Danemark, Etats-Unis, France, Nouvelle-Zélande, Pays-Bas et Royaume-Uni – donnèrent la liste des territoires placés sous leur administration qu'ils considéraient comme non autonomes. Cette liste comprenait en tout 72 territoires, dont 8 devinrent indépendants entre 1946 et 1959. Pour 21 autres, la communication de renseignements cessa pour différentes raisons. Dans certains cas tels que Porto Rico, le Groenland, l'Alaska et Hawaii, l'Assemblée générale accepta cette cessation, tandis que dans d'autres la décision fut prise unilatéralement par la Puissance administrante.

En 1963, l'Assemblée générale approuva une liste révisée de 64 territoires auxquels s'appliquait la Déclaration sur l'octroi de l'indépendance aux pays et aux peuples coloniaux (1960). Cette liste comprenait les deux territoires encore sous tutelle (Nauru et le Territoire sous tutelle des îles du Pacifique), tous les territoires non autonomes pour lesquels des renseignements étaient transmis conformément à l'Article 73 e de la Charte – y compris les quatre territoires administrés par l'Espagne –, la Namibie (alors appelée Sud-Ouest africain) et les territoires non autonomes au sujet desquels aucun renseignement n'était transmis mais dont l'Assemblée générale avait déterminé qu'il s'agissait de territoires non autonomes, à savoir les territoires sous administration portugaise et la Rhodésie du Sud (aujourd'hui Zimbabwe). La liste s'allongea ensuite avec l'addition en 1965 de la Côte française des Somalis (aujourd'hui Djibouti) et de l'Oman puis, en 1972, de l'archipel des Comores et enfin, en 1986, de la Nouvelle-Calédonie.

De 1960 à 1990, 53 territoires accédèrent à l'autonomie. En 1994, il restait 17 territoires non autonomes.

TERRITOIRES AUXQUELS CONTINUE DE S'APPLIQUER LA DÉCLARATION SUR LA DÉCOLONISATION (AU 31 DÉCEMBRE 1994)

Territoire	Autorité administrante
Afrique	
Sahara occidental	Espagne[1]
Asie et Pacifique	
Guam	Etats-Unis
Ile Pitcairn	Royaume-Uni
Iles Tokélaou	Nouvelle-Zélande
Nouvelle-Calédonie[2]	France
Samoa américaines	Etats-Unis
Timor oriental	Portugal[3]
Océan atlantique, Caraïbes et Méditerranée	
Anguilla	Royaume-Uni
Bermudes	Royaume-Uni
Gibraltar	Royaume-Uni
Iles Caïmanes	Royaume-Uni
Iles Falkland (Malvinas)	Royaume-Uni
Iles Turques et Caïques	Royaume-Uni
Iles Vierges américaines	Etats-Unis
Iles Vierges britanniques	Royaume-Uni
Montserrat	Royaume-Uni
Sainte-Hélène	Royaume-Uni

[1] Le 26 février 1976, l'Espagne informa le Secrétaire général que cette date marquait la fin de sa présence dans le territoire du Sahara et qu'elle jugeait nécessaire qu'il soit pris note qu'ayant cessé de participer à l'administration temporaire établie pour le territoire elle se considérait désormais déchargée de toute responsabilité de caractère international touchant son administration. En 1990, l'Assemblée générale a réaffirmé que la question du Sahara occidental était une question de décolonisation, processus que la population du Sahara occidental n'avait pas encore achevé.

[2] Le 2 décembre 1986, l'Assemblée générale a déterminé que la Nouvelle-Calédonie était un territoire non autonome.

[3] Le 20 avril 1977, le Portugal informa le Secrétaire général que l'exercice de sa souveraineté sur le territoire avait cessé en août 1975 et que les seuls renseignements qu'il pouvait transmettre porteraient sur les premiers mois de 1975. Les années suivantes, le Portugal a informé le Secrétaire général que les conditions régnant au Timor oriental continuaient de l'empêcher d'assumer ses responsabilités concernant l'administration du territoire.

DÉCLARATION SUR L'OCTROI DE L'INDÉPENDANCE AUX PAYS ET AUX PEUPLES COLONIAUX

L'urgence avec laquelle les peuples dépendants exigeaient d'être libérés de la domination coloniale et l'opinion de la communauté internationale selon laquelle les principes de la Charte étaient appliqués avec trop de lenteur conduisirent l'Assemblée générale a adopter le 14 décembre 1960 la Déclaration sur l'octroi de l'indépendance aux pays et aux peuples coloniaux [résolution 1514 (XV)].

Cette déclaration proclame que la sujétion des peuples à une domination et à une exploitation étrangères constitue un déni des droits fondamentaux de l'homme, est contraire à la Charte des Nations Unies et compromet la cause de la paix et de la coopération mondiales. Elle annonce que « des mesures immédiates seront prises, dans les territoires sous tutelle, les territoires non autonomes et tous autres territoires qui n'ont pas encore accédé à l'indépendance, pour transférer tous pouvoirs aux peuples de ces territoires, sans aucune condition ni réserve, conformément à leur volonté et à leurs vœux librement exprimés, sans aucune distinction de race, de croyance, de couleur, afin de leur permettre de jouir d'une indépendance et d'une liberté complètes ».

En 1961, l'Assemblée créa un comité spécial de 17 membres – élargi à 24 en 1962 – pour suivre régulièrement l'application de la Déclaration et formuler des suggestions et des recommandations afin d'en hâter et d'en élargir l'application. Cet organe, communément appelé Comité spécial des 24 sur la décolonisation, porte en réalité le nom de Comité spécial chargé d'étudier la situation en ce qui concerne l'application de la Déclaration sur l'octroi de l'indépendance aux pays et aux peuples coloniaux.

L'Assemblée générale a également adopté des résolutions pour marquer les anniversaires importants de la Déclaration. En 1988, rappelant que l'année 1990 marquerait le trentième anniversaire de la Déclaration, elle déclara la période 1990-2000 Décennie internationale de l'élimination du colonialisme et pria le Secrétaire général de lui présenter un rapport qui lui permette d'examiner et d'adopter un plan d'action visant à libérer le monde du colonialisme pour le début du XXIe siècle.

En 1990, elle exprima sa conviction que le trentième anniversaire de la Déclaration devait donner aux Etats Membres l'occasion de réaffirmer leur attachement aux principes et objectifs énoncés dans ce document et de mener des efforts concertés en vue d'éliminer dans toutes les régions du monde les derniers vestiges du colonialisme. Elle exhorta également les puissances administrantes à veiller à ce que les intérêts étrangers – économiques et autres – n'aillent pas à l'encontre des intérêts des habitants des territoires. Elle pria les Etats Membres de veiller à ce que la souveraineté permanente des territoires coloniaux sur leurs ressources naturelles soit respectée et elle réaffirma, à propos des petits territoires, que des facteurs tels que la superficie, la situation géographique, l'importance de la population et le caractère limité des ressources naturelles ne devraient en aucun cas empêcher la population d'exercer son droit inaliénable à l'autodétermination et à l'indépendance.

Au cours des 30 années qui se sont écoulées depuis l'adoption de la Déclaration sur la décolonisation en 1960, une soixantaine d'anciens territoires coloniaux comptant plus de 80 millions d'habitants ont accédé à l'indépendance et adhéré à l'ONU en tant que Membres souverains.

Chaque année, lorsqu'elle examine la situation dans les territoires non autonomes, l'Assemblée générale réaffirme que la persistance du colonialisme sous toutes ses formes et dans toutes ses manifestations est incompatible avec la Charte, la Déclaration universelle des droits de l'homme et la Déclaration sur la décolonisation.

Elle demande aux puissances administrantes de prendre toutes les mesures nécessaires pour permettre aux peuples dépendants d'exercer pleinement et sans délai leur droit inaliénable à l'autodétermination et à l'indépendance. Elle les prie également de démanteler immédiatement et inconditionnellement les bases et installations militaires qu'elles ont dans les territoires coloniaux et de ne pas en créer de nouvelles, et elle condamne les intérêts étrangers – économiques et autres – dont les activités empêchent l'application de la Déclaration.

En ce qui concerne les petits territoires, l'Assemblée a maintes fois réaffirmé que des facteurs tels que la superficie, la situation géographique, l'importance de la population et le caractère limité des ressources naturelles ne devaient en aucun cas retarder l'application de la Déclaration.

Elle a instamment prié les institutions spécialisées et les autres organismes des Nations Unies d'accorder toute l'aide morale et matérielle nécessaire aux peuples des territoires coloniaux et à leurs mouvements de libération nationale. Elle a également invité tous les Etats à offrir ou à continuer d'offrir des moyens d'études et de formation aux habitants des territoires non autonomes, y compris des bourses et le paiement de frais de voyage.

Dans le cas de certains territoires comme le Timor oriental, les îles Falkland (Malvinas) et le Sahara occidental, l'Assemblée a confié au Secrétaire général des tâches précises pour aider au processus de décolonisation, conformément à la Charte des Nations Unies et aux objectifs de la Déclaration.

TERRITOIRES SOUS TUTELLE ET TERRITOIRES NON AUTONOMES QUI ONT ACCÉDÉ À L'INDÉPENDANCE DEPUIS L'ADOPTION DE LA RÉSOLUTION 1514 (XV) DE L'ASSEMBLÉE GÉNÉRALE DU 14 DÉCEMBRE 1960

Etat ou entité	Date d'admission à l'ONU
Afrique	
Algérie	8 octobre 1962
Angola	1er décembre 1976
Botswana	17 octobre 1966
Burundi	18 septembre 1962
Cap-Vert	16 septembre 1975
Comores	12 novembre 1975
Djibouti	20 septembre 1977
Gambie	21 septembre 1965
Guinée-Bissau	17 septembre 1974
Guinée équatoriale	12 novembre 1968
Kenya	16 décembre 1963
Lesotho	17 octobre 1966
Malawi	1er décembre 1964
Maurice	24 avril 1968
Mozambique	16 septembre 1975
Namibie	23 avril 1990
Ouganda	25 octobre 1962
République-Unie de Tanzanie[1]	14 décembre 1961
Rwanda	18 septembre 1962
Sao Tomé-et-Principe	26 septembre 1975
Seychelles	21 septembre 1976
Sierra Leone	27 septembre 1961

Etat ou entité	Date d'admission à l'ONU
Swaziland	24 septembre 1968
Zambie	1er décembre 1964
Zimbabwe	18 avril 1980
Asie	
Brunéi Darussalam	21 septembre 1984
Oman	7 octobre 1971
Singapour	21 septembre 1965
Yémen démocratique	14 décembre 1967
Caraïbes	
Antigua-et-Barbuda	11 novembre 1981
Bahamas	18 septembre 1973
Barbade	9 décembre 1966
Belize	25 septembre 1981
Dominique	18 décembre 1978
Grenade	17 décembre 1974
Guyana	20 septembre 1966
Jamaïque	18 septembre 1962
Sainte-Lucie	18 septembre 1979
Saint-Kitts-et-Nevis	23 septembre 1983
Saint-Vincent-et-les Grenadines	16 septembre 1980
Suriname[2]	4 décembre 1975
Trinité-et-Tobago	18 septembre 1962
Europe	
Malte	1er décembre 1964
Pacifique	
Etats fédérés de Micronésie	17 septembre 1991
Fidji	13 octobre 1970
Iles Marshall	17 septembre 1991
Iles Salomon	19 septembre 1978
Kiribati[3]	–
Nauru[3]	–
Papouasie-Nouvelle-Guinée	10 octobre 1975
République des Palaos	15 décembre 1994
Samoa	15 décembre 1976
Tuvalu[3]	–
Vanuatu	15 septembre 1981

---

[1] L'ancien Territoire sous tutelle du Tanganyika, devenu indépendant en décembre 1961, et l'ancien Protectorat de Zanzibar, qui a accédé à l'indépendance en décembre 1963, se sont unis en un seul Etat en avril 1964.

[2] Par sa résolution 945 (X), l'Assemblée générale a accepté que des renseignements cessent d'être communiqués au sujet du Suriname par suite des changements constitutionnels survenus dans les relations entre les Pays-Bas, le Suriname et les Antilles néerlandaises, qui faisaient partie de la Charte du Royaume des Pays-Bas.

[3] Kiribati, Nauru et Tuvalu, devenus indépendants respectivement le 12 juillet 1979, le 31 janvier 1968 et le 1er octobre 1978, n'ont pas demandé à adhérer à l'ONU.

NAMIBIE

La Namibie – précédemment dénommée Sud-Ouest africain – était le seul des sept territoires africains sous mandat de la Société des Nations qui n'avait pas été placé sous le régime de tutelle, malgré la recommandation faite en ce sens par l'Assemblée générale à l'Afrique du Sud en 1946. Loin de se conformer à cette recommandation, l'Afrique du Sud informa l'ONU en 1949 qu'elle ne transmettrait plus de renseignements sur le territoire puisque le mandat avait expiré avec la disparition de la Société des Nations.

En 1950, la Cour internationale de Justice considéra que l'Afrique du Sud conservait ses obligations internationales à l'égard du territoire et que les fonctions de surveillance de l'administration du territoire qui étaient celles de la Société des Nations devaient être exercées par l'ONU. L'Afrique du Sud rejeta l'avis de la Cour et continua à s'opposer à toute forme de surveillance de l'ONU sur le territoire.

En 1966, l'Assemblée générale déclara que l'Afrique du Sud avait failli aux obligations qui lui étaient imposées par le mandat. Elle mit donc fin à ce dernier et plaça le territoire sous la responsabilité directe de l'ONU. En 1967, elle créa le Conseil des Nations Unies pour le Sud-Ouest africain, chargé d'administrer le territoire jusqu'à l'indépendance. C'était alors le seul territoire dont l'ONU – et non un Etat Membre – avait la responsabilité directe. En 1968, le Conseil fut rebaptisé Conseil des Nations Unies pour la Namibie lorsque l'Assemblée proclama que, conformément aux vœux de sa population, le territoire serait désormais appelé ainsi.

Plus tard dans la même année, l'Assemblée, devant le refus de l'Afrique du Sud de coopérer avec le Conseil pour la Namibie comme elle l'avait exigé, recommanda au Conseil de sécurité de prendre des mesures afin de permettre au Conseil pour la Namibie de s'acquitter de son mandat.

Dans sa première résolution sur cette question en 1969, le Conseil de sécurité reconnut que l'Assemblée avait mis fin au mandat, qualifia d'illégal le maintien de la présence de l'Afrique du Sud en Namibie et demanda à celle-ci de retirer immédiatement son administration du territoire. En 1970, il déclara expressément pour la première fois que toutes les mesures prises par le Gouvernement sud-africain au sujet de la Namibie après la cessation du mandat étaient « illégales et non valables ».

Cette opinion fut confirmée en 1971 par la Cour internationale de Justice, qui déclara que la présence de l'Afrique du Sud en Namibie était illégale et que ce pays avait l'obligation de retirer son administration. L'Afrique du Sud continua cependant à refuser de se conformer aux résolutions des Nations Unies et maintint son administration illégale, notamment en imposant ses lois en matière d'apartheid, en pratiquant la « bantoustanisation » du territoire et en exploitant ses ressources.

Le Conseil des Nations Unies pour la Namibie promulgua en 1974 un Décret pour la protection des ressources naturelles de la Namibie qui stipulait qu'aucune personne ou entité ne pouvait rechercher, prendre ou distribuer une ressource naturelle quelconque trouvée en Namibie sans son autorisation. Toute personne ou entité qui contreviendrait au Décret pourrait faire l'objet d'une demande en réparation de la part du futur gouvernement d'une Namibie indépendante.

Toujours en 1974, le Conseil créa à Lusaka (Zambie) l'Institut pour la Namibie, qui fonctionnera jusqu'après l'indépendance de la Namibie, dispensant aux Namibiens un enseignement et une formation afin de les préparer à l'administration d'une Namibie libre.

En 1976, le Conseil de sécurité exigea pour la première fois que l'Afrique du Sud accepte des élections libres pour le territoire, sous la supervision et le contrôle de l'ONU.

La même année, l'Assemblée générale condamna l'Afrique du Sud pour l'organisation à Windhoek, capitale de la Namibie, de prétendus pourparlers constitutionnels et décida que tous les pourparlers sur l'indépendance devaient avoir lieu entre l'Afrique du Sud et la South West Africa People's Organization (SWAPO), reconnue par elle comme le seul représentant authentique du peuple namibien.

L'Assemblée lança aussi, pour aider à l'édification de la nation namibienne, un vaste programme d'assistance auquel participeraient les institutions spécialisées et d'autres organismes des Nations Unies.

A sa session extraordinaire de 1978 consacrée à la Namibie, elle exprima son soutien à la lutte armée du peuple namibien pour sa libération et déclara que tout règlement négocié devrait être élaboré avec l'accord de la SWAPO et dans le cadre des résolutions de l'ONU.

Plan des Nations Unies pour l'indépendance de la Namibie

En 1978, le Conseil de sécurité fut saisi d'une proposition de règlement présentée par le Canada, les Etats-Unis, la France, la République fédérale d'Allemagne et le Royaume-Uni. Il s'agissait d'organiser l'élection d'une assemblée constituante sous les auspices de l'ONU. Chaque phase du processus électoral se déroulerait à la satisfaction d'un représentant spécial du Secrétaire général pour la Namibie. Un **Groupe d'assistance des Nations Unies pour la période de transition (GANUPT)** aiderait le Représentant spécial à superviser le processus politique et veillerait à ce que les parties respectent toutes les dispositions d'une solution convenue.

Le Conseil de sécurité pria alors le Secrétaire général de nommer un représentant spécial pour la Namibie et de présenter des recommandations concernant l'application de la proposition de règlement. Par sa résolution 435 (1978), il approuva le plan des Nations Unies pour l'indépendance de la Namibie et décida de créer le GANUPT.

En 1980, l'Afrique du Sud accepta le plan proposé par les cinq puissances et, l'année suivante, elle participa à une réunion préliminaire à Genève. Toutefois, elle refusa de décréter un cessez-le-feu, l'une des conditions fixées par l'ONU pour l'application de la résolution 435. Les négociations furent de nouveau interrompues lorsqu'elle posa de nouvelles conditions liant notamment l'indépendance de la Namibie au retrait des troupes cubaines d'Angola, conditions que l'ONU rejeta.

Au cours des années suivantes, le Secrétaire général et son Représentant spécial se rendirent à de multiples reprises en Afrique australe afin de discuter des problèmes à régler, d'éclaircir les positions, d'explorer de nouvelles idées et de procéder à des échanges de vues avec toutes les parties. Divers pays encouragèrent les pourparlers sur la question, notamment les cinq auteurs occidentaux de la proposition de 1978 ainsi que la Zambie. Peu à peu, les divergences furent aplanies grâce à des compromis.

Le Secrétaire général fit savoir en 1987 que toutes les questions en suspens touchant le plan des Nations Unies, y compris le choix d'un système électoral, avaient été résolues. Le seul obstacle demeurait le couplage de l'indépendance de la Namibie au retrait des troupes cubaines.

Après huit mois d'intenses négociations, un accord tripartite pour lequel les Etats-Unis avaient servi de médiateur fut signé le 22 décembre 1988 au Siège de l'ONU entre l'Afrique du Sud, l'Angola et Cuba. Les trois signataires s'engageaient à prendre des mesures propres à instaurer la paix dans la région et à ouvrir la voie à l'indépendance de la Namibie conformément au plan des Nations Unies. L'Afrique du Sud s'engageait en outre à coopérer avec le Secrétaire général en vue d'assurer l'indépendance de la Namibie grâce à des élections libres et régulières.

Parallèlement, l'Angola et Cuba signèrent un accord sur le retrait des troupes cubaines. Conformément à cet accord, l'ONU envoya une mission d'observation pour vérifier ce retrait (voir la section sur l'Angola au chapitre 2).

L'opération qui devait mener à l'indépendance de la Namibie fut l'une des plus complexes jamais entreprises par l'ONU. Le début de l'application du plan d'indépendance avait été fixé au 1er avril 1989.

Le GANUPT était composé de personnes appartenant à 124 nationalités. Un effectif d'environ 900 civils recruté au plan international observa l'ensemble du processus électoral, dirigé par les autorités namibiennes. Les 1 500 policiers du GANUPT veillèrent à ce que ce processus se déroule sans incident et observèrent la police locale. Les 4 300 militaires surveillèrent le respect du cessez-le-feu entre la SWAPO et les forces sud-africaines ainsi que le retrait et la démobilisation de toutes les forces militaires.

La Namibie était divisée en 23 circonscriptions électorales. Des centres d'inscription avaient été établis dans tout le pays, et 110 équipes mobiles avaient en charge quelque 2 200 bureaux d'inscription en zone rurale.

L'inscription sur les listes électorales commença le 3 juillet 1989. Lorsqu'elle se termina le 23 septembre, le nombre des inscrits s'élevait à 701 483. Le HCR avait en outre aidé plus de 34 000

Namibiens expatriés – sur les quelque 41 000 qu'il avait recensés – à regagner leur pays.

Les élections, qui avaient pour objet de désigner les 72 représentants à l'Assemblée constituante, se déroulèrent du 7 au 11 novembre 1989, et le taux de participation atteignit 97 %. Le GANUPT surveilla l'opération de vote et le dépouillement. Le 14 novembre, le Représentant spécial pour la Namibie, Martti Ahtisaari, déclara que les élections avaient été libres et régulières. La SWAPO obtint 41 sièges, l'Alliance démocratique Turnhalle 21, et cinq petits partis se partagèrent les 10 sièges restants.

Le 22 novembre 1989, les derniers contingents sud-africains avaient quitté le pays. L'Assemblée constituante se réunit pour la première fois le 21 novembre afin de rédiger une nouvelle constitution, qui fut approuvée à l'unanimité le 9 février 1990. Le 16 février, elle élut le dirigeant de la SWAPO, Sam Nujoma, au poste de Président de la République pour un mandat de cinq ans.

La Namibie devint indépendante le 21 mars 1990. Ce jour-là, le premier Président de la Namibie prêta serment au National Stadium de Windhoek, devant le Secrétaire général de l'ONU. Le 23 avril, la Namibie devenait le cent-soixantième membre de l'ONU.

SAHARA OCCIDENTAL

Le Sahara occidental, territoire situé sur la côte nord-ouest de l'Afrique et bordé par le Maroc, la Mauritanie et l'Algérie, fut administré par l'Espagne jusqu'en 1976. Le Maroc et la Mauritanie le revendiquèrent, mais cette revendication fut contestée par le Front populaire pour la libération du Saguia el-Hamra et Rio de Oro (Front POLISARIO).

L'ONU examine la situation dans le territoire depuis 1963. Au fil des ans, l'Assemblée générale a réaffirmé le droit du peuple du Sahara occidental à l'autodétermination et demandé à la Puissance administrante de prendre des mesures pour en assurer l'exercice.

En réponse à une demande d'avis consultatif présentée par l'Assemblée, la Cour internationale de Justice a conclu en 1975 que les documents et les informations qui lui avaient été présentés n'établissaient aucun lien de souveraineté territoriale entre le Sahara occidental et le Maroc ou la Mauritanie.

Toujours en 1975, l'Espagne, le Maroc et la Mauritanie conclurent une déclaration de principes dans laquelle l'Espagne confirmait son intention de décoloniser le territoire au plus tard le 28 février 1976. Elle instituerait une administration temporaire à laquelle participeraient le Maroc et la Mauritanie, en collaboration avec la *Jema'a*, une assemblée locale représentant la population sahraouie.

L'Espagne acheva son retrait le 26 février 1976, déclarant que, même si la population du Sahara occidental n'avait pas exercé son droit à l'autodétermination, elle se considérait comme dégagée de sa responsabilité internationale vis-à-vis du territoire.

Le 27 février, le Secrétaire général reçut, par l'intermédiaire du Maroc, un message du Président de la *Jema'a* l'informant que celle-ci avait approuvé la « réintégration » du territoire dans le Maroc et la Mauritanie. En mars, le Front POLISARIO proclama la « République arabe sahraouie démocratique » (RASD) et déclara qu'il mènerait une lutte armée pour que la population du territoire puisse exercer son droit à l'autodétermination. En avril, le Maroc et la Mauritanie annoncèrent la conclusion d'un accord selon lequel les deux tiers nord du territoire seraient intégrés au Maroc et le tiers sud à la Mauritanie. Le Front POLISARIO et l'Algérie contestèrent cet accord, estimant que la *Jema'a* n'avait pas été démocratiquement élue.

A la suite d'un changement de gouvernement, la Mauritanie signa en 1979 à Alger un accord de paix avec le Front POLISARIO, par lequel elle renonçait à toute revendication sur le Sahara occidental. Le Maroc déclara cet accord nul et non avenu, et les troupes marocaines envahirent le secteur mauritanien du Sahara occidental. Le Front POLISARIO accentua ses attaques contre les forces marocaines, et les combats se poursuivirent dans le territoire au cours des années suivantes.

Outre l'ONU, l'OUA s'engagea dans la recherche d'un règlement pacifique. En 1979, elle préconisa un référendum afin que la population du territoire puisse exercer son droit à l'autodétermination. Elle créa un comité chargé d'élaborer les modalités de ce référendum, en coopération avec l'ONU.

Lors de la réunion au sommet de l'OUA en 1981, le Roi du Maroc annonça qu'il était prêt à accepter un cessez-le-feu et un référendum, sous une supervision internationale. Se félicitant de cette annonce, les participants demandèrent un cessez-le-feu et la tenue d'un référendum en coopération avec l'ONU. Toujours en 1981, l'Assemblée générale invita le Maroc et le Front POLISARIO à entamer des négociations en vue d'un cessez-le-feu. Mais le Maroc laissa clairement entendre qu'il n'était pas disposé à négocier directement avec le Front POLISARIO.

En 1982, après que 26 Etats membres de l'OUA eurent reconnu la RASD, celle-ci fut admise au Conseil des ministres de l'Organisation. Lorsque le Front POLISARIO siégea au Sommet de l'OUA en 1984, le Maroc se retira.

En 1983 et 1984, l'Assemblée générale réaffirma que la question du Sahara occidental était une question de décolonisation. La population du territoire n'avait toujours pas exercé son droit à l'autodétermination et à l'indépendance. L'Assemblée demanda aux deux parties de négocier un cessez-le-feu, afin de créer les conditions d'un référendum.

En 1985, le Secrétaire général et le Président de l'OUA entamèrent une mission commune de bons offices. En 1988, ils proposèrent un règlement prévoyant un cessez-le-feu et un référendum qui donnerait le choix entre l'indépendance et l'intégration dans le Maroc. Le Maroc et le Front POLISARIO acceptèrent le projet de règlement.

En 1990, le Conseil de sécurité approuva ce projet, ainsi que le plan mis au point par le Secrétaire général pour l'appliquer. Ce plan prévoyait une période de transition, durant laquelle un représentant spécial du Secrétaire général serait seul chargé de toutes les questions relatives au référendum, avec l'aide de la **Mission des Nations Unies pour l'organisation d'un référendum au Sahara occidental (MINURSO)**. La période de transition commencerait avec l'entrée en vigueur d'un cessez-le-feu et se terminerait avec la proclamation des résultats du référendum.

Tous les Sahraouis âgés d'au moins 18 ans et dénombrés dans le recensement espagnol de 1974 auraient le droit de voter, qu'ils fussent présents sur le territoire ou qu'ils vivent ailleurs comme réfugiés ou pour d'autres raisons. Une commission d'identification mettrait à jour les résultats du recensement afin de constituer une base d'établissement des listes électorales. Un recensement des réfugiés vivant hors du territoire serait effectué avec l'aide du HCR.

Le Conseil de sécurité créa la MINURSO le 29 avril 1991. Le 24 mai, conformément au plan, le Secrétaire général proposa que le cessez-le-feu entre en vigueur le 6 septembre, ce qui fut accepté par les deux parties.

Mais il apparut bientôt que les tâches à accomplir avant cette date ne pourraient l'être et que, tout en ayant accepté le plan, les deux parties étaient encore séparées par d'importantes divergences. L'une d'elles ne put donc accepter que la période de transition commence le 6 septembre.

Entre-temps, des combats éclatèrent dans le territoire, rompant le cessez-le-feu officieux en vigueur depuis plus de deux ans. Dans ces circonstances, le Secrétaire général décida que le cessez-le-feu officiel devait entrer en vigueur le 6 septembre comme convenu et que la période de transition commencerait dès que les tâches en suspens seraient achevées. Le Conseil de sécurité approuva sa proposition d'envoyer des observateurs vérifier le respect du cessez-le-feu et la fin des hostilités. En conséquence, 228 observateurs militaires de la MINURSO furent déployés dans le territoire.

Selon le plan de règlement, le référendum devait avoir lieu en 1992, mais le calendrier d'origine ne put être respecté. Tout en réaffirmant leur confiance en l'ONU et leur attachement au plan, les deux parties continuaient de diverger sur des éléments essentiels de ce plan, notamment les conditions à remplir pour être admis comme électeur.

Le Secrétaire général avait énoncé ces conditions dans un rapport du 19 décembre 1991 au Conseil de sécurité. Le Maroc les avait acceptées, tout en les considérant comme indûment restrictives. Le Front POLISARIO rappela que, dans l'accord initial, les deux parties étaient convenues que la liste des Sahraouis dénombrés dans le recensement espagnol de 1974 serait la seule base de décompte de l'électorat. Selon lui, les critères fixés le 19 décembre 1991 élargissaient indûment l'électorat par rapport au recensement de 1974; ils étaient donc incompatibles avec le plan de règlement.

En 1993, à l'issue de consultations entre le Représentant spécial, les deux parties confirmèrent leur souhait de procéder à l'inscription des électeurs. On décida de créer la Commission d'identification, dont le Secrétaire général nomma en avril le président.

Lors d'un déplacement dans la région en mai-juin 1993, le Secrétaire général présenta une solution de compromis relative à l'interprétation et à l'application des conditions à remplir par les électeurs : l'électorat potentiel comprendrait les membres de tous les groupes tribaux sahraouis (« sous-unités »), mais seulement les groupes représentés dans le recensement de 1974, quel que fût le nombre de personnes appartenant à ces sous-unités qui avaient été dénombrées lors du recensement. Toutes les personnes souhaitant prendre part au référendum devraient répondre à cette condition avant de demander à être admises au titre de l'un quelconque des critères du 19 décembre 1991.

Lors de cette consultation et de celles qui suivirent, les deux parties réaffirmèrent leur attachement au plan de paix et leur détermination de s'acheminer vers un référendum. Malgré ses réserves, le Maroc accepta la proposition de compromis. Le Front POLISARIO, lorsqu'il finit par accepter la totalité des critères d'admission du 19 décembre 1991, exprima de sérieuses réserves concernant la proposition.

En juillet 1993, des entretiens préliminaires eurent lieu à Laayoune, avec la participation du Représentant spécial en qualité d'observateur. Entre-temps, le Président de la Commission d'identification s'était rendu dans la région pour préparer les opérations d'identification et d'inscription des électeurs. La Commission commença par mettre en place avec les deux parties les procédures d'identification et d'inscription.

Le Représentant spécial se rendit à nouveau dans la région en janvier 1994. En février, il déclara que le problème fondamental du Front POLISARIO était que, comme les critères fixés par le Secrétaire général en 1991 élargissaient l'électorat au-delà des personnes dénombrées lors du recensement de 1974, leur application risquait de faire participer au référendum des personnes qui n'étaient pas des Sahraouis appartenant au territoire.

En mars, le Conseil de sécurité demanda à la Commission d'identification de procéder à l'identification et à l'enregistrement des électeurs, sur la base de la proposition de compromis. L'opération démarra en août 1994. En novembre, le Secrétaire général se rendit dans la région afin d'avoir des consultations avec les deux parties.

En janvier 1995, le Conseil de sécurité prolongea la MINURSO afin que le processus d'identification pût s'achever dans les délais. Ce processus se poursuivit dans sept centres d'identification. Mi-mars, plus de 21 000 personnes avaient été identifiées.

CHAPITRE 7

LE DROIT INTERNATIONAL

L'une des tâches essentielles de l'ONU est, ainsi que le stipule l'Article 1 de la Charte des Nations Unies, l'« ajustement ou le règlement » des différends internationaux par des moyens pacifiques, conformément aux principes de la justice et du droit international. Parmi les moyens de règlement, l'article 33 énonce l'arbitrage et le règlement judiciaire.

En vertu de l'article 13, l'Assemblée générale a, entre autres fonctions, celle d'« encourager le développement progressif du droit international et sa codification ». Cette fonction, l'Assemblée et ses organes l'exercent notamment en élaborant un grand nombre de conventions internationales. Au cours des 50 dernières années, l'ONU a permis la conclusion de plus de 456 accords multilatéraux portant sur la quasi-totalité des interactions entre Etats et des entreprises humaines. Dans les nouveaux secteurs de préoccupation mondiale tels que l'environnement, l'espace, les travailleurs migrants, le trafic des stupéfiants et le terrorisme, elle a fait œuvre de pionnier.

RÈGLEMENT JUDICIAIRE DES DIFFÉRENDS

Le principal organe de l'ONU chargé du règlement des différends est la **Cour internationale de Justice** (voir aussi le chapitre 1). Depuis sa création en 1946, la Cour a eu à connaître de plus de 72 affaires soumises par des Etats, et 22 avis consultatifs lui ont été demandés par des organisations internationales. Toutes ces affaires ont été examinées en séance plénière sauf, depuis 1981, quatre qui ont été portées devant des chambres spéciales, sur la demande des parties. Onze affaires sont actuellement en instance. Les litiges soumis à la Cour portent sur des sujets très divers.

Certains ont trait à la souveraineté territoriale. En 1953, dans une affaire opposant la France au Royaume-Uni, la Cour déclara que certains îlots de la Manche relevaient de la souveraineté britannique. Dans une autre affaire (1959), elle estima que les revendications de la Belgique sur une enclave située près de sa frontière avec les Pays-Bas étaient justifiées. En 1960, elle jugea que l'Inde n'avait pas contrevenu aux obligations que lui imposait l'existence d'un droit de passage dont jouissait le Portugal entre ses enclaves. En 1986, une chambre de la Cour délimita une partie de la frontière entre le Burkina Faso et le Mali. En 1990, la Libye et le Tchad portèrent, d'un commun accord, un différend territorial devant la Cour.

D'autres affaires concernent le droit de la mer. En 1949, la Cour jugea l'Albanie responsable des dommages que des mines placées dans ses eaux territoriales avaient causés à des navires de guerre britanniques qui exerçaient leur droit de passage inoffensif. Dans une affaire de pêcheries entre le Royaume-Uni et la Norvège, la Cour conclut en 1951 que la méthode employée par la Norvège pour délimiter ses eaux territoriales n'était pas contraire au droit international. En 1969, sur la demande du Danemark, des Pays-Bas et de la République fédérale d'Allemagne, la Cour indiqua les principes et les règles de droit international à appliquer pour délimiter les zones du plateau continental de la mer du Nord appartenant à chacune des parties. En 1974, elle jugea que l'Islande n'avait pas le droit d'interdire unilatéralement la présence des bateaux de pêche du Royaume-Uni et de la République fédérale d'Allemagne dans les zones situées entre les limites de pêche convenues en 1961 et la limite des 50 milles proclamée par l'Islande en 1972.

En 1982, à la demande de la Tunisie et de la Jamahiriya arabe libyenne, ainsi qu'en 1985, dans une affaire soumise par la Jamahiriya arabe libyenne et Malte, la Cour indiqua les principes et les règles de droit international à appliquer pour délimiter les zones du plateau continental méditerranéen appartenant à chacune des parties. En 1984, une chambre de la Cour fixa le tracé de la frontière maritime divisant le plateau continental et les zones de pêche du Canada et des Etats-Unis dans la région du golfe du Maine. En 1993, la Cour en séance plénière détermina le tracé de la frontière maritime qui, dans la zone comprise entre le Groenland et l'île de Jan Mayen, divise le plateau continental et les zones de pêche du Danemark et de la Norvège. Une autre affaire est en cours entre la Guinée-Bissau et le Sénégal au sujet des frontières maritimes. En 1995, l'Espagne a déposé une requête contre le Canada au sujet de la loi sur la protection des pêcheries côtières du Canada et de son application.

En 1992, une chambre de la Cour a rendu sa décision au sujet d'un différend entre El Salvador et le Honduras concernant la délimitation de la frontière terrestre et maritime. Deux autres affaires sont en cours pour des questions de délimitation de la frontière territoriale et maritime, l'une entre le Qatar et Bahreïn et l'autre entre le Cameroun et le Nigéria.

Il y a eu également des litiges concernant des questions de protection diplomatique : droit d'asile en Amérique latine (Colombie contre Pérou, 1950); droits des ressortissants des Etats-Unis au Maroc (France contre Etats-Unis, 1951); et une question de nationalité (Liechtenstein contre Guatemala, 1955). En 1970, la Cour conclut que la Belgique n'avait pas d'aptitude légale à protéger les intérêts des actionnaires belges d'une société canadienne qui avait fait l'objet de certaines mesures en Espagne. En 1989, une chambre de la Cour rejeta une demande de réparation déposée par les Etats-Unis contre l'Italie à propos de la saisie en Sicile d'une société détenue par des sociétés américaines.

Une affaire en cours concernant le projet Gabíkovo-Nagymaros, portée devant la Cour, toutes chambres réunies, par la Hongrie et la République slovaque en 1994, concerne des questions de protection de l'environnement. Toutefois, depuis 1993, les Etats peuvent soumettre leur différend dans ce domaine à une chambre spécialisée dans les questions d'environnement.

Dans les affaires relatives aux obligations de la puissance mandataire chargée du Territoire du Sud-Ouest africain (Namibie), la Cour décida en 1966 que l'Ethiopie et le Libéria n'avaient aucun droit ni intérêt juridique dans leur plainte contre l'Afrique du Sud. Quatre avis consultatifs donnés par la Cour portèrent également sur ce territoire, dont trois avaient été demandés par l'Assemblée générale. Dans le premier, la Cour estima (en 1950) que l'Afrique du Sud restait soumise à des obligations internationales au titre du mandat, malgré la dissolution de la Société des Nations. Dans le quatrième, demandé par le Conseil de sécurité, elle déclara (en 1971) que le maintien de la présence de l'Afrique du Sud en Namibie était illégal et que l'Afrique du Sud devait retirer son administration de Namibie et mettre fin à son occupation du territoire. Un autre litige, retiré en 1993 à la suite d'un accord entre les parties (Nauru et l'Australie) concernait un territoire autrefois sous mandat, l'île de Nauru. Et en 1991, le

Portugal, ancienne puissance coloniale au Timor oriental, introduisit une instance contre l'Australie à l'occasion d'un différend concernant « certaines activités de l'Australie relatives au Timor oriental ».

Certains avis consultatifs demandés par l'Assemblée générale concernent les relations entre l'ONU et ses Membres. En 1949, sur une question posée après l'assassinat du médiateur des Nations Unies en Palestine, la Cour déclara que l'ONU pouvait faire valoir ses droits contre un Etat en cas de dommage causé à un de ses agents. En 1988, elle estima qu'en vertu de l'Accord relatif au Siège de l'ONU les Etats-Unis étaient tenus de soumettre à un arbitrage leur différend avec l'Organisation touchant l'ordre de fermer les locaux de la Mission d'observation de l'Organisation de libération de la Palestine à New York. Après le refus de divers Etats de contribuer aux dépenses afférentes aux opérations de maintien de la paix au Moyen-Orient et au Congo, la Cour conclut en 1962 que ces dépenses devaient, conformément à la Charte, être supportées par tous les Etats Membres. Le dernier avis consultatif de la Cour fut rendu en 1989 au sujet d'une demande formulée par le Conseil économique et social sur l'applicabilité à l'ancien rapporteur d'une sous-commission de certaines dispositions de la Convention sur les privilèges et immunités des Nations Unies.

Cinq avis consultatifs ont été rendus concernant certains aspects de jugements prononcés par les tribunaux administratifs de l'ONU ou de l'Organisation internationale du Travail. Deux demandes d'avis consultatif sont en instance : l'une, présentée par l'OMS, porte sur la légalité de l'emploi d'armes nucléaires par un Etat dans un conflit armé; l'autre, présentée par l'Assemblée générale, porte sur la légalité de la menace ou de l'utilisation d'armes nucléaires.

Récemment, la Cour a été saisie de plusieurs affaires ayant pour contexte des soulèvements politiques ou des conflits régionaux. En 1980, dans l'instance introduite par les Etats-Unis au sujet de la saisie de leur ambassade à Téhéran et de la détention de leur personnel diplomatique et consulaire, la Cour a conclu que l'Iran devait libérer les otages, restituer l'ambassade et verser des réparations. Toutefois, avant que la Cour ait pu fixer le montant de ces réparations, l'affaire fut retirée à la suite d'un accord entre les deux Etats. En 1989, l'Iran demanda à la Cour de condamner la destruction d'un avion de ligne iranien abattu par le navire de guerre américain USS *Vincennes* et de déclarer que les Etats-Unis étaient tenus de lui verser des réparations. L'affaire est toujours en instance.

En 1984, le Nicaragua soutint que les Etats-Unis faisaient usage de la force militaire à son encontre et s'ingéraient dans ses affaires intérieures. Les Etats-Unis contestèrent la compétence de la Cour. Après des procédures écrites et orales, la Cour se déclara compétente et jugea recevable la requête du Nicaragua. Les Etats-Unis rejetèrent cet arrêt et celui de 1986 dans lequel la Cour concluait qu'ils avaient manqué à leurs obligations envers le Nicaragua et devaient mettre fin aux actes incriminés et faire réparation. En 1991, le Nicaragua retira la demande qu'il avait faite à la Cour de déterminer la forme et le montant de ces réparations.

En 1986, le Nicaragua introduisit également une instance contre le Costa Rica et le Honduras, faisant valoir leur responsabilité dans les activités armées menées dans les zones frontalières. Ces deux affaires furent également retirées après un accord entre les parties.

En 1992, la Jamahiriya arabe libyenne soumit à la Cour une affaire l'opposant aux Etats-Unis et au Royaume-Uni au sujet de l'interprétation ou de l'application de la Convention de Montréal pour la répression d'actes illicites dirigés contre la sécurité de l'aviation civile (1971), à la suite de l'accident du vol 103 de la Pan American survenu à Lockerbie (Ecosse) le 21 décembre 1988.

En 1993, la Bosnie-Herzégovine soumit une requête contre la Yougoslavie (Serbie et Monténégro) au sujet de l'application de la Convention pour la prévention et la répression du crime de génocide. En avril et septembre, la Cour, dans des ordonnances rendues sur des demandes de mesures provisoires de protection, demanda aux parties d'empêcher la perpétration du crime de génocide et l'aggravation ou l'extension du différend.

DÉVELOPPEMENT ET CODIFICATION DU DROIT INTERNATIONAL

La **Commission du droit international**, créée en 1947 par l'Assemblée générale, a pour mission de favoriser le développement progressif et la codification du droit international. Composée de

34 membres élus par l'Assemblée pour un mandat de cinq ans, qui siègent à titre personnel et non en qualité de représentants de leur gouvernement, elle se réunit tous les ans.

Ses travaux consistent essentiellement à élaborer des projets sur des questions de droit international, dont certaines sont choisies par elle et d'autres lui sont soumises par l'Assemblée générale ou le Conseil économique et social. Lorsque la Commission achève un projet d'articles sur un sujet donné, l'Assemblée générale convoque généralement une conférence internationale de plénipotentiaires pour incorporer ce projet dans une convention à laquelle les Etats peuvent alors devenir parties. Voici quelques exemples de conventions ainsi adoptées :

♦ En 1958, une conférence des Nations Unies approuva quatre Conventions sur le droit de la mer : la Convention sur la haute mer, la Convention sur la mer territoriale et la zone contiguë, la Convention sur la pêche et la conservation des ressources biologiques de la haute mer, et la Convention sur le plateau continental;

♦ En 1961, une conférence approuva la Convention sur la réduction des cas d'apatridie;

♦ Deux conférences réunies à Vienne en 1961 et 1963 approuvèrent respectivement la Convention de Vienne sur les relations diplomatiques et la Convention de Vienne sur les relations consulaires;

♦ Une conférence réunie à Vienne en 1968, puis en 1969, approuva une Convention sur le droit des traités;

♦ Des projets d'article élaborés par la Commission au sujet, d'une part, des missions spéciales et, d'autre part, de la prévention et la répression des infractions contre les personnes jouissant d'une protection internationale, y compris les agents diplomatiques, furent examinés directement par l'Assemblée générale, qui adopta des conventions sur les deux sujets respectivement en 1969 et 1973;

♦ En 1975, une conférence internationale adopta la Convention de Vienne sur la représentation des Etats dans leurs relations avec les organisations internationales de caractère universel;

♦ Une autre conférence convoquée par l'Assemblée générale, qui se réunit à Vienne en 1977, puis en 1978, acheva et adopta la Convention de Vienne sur la succession des Etats en matière de traités;

- En 1983, une conférence des Nations Unies adopta à Vienne une Convention sur les successions d'Etats en matière de biens, archives et dettes d'Etat;
- Conformément à une décision prise par l'Assemblée en 1984, une conférence des Nations Unies se réunit à Vienne en 1986; elle adopta la Convention de Vienne sur le droit des traités entre Etats et organisations internationales ou entre organisations internationales.

Au sujet des projets d'article sur les clauses de la nation la plus favorisée adoptés par la Commission en 1978, l'Assemblée générale nota avec satisfaction l'excellent travail accompli dans ce domaine et décida de porter ce texte à l'attention des Etats Membres et des organisations intergouvernementales intéressées afin qu'ils l'examinent.

La Commission adopta respectivement en 1989 et 1991 des projets d'article sur le statut du courrier diplomatique et de la valise diplomatique non accompagnée par un courrier, sur les immunités juridictionnelles des Etats et de leurs biens, et sur le droit relatif aux utilisations des cours d'eaux internationaux à des fins autres que la navigation, ainsi qu'un projet de statut d'un tribunal pénal international. L'Assemblée générale examine actuellement les décisions à prendre sur ces projets.

La Commission travaille présentement à la codification et au développement progressif du droit concernant la responsabilité des Etats, la responsabilité internationale à l'égard des conséquences nuisibles d'actes que n'interdit pas le droit international et le projet de code des infractions contre la paix et la sécurité de l'humanité (au sujet duquel elle a adopté en 1991 un projet complet d'articles en première lecture). En 1994, elle a inscrit à son programme de travail le droit et la pratique concernant les réserves aux traités, ainsi que la succession d'Etats et ses effets sur la nationalité des personnes physiques et morales.

LE DROIT COMMERCIAL INTERNATIONAL

Jugeant qu'il serait utile que l'ONU joue un rôle actif dans les efforts faits pour réduire ou supprimer les obstacles juridiques au commerce international, l'Assemblée générale créa en 1966 la **Commission des Nations Unies pour le droit commercial international (CNUDCI)**, chargée d'encourager l'harmonisation et l'unification progressives du droit commercial international. Composée de 36 membres qui représentent les diverses régions géographiques et les principaux régimes économiques et juridiques du monde, la CNUDCI présente chaque année à l'Assemblée générale un rapport, qu'elle communique en outre à la CNUCED.

La Commission a notamment pour fonctions de coordonner les activités des organisations internationales qui s'occupent de droit commercial international, de favoriser une participation plus large aux conventions internationales et d'élaborer de nouvelles conventions et autres instruments relatifs au droit commercial international. Elle dispense également une formation et une assistance grâce à des séminaires nationaux ou régionaux, à des colloques et à des missions d'information. L'assistance technique comprend également des conseils aux Etats sur l'élaboration d'une législation commerciale inspirée des textes de la Commission.

La CNUDCI s'est surtout occupée d'étudier et de formuler des règles uniformes dans les domaines suivants : vente internationale de marchandises; paiements internationaux, avec élaboration d'un guide juridique sur le transfert électronique de fonds; arbitrage commercial international; législation internationale sur la navigation maritime; échanges compensés et passation des marchés.

La Convention sur la prescription en matière de vente internationale de marchandises, la première qu'ait élaborée la CNUDCI, fut adoptée en juin 1974 par une conférence de plénipotentiaires des Nations Unies convoquée par l'Assemblée générale. Elle fut modifiée par un protocole en 1980. Une conférence internationale analogue adopta en 1978 la Convention des Nations Unies sur le transport des marchandises par mer (connue sous le nom de Règles de Hambourg). Une troisième conférence internationale adopta en 1980 la Convention des Nations Unies sur les contrats de vente internationale de marchandises, tandis que la Convention sur la responsabilité des exploitants de terminaux de transport dans le commerce international était adoptée en 1991, lors d'une conférence internationale à Vienne. En 1988, l'Assemblée générale adopta la Convention des Nations Unies sur les lettres de change internationales et les billets à ordre internationaux. La Commission adopta la Loi type de la CNUDCI sur l'arbitrage commercial international (1985), la Loi type de la

CNUDCI sur les virements internationaux (1992) et la Loi type de la CNUDCI sur la passation des marchés publics de biens, de travaux et de services (1994). Dans le domaine des règles uniformes, elle formula également le Règlement d'arbitrage de la CNUDCI (1976) et le Règlement de conciliation de la CNUDCI (1980). En 1987, elle publia le *Guide juridique pour l'établissement de contrats internationaux de construction d'installations industrielles* et, en 1992, le *Guide juridique de la CNUDCI pour les opérations internationales d'échanges compensés.*

Les projets en cours sont notamment les suivants : projet de convention sur les garanties et les lettres de crédit stand-by; projet de loi type sur les échanges de données informatisées; projets de notes pratiques sur la planification des procédures arbitrales; et travaux sur les aspects transnationaux de l'insolvabilité, sur les aspects juridiques du financement par cession de créances et sur les projets de construction, exploitation, transfert.

LE DROIT DE LA MER

La première Conférence des Nations Unies sur le droit de la mer (Genève, 1958) adopta quatre conventions – une sur la haute mer, une sur la mer territoriale et la zone contiguë, une sur le plateau continental et une sur la pêche et la protection des ressources biologiques de la haute mer – rédigées d'après des projets préparés par la Commission du droit international (voir ci-dessus). La deuxième Conférence réunie deux ans plus tard tenta sans succès d'aboutir à un accord sur l'étendue des eaux territoriales et la question des zones de pêche.

En 1968, l'Assemblée générale créa le Comité des utilisations pacifiques du fond des mers et des océans au-delà des limites de la juridiction nationale, qui entreprit en 1969 l'élaboration d'une déclaration de principes juridiques régissant les utilisations du fond des mers et de ses ressources. L'année suivante, elle adopta à l'unanimité la Déclaration de principes du Comité, qui disposait que « le fond des mers et des océans, ainsi que leur sous-sol, au-delà des limites de la juridiction nationale... et les ressources de la zone sont le patrimoine commun de l'humanité », qu'ils doivent être réservés à des fins pacifiques, ne doivent pas faire l'objet d'appropriation nationale et ne doivent être explorés ou exploités qu'au titre du régime international à établir. L'Assemblée décida aussi de convoquer une nouvelle conférence sur le droit de la mer afin de rédiger une convention unique portant sur tous les aspects de la question.

La troisième Conférence des Nations Unies sur le droit de la mer s'ouvrit en 1973 par une brève session d'organisation. A sa deuxième session (Caracas, 1974), elle fit sienne la recommandation du Comité du fond des mers selon laquelle elle devait élaborer une nouvelle convention sur le droit de la mer qui devait constituer un tout et dont aucun article ou chapitre ne devait être approuvé avant que tous les autres ne soient en place. Cette recommandation était motivée non seulement par l'interdépendance de toutes les questions traitées mais aussi par la nécessité de trouver un équilibre délicat à base de compromis pour que le document définitif soit viable.

Le premier texte officieux fut élaboré en 1975 comme base de négociation. Durant les sept années suivantes, au cours des négociations menées dans les commissions de la Conférence et dans des groupes spéciaux de négociation et de travail, le texte subit plusieurs révisions importantes.

La Conférence approuva le texte définitif de la nouvelle Convention au Siège de l'ONU le 30 avril 1982, par 130 voix contre 4, avec 17 abstentions. Lorsqu'elle fut ouverte à la signature à Montego Bay (Jamaïque) le 10 décembre 1982, la nouvelle Convention des Nations Unies sur le droit de la mer fut signée par 117 Etats et deux autres entités, soit le plus grand nombre de signatures jamais apposées sur un traité le premier jour. A la fin de la période de signature, le 9 décembre 1984, la Convention portait la signature de 159 Etats et de plusieurs autres entités telles que la Communauté économique européenne. Elle est entrée en vigueur le 16 novembre 1994, un an après le dépôt auprès du Secrétaire général du soixantième instrument de ratification ou d'adhésion. Au 2 mai 1995, elle comptait 75 Etats parties.

La Convention couvre à peu près la totalité de l'espace marin et de ses utilisations — navigation et survol, exploration et exploitation des ressources, conservation et pollution, pêche et transports maritimes. Ses 320 articles et 9 annexes constituent pour les Etats un guide de conduite dans les océans du monde, qui définit les zones maritimes, énonce les règles de démarcation des frontières maritimes, assigne aux Etats des droits, obligations et responsabilités juridiques et établit un mécanisme de règlement des différends.

Ses principales dispositions sont les suivantes :

• Les Etats côtiers jouissent d'une souveraineté sur leur mer territoriale, qui s'étend jusqu'à 12 milles marins du littoral, mais les navires étrangers bénéficient d'un « droit de passage inoffensif » dans ces eaux aux fins de navigation pacifique;

• Les navires et aéronefs de tous les pays bénéficient d'un « droit de passage en transit » par les détroits servant à la navigation internationale; les Etats riverains des détroits sont habilités à réglementer la navigation et les autres aspects du passage;

• Les Etats archipels – Etats composés d'un ou plusieurs groupes d'îles ayant entre elles des rapports très étroits et des eaux attenantes – jouissent de la souveraineté sur une zone marine comprise entre des lignes droites tirées entre les points extrêmes des îles les plus éloignées; tous les autres Etats jouissent d'un droit de passage par des routes marines désignées par les Etats archipels;

• Les Etats côtiers jouissent, dans une zone économique exclusive de 200 milles marins, de droits souverains sur les ressources naturelles et sur certaines activités économiques et ont une juridiction pour la recherche scientifique marine et la protection du milieu marin; tous les autres Etats ont une liberté de navigation et de survol dans cette zone, ainsi que la liberté d'y poser des câbles et pipelines sous-marins; les Etats sans littoral et géographiquement désavantagés peuvent participer, sur une base équitable, à l'exploitation de la pêche dans la zone lorsque l'Etat côtier ne peut pas récolter lui-même la totalité des ressources; les poissons et mammifères marins grands migrateurs bénéficient d'une protection spéciale;

• Les Etats côtiers exercent des droits souverains d'exploration et d'exploitation sur le plateau continental (ou zone nationale du fond des mers); ce plateau s'étend au moins jusqu'à 200 milles marins de la côte et davantage dans des circonstances spécifiées; les Etats côtiers partagent avec la communauté internationale une partie des bénéfices qu'ils tirent de l'exploitation des ressources provenant de toute autre partie de leur plateau continental au-delà des 200 milles; une commission des limites du plateau continental fera des recommandations aux Etats sur les limites extérieures du plateau lorsque celui-ci s'étend au-delà de 200 milles;

* Tous les Etats bénéficient des libertés habituelles de navigation, de survol, de recherche scientifique et de pêche en haute mer; ils sont tenus d'adopter des mesures de gestion et de conservation des ressources biologiques ou de coopérer avec d'autres Etats à cette fin;
* Les Etats riverains de mers fermées ou semi-fermées doivent coopérer quant à la gestion des ressources biologiques et à l'exercice de leurs politiques et activités en matière de protection du milieu marin et de recherche;
* Les Etats sans littoral ont un droit d'accès à la mer et depuis la mer et bénéficient d'une liberté de transit à travers le territoire des Etats de transit;
* Les Etats doivent prévenir et maîtriser la pollution du milieu marin et sont responsables des dommages causés par la violation de leurs obligations internationales de lutte contre cette pollution;
* La recherche scientifique marine dans la zone économique exclusive et sur le plateau continental est entièrement sujette au consentement de l'Etat côtier, mais les Etats côtiers doivent, dans la plupart des cas, accorder leur consentement aux Etats dont la recherche a des objectifs pacifiques et répond à des critères spécifiés;
* Les Etats sont tenus de favoriser la mise au point et le transfert de techniques marines « selon des modalités et à des conditions justes et raisonnables »;
* Les Etats doivent régler par des moyens pacifiques leurs différends relatifs à l'interprétation ou à l'application de la Convention : ils peuvent soumettre ces différends à un tribunal international du droit de la mer qui sera constitué aux termes de la Convention, à la Cour internationale de Justice ou à un arbitrage. Les parties peuvent aussi avoir recours à la conciliation, qui, dans certains cas, sera obligatoire. Le Tribunal international a une compétence exclusive pour les différends relatifs à l'exploitation minière des grands fonds marins.

Exploitation minière des grands fonds marins

Pendant des années, à la suite de l'adoption de la Convention en 1982, les dispositions de la partie XI, qui traite de l'exploitation minière des grands fonds marins, furent considérées comme un obstacle à l'adhésion de tous les pays, d'autant que la principale opposition émanait des pays industrialisés.

Au titre de la Convention, toutes les activités d'exploration et d'exploitation dans la Zone (fonds marins situés au-delà des limites de la juridiction nationale) sont contrôlées par l'Autorité internationale des fonds marins; celle-ci est autorisée à mener ses propres opérations d'exploitation par l'intermédiaire de son organe, l'Entreprise, ainsi qu'à octroyer des droits d'exploitation à des entreprises publiques ou privées afin qu'elles puissent opérer dans la zone parallèlement à l'Autorité. La première génération de prospecteurs, appelés « investisseurs pionniers », devait bénéficier de garanties de production une fois l'exploitation autorisée.

Les objections à ces dispositions portaient essentiellement sur les procédures détaillées relatives aux autorisations de production, sur la lourdeur des règles financières applicables aux contrats, sur la prise de décisions au Conseil de l'Autorité et sur l'obligation du transfert de technologie.

Pour surmonter ces objections, le Secrétaire général engagea avec toutes les parties des négociations qui durèrent près de quatre ans. L'Assemblée générale finit par adopter en 1994 l'Accord relatif à l'application de la partie XI de la Convention des Nations Unies sur le droit de la mer. Cet accord supprime les obstacles qui empêchaient l'adhésion universelle de la Convention, en remplaçant les procédures détaillées énoncées dans celle-ci par des dispositions générales et en laissant à l'Autorité le soin de déterminer ultérieurement la nature exacte des règles qu'elle adoptera quant à l'autorisation des opérations d'exploitation minière des grands fonds marins. Il supprime également l'obligation du transfert de technologie et permet à certains pays ou groupes de pays d'être représentés au Conseil, tout en leur donnant certains pouvoirs sur la prise de décisions.

L'Autorité internationale des fonds marins est établie à Kingston (Jamaïque).

Effets de la Convention

Avant même son entrée en vigueur, la Convention avait déjà énoncé à l'intention des Etats les fondements indispensables de leur comportement concernant tous les aspects de l'espace marin, de son utilisation et de ses ressources. A travers la législation nationale et internationale ainsi que par leurs décisions en la matière, les Etats ont régulièrement confirmé l'autorité de la

Convention en tant qu'instrument juridique international prééminent pour toutes les affaires auxquelles elle s'applique. Jusqu'à présent, son effet a surtout été l'établissement par 128 Etats côtiers d'une mer territoriale allant jusqu'à 12 milles et l'établissement par 112 Etats côtiers d'une zone économique exclusive ou d'une zone de pêche exclusive allant jusqu'à 200 milles, toutes ces zones étant conformes à la Convention.

Autre domaine qui a subi une influence positive, le passage des navires dans la mer territoriale ou les détroits servant à la navigation internationale. De nombreux Etats côtiers ont en effet intégré à leur législation les dispositions de la Convention en la matière.

TRIBUNAUX INTERNATIONAUX

A la suite des violations massives du droit international humanitaire en ex-Yougoslavie et au Rwanda (voir chapitre 2), le Conseil de sécurité a créé deux tribunaux internationaux afin de poursuivre devant une juridiction internationale les personnes responsables de ces violations : le Tribunal pénal international pour l'ex-Yougoslavie en mai 1993 et le Tribunal international pour le Rwanda en novembre 1994. Ces deux instances ont été créées en vertu du Chapitre VII de la Charte, qui traite des mesures coercitives. Le Tribunal pour l'ex-Yougoslavie a prononcé ses premières inculpations au début de 1995.

TERRORISME INTERNATIONAL

Préoccupée par la montée du terrorisme, l'Assemblée générale créa en 1972 un Comité spécial du terrorisme international, composé de 35 membres. En 1977, elle lui demanda d'étudier les causes profondes du terrorisme et de recommander des moyens de le combattre.

En 1979, l'Assemblée souligna l'importance de la coopération internationale dans la lutte contre le terrorisme. En adoptant le rapport du Comité, elle condamna tous les actes de terrorisme international qui mettent en danger ou anéantissent des vies humaines ou portent atteinte à des libertés fondamentales, ainsi que les actes de répression et de terrorisme auxquels les régimes coloniaux, racistes et étrangers continuaient de se livrer en privant les peuples de leur droit légitime à l'autodétermination et à l'indépendance. Et elle demanda instamment à tous les Etats d'éliminer les causes sous-jacentes du terrorisme international.

En 1994, l'Assemblée générale adopta la Déclaration sur les mesures visant à éliminer le terrorisme international, dans lequel elle condamnait comme criminels et injustifiables tous les actes et pratiques terroristes, où qu'ils se produisent et quels qu'en soient les auteurs. Elle exhortait en outre les Etats à prendre des mesures sur les plans national et international pour éliminer le terrorisme.

Les Conventions internationales relatives au terrorisme sont les suivantes : Convention relative aux infractions et à certains autres actes survenant à bord des aéronefs (Tokyo, 1963); Convention pour la répression de la capture illicite d'aéronefs (La Haye, 1970); Convention pour la répression d'actes illicites dirigés contre la sécurité de l'aviation civile (Montréal, 1971); Convention sur la prévention et la répression des infractions contre les personnes jouissant d'une protection internationale, y compris les agents diplomatiques (New York, 1973); Convention sur la protection physique des matières nucléaires (Vienne 1980); Protocole pour la répression des actes illicites de violence dans les aéroports servant à l'aviation civile internationale (Montréal, 1988); Convention pour la répression d'actes illicites contre la sécurité de la navigation maritime (Rome, 1988); Protocole pour la répression d'actes illicites contre la sécurité des plates-formes fixes situées sur le plateau continental (Rome, 1988); et Convention sur le marquage des explosifs plastiques ou en feuilles aux fins de détection (Montréal, 1991).

Convention contre la prise d'otages. En 1976, constatant qu'il fallait prendre des mesures pour prévenir, réprimer et punir les actes de prise d'otages, l'Assemblée générale créa un comité chargé d'élaborer une convention internationale.

La Convention internationale contre la prise d'otages fut adoptée par l'Assemblée en 1979. Les parties à cet instrument s'engagent à punir au moyen de sanctions appropriées la prise d'otages. Elles conviennent en outre d'interdire certaines activités sur leur territoire, d'échanger des informations et de permettre l'accomplissement de procédures pénales ou d'extradition. Si un Etat partie n'extrade pas un coupable présumé, il doit le poursuivre devant ses propres autorités. Au 30 septembre 1994, cette convention comptait 75 Etats parties.

Convention sur la sécurité du personnel des Nations Unies. Préoccupée par le nombre croissant d'attaques ayant provoqué la mort ou des blessures graves parmi le personnel des Nations Unies, l'Assemblée générale créa en 1993 un comité chargé de rédiger une convention internationale. Elle adopta en 1994 la Convention sur la sécurité du personnel des Nations Unies et du personnel associé, qui fut ouverte à la signature et à la ratification la même année.

MODIFICATIONS APPORTÉES À LA CHARTE DES NATIONS UNIES

La Charte des Nations Unies peut être modifiée à la suite d'un vote à la majorité des deux tiers des membres de l'Assemblée générale, avec ratification par les deux tiers des Membres de l'Organisation, y compris les cinq membres permanents du Conseil de sécurité. Jusqu'à présent, quatre articles ont été modifiés, l'un d'eux à deux reprises :

- En 1965, le nombre des membres du Conseil de sécurité a été porté de 11 à 15 (Article 23) et le nombre des membres du Conseil dont le vote affirmatif est requis pour toutes les décisions autres que celles de procédure a été porté de 7 à 9, y compris les 5 membres permanents (Article 27);
- En 1965, le nombre des membres du Conseil économique et social a été porté de 18 à 27; il sera ensuite porté à 54 en 1973 (Article 61);
- En 1968, le nombre des voix requises au Conseil de sécurité pour réunir une conférence générale aux fins d'une révision de la Charte a été porté de sept à neuf (Article 109).

AUTRES QUESTIONS JURIDIQUES

L'Assemblée générale a adopté des conventions et des instruments juridiques sur diverses autres questions, à savoir : la Déclaration sur le renforcement de l'efficacité du principe de l'abstention du recours à la menace ou à l'emploi de la force dans les relations internationales (1987); l'Ensemble de principes pour la protection de toutes les personnes soumises à une forme quelconque de détention ou d'emprisonnement (1988); et la Convention internationale contre le recrutement, l'utilisation, le financement et l'entraînement de mercenaires, adoptée et ouverte à la signature et à la ratification en 1989.

Elle a en outre adopté plusieurs instruments juridiques, sur la recommandation du Comité spécial de la Charte des Nations Unies et du raffermissement du rôle de l'Organisation, organe de 47 membres qu'elle a créé en 1974.

Elle a ainsi adopté en 1988 la Déclaration sur la prévention et l'élimination des différends et des situations qui peuvent menacer la paix et la sécurité internationales et sur le rôle de l'Organisation des Nations Unies dans ce domaine.

En 1990, le Comité spécial a terminé un projet de texte sur la rationalisation des procédures existantes de l'ONU, que l'Assemblée générale a adopté en tant qu'annexe à son règlement intérieur.

En 1991, il a terminé le projet de déclaration concernant les activités d'établissement des faits de l'ONU en vue du maintien de la paix et de la sécurité internationales, que l'Assemblée a approuvé.

En 1994, il a terminé le projet de déclaration sur le renforcement de la coopération entre l'ONU et les accords ou organismes régionaux dans le domaine du maintien de la paix et de la sécurité internationales, que l'Assemblée a approuvé la même année.

BUREAU DES AFFAIRES JURIDIQUES

Le Bureau des affaires juridiques de l'ONU a été créé pour donner des avis au Secrétaire général et agir pour son compte dans le domaine juridique. Il sert de service juridique central pour le Secrétariat et les autres organes de l'ONU, auxquels il donne des avis sur des questions de droit international, national, public, privé et administratif. Ses tâches sont notamment les suivantes : il s'occupe des questions touchant les privilèges et immunités et le statut juridique de l'ONU; il rédige des projets de convention internationale, d'accord, de règlement intérieur des organes et conférences de l'ONU et d'autres textes juridiques; il s'acquitte des responsabilités du Secrétaire général concernant l'enregistrement et la publication des traités ainsi que la fonction de dépositaire des conventions multilatérales; et il fournit des services de secrétariat à la Sixième Commission de l'Assemblée générale, à la Commission du droit international, à la Commission du droit commercial international, au Tribunal administratif des Nations Unies et aux autres comités ou conférences qui s'occupent de questions juridiques.

Le chef du Bureau – le Conseiller juridique – étudie les questions juridiques qui lui sont présentées par le Secrétaire général et les autres organes de l'ONU; il certifie les instruments juridiques publiés pour le compte de l'ONU; il représente l'Organisation ou le Secrétaire général aux réunions et conférences sur les questions juridiques; et il conseille le Secrétaire général sur les questions de droit.

CHAPITRE 8

Les institutions intergouvernementales reliées à l'Organisation des Nations Unies

Les institutions intergouvernementales reliées à l'ONU par des accords spéciaux sont des organisations distinctes et autonomes qui collaborent avec l'Organisation et entre elles par l'intermédiaire du mécanisme coordonnateur du Conseil économique et social.

Quatorze organismes sont ainsi dénommés « institutions spécialisées », selon les termes employés dans la Charte. Ils présentent chaque année un rapport au Conseil économique et social. Ces organismes sont les suivants :

- Organisation internationale du Travail (OIT);
- Organisation des Nations Unies pour l'alimentation et l'agriculture (FAO);
- Organisation des Nations Unies pour l'éducation, la science et la culture (Unesco);
- Organisation mondiale de la santé (OMS);
- Banque mondiale :
  - Banque internationale pour la reconstruction et le développement (BIRD);
  - Association internationale de développement (IDA);
  - Société financière internationale (SFI);
  - Agence multilatérale de garantie des investissements (AMGI);
- Fonds monétaire international (FMI);
- Organisation de l'aviation civile internationale (OACI);
- Union postale universelle (UPU);
- Union internationale des télécommunications (UIT);
- Organisation météorologique mondiale (OMM);
- Organisation maritime internationale (OMI);
- Organisation mondiale de la propriété intellectuelle (OMPI);
- Fonds international de développement agricole (FIDA);
- Organisation des Nations Unies pour le développement industriel (ONUDI).

L'Agence internationale de l'énergie atomique (AIEA), quoique n'étant pas une institution spécialisée, est une institution intergouvernementale autonome, placée sous l'égide des Nations

Unies. Elle présente tous les ans un rapport à l'Assemblée et, le cas échéant, au Conseil de sécurité et au Conseil économique et social.

L'Organisation mondiale du commerce (OMC), créée le 1er janvier 1995, est l'organisation intergouvernementale chargée de superviser le commerce international. Des accords de coopération entre elle et l'ONU sont en cours d'étude.

Le Comité administratif de coordination, composé du Secrétaire général et des chefs de secrétariat des institutions spécialisées et de l'AIEA, supervise l'application des accords entre l'ONU et ces institutions et veille à ce que leurs activités soient pleinement coordonnées.

ORGANISATION INTERNATIONALE DU TRAVAIL

L'Organisation internationale du Travail (OIT) fut créée aux termes du Traité de Versailles (1919) en tant qu'institution autonome associée à la Société des Nations. Un accord régissant ses relations avec l'ONU fut approuvé en 1946, et elle devint la première institution spécialisée associée à l'Organisation.

Buts et activités

L'OIT s'efforce de promouvoir la justice sociale pour les travailleurs dans le monde. Elle élabore des politiques et des programmes internationaux destinés à améliorer les conditions de travail et d'existence, fixe des normes internationales pour faciliter leur application, mène à bien un large programme de coopération technique pour aider les gouvernements à les mettre efficacement en pratique et s'occupe de formation, d'enseignement et de recherche en vue de promouvoir ces diverses actions.

L'OIT se distingue des autres organisations mondiales dans la mesure où des représentants de travailleurs et d'employeurs participent à l'élaboration de ses politiques sur un pied d'égalité avec des représentants gouvernementaux. La Conférence internationale du Travail réunit des délégations de tous les pays membres, qui comprennent chacune deux représentants gouvernementaux, un représentant des travailleurs et un représentant des employeurs. L'une de ses fonctions premières est d'adopter des conventions et des recommandations qui fixent des normes internationales dans des domaines tels que la liberté d'association, les salaires, les horaires et conditions de travail, les indemnités en cas d'accident du travail, la sécurité sociale, les congés payés, la sécurité du travail industriel, les services de l'emploi et l'inspection du travail.

Pour les Etats qui les ratifient, ces conventions créent des obligations contraignantes, alors que les recommandations sont simplement destinées à orienter la politique, la législation et la pratique nationales. Depuis sa création, l'OIT a adopté plus de 350 conventions et recommandations. Elle surveille l'application des conventions et dispose d'une procédure spéciale pour enquêter sur les plaintes relatives au non-respect des droits syndicaux.

Dans le cadre de son programme de coopération technique, elle met des experts à la disposition des pays membres dans des domaines tels que la formation professionnelle, les techniques de gestion, la planification de la main-d'œuvre, les politiques d'emploi, la prévention des accidents du travail et des maladies professionnelles, les régimes de sécurité sociale, les coopératives et les petites industries artisanales.

Des possibilités d'études et de formation sont offertes à l'Institut international d'études sociales de l'OIT à Genève, et au Centre international de perfectionnement professionnel et technique à Turin (Italie).

Pour son cinquantième anniversaire en 1969, l'OIT a reçu le prix Nobel.

Administration

Entre les sessions annuelles de la Conférence internationale du Travail, à laquelle sont représentés tous les membres, les travaux de l'OIT sont dirigés par le Conseil d'administration, qui comprend 28 représentants de gouvernements, 14 de travailleurs et 14 d'employeurs.

Directeur général : Michel Hansenne.

Siège : 4, route des Morillons, CH-1211 Genève 22, Suisse.

Tél. : (41) (22) 799 61 11; câble : INTERLAB GENEVA;

Télex : 41 56 47; télécopie : (41) (22) 798 86 85.

ORGANISATION DES NATIONS UNIES POUR L'ALIMENTATION ET L'AGRICULTURE

L'Organisation des Nations Unies pour l'alimentation et l'agriculture (FAO) fut fondée le 16 octobre 1945 lors d'une conférence réunie à Québec. Depuis 1981, cette date est célébrée chaque année comme la Journée mondiale de l'alimentation.

Buts et activités

Les buts de la FAO sont les suivants : élever le niveau nutritionnel et le niveau de vie; améliorer la production, la transformation, la commercialisation et la distribution de tous les produits alimentaires et agricoles provenant des exploitations agricoles, des forêts et des pêcheries; favoriser le développement rural et améliorer les conditions de vie des populations rurales; et, par ces moyens, faire disparaître la faim.

L'un des objectifs prioritaires de la FAO est d'encourager l'agriculture et le développement rural durables, stratégie à long terme de conservation et de gestion des ressources naturelles. Elle s'efforce de répondre aux besoins des générations actuelles et futures grâce à des programmes qui ne dégradent pas l'environnement et soient techniquement adaptés, économiquement viables et socialement acceptables. Son autre priorité est d'assurer la sécurité alimentaire, c'est-à-dire de veiller à ce qu'il y ait toujours assez de nourriture disponible, de stabiliser au mieux les flux d'approvisionnement et de faire en sorte que les pauvres aient accès à la nourriture.

Le Programme de participation populaire encourage les populations rurales et les catégories défavorisées à participer aux décisions ainsi qu'à la conception et à la mise en œuvre des politiques et des activités qui influencent leur existence. Le but est de renforcer les organisations rurales et de les encourager à collaborer entre elles ainsi qu'avec les pouvoirs publics et les organismes de développement.

Pour atteindre ces objectifs, la FAO encourage les investissements dans l'agriculture, l'aménagement des sols et des eaux, l'amélioration des rendements en matière de culture et d'élevage, le transfert de technologie et le développement de la recherche agronomique dans les pays en développement. Elle milite pour la conservation des ressources naturelles, particulièrement le stock génétique végétal, et l'utilisation rationnelle des engrais et pesticides; elle lutte contre les épizooties; elle favorise la mise en valeur des pêcheries en mer et dans les eaux intérieures, y compris l'aquaculture, ainsi que l'exploitation des sources d'énergie nouvelles et renouvelables, particulièrement l'énergie rurale; et elle encourage la mise en valeur durable des forêts. Elle fournit une assistance technique dans tous ces domaines, ainsi que dans d'autres tels que la nutrition, le génie agricole, la réforme agraire, le développement des communications, la télédétection des ressources naturelles et la prévention des pertes en denrées alimentaires.

Les programmes spéciaux de la FAO aident les pays à se préparer aux crises alimentaires et permettent de fournir des secours en cas de nécessité. Son Système mondial d'information et d'alerte rapide donne des renseignements à jour sur la situation alimentaire mondiale et signale les pays menacés de pénurie afin de guider les planificateurs et les donateurs éventuels. Son Programme d'assistance à la sécurité alimentaire aide les pays en développement à constituer des réserves alimentaires nationales.

D'autres programmes ont pour objet d'améliorer la production et la distribution de semences dans les pays en développement et d'aider ceux-ci à se procurer des engrais et à les utiliser. Il y a aussi des programmes de lutte contre des maladies animales telles que la trypanosomiase, qui frappe durement le bétail en Afrique.

La FAO est le principal organisme de développement rural du système des Nations Unies. De plus, elle recueille, analyse et diffuse des informations sur les domaines ci-dessus, donne des avis aux gouvernements sur les politiques et la planification et constitue une instance de débat sur les questions d'alimentation et d'agriculture. Elle parraine le Programme alimentaire mondial en association avec l'ONU (voir la section sur l'alimentation et l'agriculture au chapitre 3).

Administration

La Conférence de la FAO, composée de la totalité des 169 Etats membres, de Porto Rico (membre associé) et de la Communauté européenne (organisation membre), se réunit tous les deux ans pour fixer la politique de la FAO et approuver son budget et son programme de travail. Le Conseil, composé de 49 Etats membres élus par la Conférence, agit en tant qu'organe directeur entre les sessions de la Conférence.

Directeur général : Jacques Diouf

Siège : Viale delle Terme di Caracalla, 00100 Rome, Italie.
Tél. : (39) (6) 52251; câble : FOODAGRI ROME;
Télex : 610181 FAO I; télécopie : (39) (6) 5225 3152;
Courrier électronique : telex-room @ fao.org.

ORGANISATION DES NATIONS UNIES POUR L'ÉDUCATION, LA SCIENCE ET LA CULTURE

L'Acte constitutif de l'Organisation des Nations Unies pour l'éducation, la science et la culture (Unesco) fut élaboré par une conférence réunie à Londres en 1945. L'Unesco vit le jour le 4 novembre 1946.

Buts et activités

Le but principal de l'Unesco est de contribuer au maintien de la paix et de la sécurité dans le monde en resserrant la collaboration entre les nations grâce à l'éducation, à la science, à la culture et à la communication.

A cette fin, l'Unesco cherche à promouvoir une culture de la paix et du développement humain et durable. Elle encourage l'éducation pour tous, la recherche sur l'environnement grâce à des programmes scientifiques internationaux, les valeurs culturelles nationales et la préservation du patrimoine culturel de façon que les pays tirent le meilleur parti possible de la modernisation sans perdre leur identité ni leur diversité culturelles, la libre circulation de l'information, la liberté de la presse et le développement des médias pluralistes, le renforcement des moyens de communication des pays en développement, et les sciences sociales en tant qu'instruments de réalisation des droits de l'homme, de la justice et de la paix.

Dans le domaine de l'éducation, activité principale de l'organisation, les priorités sont l'éducation de base pour tous en fonction des besoins actuels et le développement de l'enseignement supérieur. L'Unesco contribue aussi à la formation des enseignants et des personnes chargées de programmer et d'administrer l'éducation nationale, et elle encourage la construction et l'équipement d'écoles à l'échelon local.

Dans le domaine des sciences de la nature, les programmes de l'Unesco portent sur les sujets suivants : l'homme et la biosphère;

le programme de la Commission océanographique intergouvernementale; le Programme hydrologique international; et le Programme international de corrélation géologique. En outre, par ses programmes d'enseignement et de formation, l'Unesco s'efforce de corriger le déséquilibre de la main-d'œuvre scientifique et technique, qui se trouve actuellement concentrée à 90 % dans les pays industrialisés.

En ce qui concerne les sciences sociales et humaines, l'Unesco s'occupe surtout d'enseigner et de promouvoir les droits de l'homme et la démocratie, de combattre toutes les formes de discrimination, de promouvoir la condition féminine et d'encourager les actions axées sur les problèmes de la jeunesse – éducation à la prévention du sida par exemple.

Les activités culturelles consistent surtout à sauvegarder le patrimoine culturel. La Liste du patrimoine mondial comporte 400 sites, culturels ou naturels, dans 100 pays. L'Unesco fait aussi valoir la dimension culturelle du développement, encourage la création et la créativité et cherche à préserver les identités culturelles et les traditions orales ainsi qu'à promouvoir les livres et la lecture.

Dans le domaine de la communication, elle étudie les besoins des pays en développement et les aide, par l'intermédiaire de son Programme international pour le développement de la communication, à mettre en place une infrastructure. Elle multiple les efforts pour encourager la libre circulation des idées par la parole et par l'image aux niveaux national et international et pour faire valoir les principes de la liberté de la presse et de l'indépendance, du pluralisme et de la diversité des médias.

L'Unesco coopère avec plus de 600 organisations non gouvernementales et fondations, ainsi qu'avec des réseaux internationaux et régionaux.

Administration

La Conférence générale de l'Unesco, composée de représentants des 183 Etats membres, se réunit tous les deux ans pour déterminer la politique, le programme et le budget de l'organisation. Le Conseil exécutif, qui comprend 51 membres élus par la Conférence générale, se réunit deux fois par an et est chargé de superviser l'exécution du programme adopté par la Conférence.

Directeur général : Federico Mayor.

Siège : 7, place de Fontenoy, 75352 Paris 07 SP, France.
Tél. : (33) (1) 45 68 10 00; câble : UNESCO PARIS;
Télex : 270602 F, 204461 F; presse : PRESSUN 204379 F;
Télécopie : (33) (1) 45 67 16 90.

ORGANISATION MONDIALE DE LA SANTÉ

L'Organisation mondiale de la santé (OMS) est née le 7 avril 1948 après la ratification de sa Constitution par 26 Etats Membres de l'ONU. Cette date est célébrée chaque année comme la Journée mondiale de la santé.

Buts et activités

La Constitution de l'OMS stipule que le but ultime de l'organisation et de ses membres est d'amener tous les peuples au niveau de santé le plus élevé possible. Elle proclame également que la jouissance du plus haut niveau de santé est l'un des droits fondamentaux de tous les êtres humains. En 1977, l'Assemblée mondiale de la santé traduisit ces préoccupations par la formule « La santé pour tous d'ici à l'an 2000 », les gouvernements et l'OMS s'engageant à faire en sorte que tous les habitants du monde atteignent un niveau de santé qui leur permette de mener une vie productive aux plans économique et social. Les deux grandes fonctions de l'OMS sont, d'une part, la coopération technique avec les pays et, d'autre part, la direction et la coordination des activités sanitaires mondiales. Ces fonctions complémentaires se traduisent par les actions suivantes : plaidoyer pour la santé, en incitant à des actions spécifiques et en diffusant des informations; élaboration de normes, de plans et de politiques; mise au point de modèles permettant de suivre, d'étudier et d'évaluer les programmes et les projets; formation; promotion de la recherche; consultations techniques directes et mobilisation de ressources. L'OMS a toujours cherché à déterminer les meilleurs moyens de s'acquitter de ces fonctions conformément à l'évolution des besoins, des obstacles et des possibilités.

Administration

L'organe directeur de l'OMS est l'Assemblée mondiale de la santé, à laquelle sont représentés les 190 Etats membres de l'organisation.

Elle se réunit chaque année pour faire le bilan des activités de l'organisation et déterminer sa politique, son programme et son budget. Le Conseil exécutif comprend 32 membres désignés par le même nombre de pays; c'est l'organe exécutif de l'Assemblée.

Directeur général : Hiroshi Nakajima.

Siège : 20, avenue Appia, 1211 Genève 27, Suisse.
Tél. : (41) (22) 791 21 11; câble : UNISANTE GENEVE;
Télex : 845 415 416 (OMS CH); télécopie : (41) (22) 791 07 46.

BANQUE MONDIALE

La Banque mondiale regroupe quatre institutions : la Banque internationale pour la reconstruction et le développement (BIRD), créée en 1945; la Société financière internationale (SFI), créée en 1956; l'Association internationale de développement (IDA), créée en 1960; et l'Agence multilatérale de garantie des investissements (AMGI), créée en 1988.

Ces quatre institutions ont pour objectif commun de réduire la pauvreté et d'améliorer le niveau de vie des populations en favorisant une croissance économique et un développement durables.

BANQUE INTERNATIONALE
POUR LA RECONSTRUCTION ET LE DÉVELOPPEMENT

Buts et activités

La BIRD vit le jour après que 28 pays eurent signé ses statuts, élaborés par la Conférence monétaire et financière des Nations Unies (1944) qui réunissait 44 gouvernements à Bretton Woods, dans le New Hampshire (Etats-Unis). Ses objectifs sont les suivants : aider à la reconstruction et au développement des pays membres en facilitant les investissements productifs; favoriser les investissements étrangers privés et, faute de capitaux privés disponibles à des conditions raisonnables, compléter ceux-ci par des crédits à des fins productives; et contribuer au développement harmonieux à long terme des échanges commerciaux internationaux ainsi qu'au maintien de l'équilibre des balances des paiements en encourageant les investissements internationaux destinés à accroître les ressources productives des pays membres.

Les statuts de la Banque énoncent certaines règles fondamentales qui régissent ses opérations : elle ne doit accorder des prêts qu'à des fins productives (agriculture et développement rural, énergie, éducation, santé, planification de la famille et nutrition, routes et chemins de fer, télécommunications, ports et installations du secteur énergétique) et doit prendre en considération les perspectives de remboursement; chaque prêt doit être garanti par l'Etat intéressé et financer, sauf circonstances spéciales, des projets déterminés; la Banque doit s'assurer que les fonds nécessaires ne peuvent être obtenus auprès d'autres sources à des conditions raisonnables; l'utilisation des prêts ne peut être limitée à des achats dans un ou plusieurs pays membres donnés; et les décisions de prêt doivent reposer uniquement sur des considérations économiques. Depuis 1980, la Banque prête également pour soutenir des programmes précis de réorientation des politiques économiques et de réforme institutionnelle.

La Banque, dont le capital est souscrit par ses Etats membres, finance ses opérations de prêts essentiellement par les emprunts qu'elle lance sur les marchés mondiaux ainsi que par ses recettes et le remboursement de ses prêts. Les prêts peuvent être accordés aux pays membres, à leurs divisions administratives ou à des entreprises privées situées sur leur territoire. Outre l'octroi de prêts, la Banque offre des services d'assistance technique très variés.

Administration

Tous les pouvoirs de la Banque sont entre les mains du Conseil des gouverneurs, qui se compose d'un gouverneur et d'un suppléant nommés par chacun des 178 pays membres. Le Conseil se réunit normalement une fois l'an. Les administrateurs sont au nombre de 24, dont 5 désignés par les membres qui détiennent le plus grand nombre de parts du capital et 19 élus par les gouverneurs représentant les autres membres. Il délègue aux administrateurs l'autorité nécessaire pour exercer tous les pouvoirs de la Banque, sauf ceux qui lui sont réservés en vertu des statuts. Le Président de la Banque est choisi par le Conseil des gouverneurs, dont il préside d'office les réunions.

ASSOCIATION INTERNATIONALE DE DÉVELOPPEMENT

Buts et activités

On a constaté au cours des années 50 qu'un grand nombre de pays pauvres avaient besoin d'emprunter à des conditions beaucoup plus libérales que celles de la Banque mondiale. L'IDA a donc été créée en 1960, en tant qu'institution affiliée à la Banque.

L'IDA tire le plus gros de ses revenus de trois sources : les transferts de recettes nettes de la Banque; le capital souscrit en monnaies convertibles par ses membres; et les contributions versées par les pays riches qui font partie de l'Association.

Pour emprunter à l'IDA, un pays doit répondre à quatre critères : il doit être très pauvre (revenu annuel par habitant égal ou inférieur à environ 800 dollars de 1992); il doit avoir une stabilité économique, financière et politique suffisante pour justifier un crédit de développement à long terme; ses difficultés en matière de balance de paiements doivent être particulièrement graves et ses perspectives de recettes en devises trop mauvaises pour qu'il puisse emprunter tout ce dont il a besoin aux conditions du marché; et sa politique doit traduire une volonté sincère de développement.

Les « crédits » de l'IDA (comme on les appelle pour les distinguer des « prêts » de la Banque) sont consentis pour une période de 35 à 40 ans, sans intérêt si ce n'est une petite commission couvrant les frais de gestion. Le remboursement du principal ne commence qu'après une période de différé de 10 ans.

Administration

C'est la Banque mondiale qui assure l'administration de l'IDA, où siègent d'office son Conseil des gouverneurs, ses administrateurs et son Président.

SOCIÉTÉ FINANCIÈRE INTERNATIONALE

Buts et activités

Bien qu'étroitement associée à la Banque mondiale, la SFI est une entité juridique à part, dotée de ses propres ressources. Ses objectifs sont les suivants : aider au financement d'entreprises privées susceptibles de contribuer au développement en y investissant des fonds sans garantie de remboursement par l'Etat membre intéressé; coordonner les possibilités d'investissement, les capitaux nationaux et étrangers et un personnel de direction qualifié; et stimuler le flot des capitaux privés – nationaux et étrangers – vers des investissements productifs dans les pays membres.

La SFI joue un rôle important en mobilisant, pour les entreprises des pays en développement, des capitaux supplémentaires provenant de sources privées, grâce à des opérations de cofinancement, des consortiums de prêts, des souscriptions de titres et des garanties. Elle offre aussi une assistance et des conseils techniques aux entreprises et aux gouvernements; elle a ainsi apporté une aide considérable à certains gouvernements dans des domaines tels que le développement des marchés financiers et la privatisation.

Administration

Le Conseil des gouverneurs, qui est investi de tous les pouvoirs de la SFI, se compose des gouverneurs et suppléants de la Banque mondiale qui représentent les pays qui sont aussi membres de la SFI. Le Conseil d'administration, composé des administrateurs de la Banque mondiale qui représentent les pays qui sont aussi membres de la SFI, est chargé de la direction générale des opérations. Le Président de la Banque mondiale est d'office Président du Conseil d'administration de la SFI.

AGENCE MULTILATÉRALE DE GARANTIE DES INVESTISSEMENTS

L'AMGI fut officiellement constituée en avril 1988. En juin 1994, elle comptait 121 pays membres, tandis que 26 autres, ayant signé sa Convention, étaient en cours d'adhésion. Elle a essentiellement pour mission de faciliter les apports d'investissements privés aux pays en développement à des fins productives en offrant aux investisseurs une assurance à long terme contre le risque politique (risque d'expropriation, risques liés au transfert de monnaie et risques découlant de la guerre et des troubles civils) et en proposant des services consultatifs.

Président de la Banque mondiale : James D. Wolfensohn

Siège : 1818 H Street, N. W. Washington, D. C. 20433, Etats-Unis.
Tél. : (1) (202) 477 1234; câble : INTBAFRAD WASHINGTON;
Télécopie : (1) (202) 477 6391.

FONDS MONÉTAIRE INTERNATIONAL

Le Fonds monétaire international (FMI) fut créé en décembre 1945. Ses buts, tels qu'ils sont énoncés à l'article premier de ses Statuts, sont les suivants :

* Promouvoir la coopération monétaire internationale en fournissant un mécanisme de consultation et de collaboration pour les problèmes monétaires internationaux;

* Faciliter l'accroissement harmonieux du commerce international et contribuer ainsi à l'instauration et au maintien de niveaux élevés d'emploi et de revenu réel, ainsi qu'au développement des ressources productives;

* Promouvoir la stabilité des changes, maintenir des régimes de change ordonnés et éviter les dépréciations concurrentielles des changes;

* Aider à établir un système multilatéral de règlement des transactions courantes et à diminuer les restrictions de change qui entravent le développement du commerce mondial;

* Mettre temporairement à la disposition des Etats membres les ressources du Fonds, moyennant des garanties adéquates, afin de leur permettre de corriger les déséquilibres de leur balance des paiements sans recourir à des mesures préjudiciables à la prospérité nationale ou internationale;

* Abréger la durée et réduire l'ampleur des déséquilibres des balances de paiement des Etats membres.

Fonctions

Les participants à la Conférence de Bretton Woods (voir BIRD ci-dessus) ont assigné trois fonctions principales au FMI : faire appliquer un code de conduite relatif aux politiques de taux de change pratiquées par les pays membres et aux restrictions sur les paiements afférents aux transactions courantes; fournir à ces pays les ressources financières dont ils ont besoin pour se conformer au code de conduite pendant qu'ils remédient au déséquilibre de leur balance des paiements ou s'emploient à l'éviter; et leur offrir un cadre où ils peuvent se rencontrer et collaborer au sujet des questions monétaires internationales.

Emploi des ressources du FMI

Le Fonds, par le biais de politiques et de mécanismes divers, met temporairement des ressources à la disposition des membres qui ont des difficultés de paiement. Sa politique de prêt est guidée par deux principes. Premièrement, le pool de monnaies est à la disposition de tous les membres; un Etat qui emprunte une monnaie doit donc la rembourser dès que ses difficultés de paiement sont réglées afin de ne pas limiter l'accès des autres membres à la même monnaie. Deuxièmement, avant de recevoir de l'argent du pool, l'Etat doit préciser comment il entend résoudre ses difficultés de paiement de façon à rembourser le Fonds dans le délai normal de trois à cinq ans (délai qui peut être porté à 10 ans pour certains mécanismes).

Administration

Chacun des 179 pays membres est représenté au Conseil des gouverneurs, organe suprême du Fonds, qui se réunit chaque année. Les affaires courantes sont gérées par un Conseil d'administration de 24 administrateurs présidé par le Directeur général, qui a également sous son autorité le personnel du Fonds.

Directeur général : Michel Camdessus.

Siège : 700 19th Street, N. W., Washington, D. C. 20431, Etats-Unis.
Tél. : (1) (202) 623 7000; câble : INTERFUND WASHINGTON;
Télex : 248331 IMF UR; télécopie : (1) (202) 623 4661.

ORGANISATION DE L'AVIATION CIVILE INTERNATIONALE

L'Organisation de l'aviation civile internationale (OACI) fut créée le 7 décembre 1944 par la signature de la Convention relative à l'aviation civile internationale, à la fin de la Conférence de Chicago. Elle eut une existence provisoire jusqu'au 4 avril 1947, lorsque le vingt-sixième Etat eut ratifié la Convention. Depuis 1994, le 7 décembre est célébré dans le monde comme la Journée de l'aviation civile internationale.

Buts et activités

L'OACI a pour objectif d'assurer, dans l'ordre et la sécurité, l'expansion de l'aviation civile internationale, d'encourager la mise au point et l'exploitation d'aéronefs à des fins pacifiques, de favoriser l'aménagement de lignes aériennes, aéroports et installations de navigation aérienne pour l'aviation civile et de répondre au besoin de transports aériens sûrs, réguliers, efficaces et économiques. A cette fin, elle adopte des normes internationales et recommande des pratiques touchant la conception et le fonctionnement des appareils et d'une grande partie de leur équipement. Ces normes régissent également les activités des pilotes de ligne, des équipages, des contrôleurs du trafic aérien et des équipes d'entretien au sol, le transport de marchandises dangereuses par des avions commerciaux, les exigences et procédures de sécurité dans les aéroports internationaux et l'interdiction du transport de drogue par voie aérienne.

L'OACI fixe les règles de la navigation à vue ou avec instruments et établit les cartes aéronautiques utilisées pour la navigation internationale. Les systèmes de télécommunications aéronautiques – fréquences radio et procédures de sécurité – relèvent aussi de sa responsabilité.

Elle s'efforce de faciliter la circulation des avions, des passagers, des équipages, des bagages, du fret et du courrier à travers les frontières internationales en simplifiant les formalités douanières, sanitaires et d'immigration. Elle aide également les pays en développement qui le demandent à créer ou améliorer leurs réseaux de transport aérien ainsi qu'à former leur personnel.

Administration

L'OACI est administrée par une Assemblée composée de représentants des 183 Etats membres, et un Conseil composé des représentants de 33 pays élus par l'Assemblée. L'Assemblée, qui se réunit au moins une fois tous les trois ans, détermine la politique de l'OACI et examine toutes les questions qui ne sont pas expressément portées devant le Conseil.

Le Conseil est l'organe exécutif de l'OACI. Il applique les directives de l'Assemblée et gère les finances de l'organisation. Il adopte les normes relatives à la navigation aérienne internationale et peut, à la demande des Etats membres, servir de tribunal pour le règlement de tout différend touchant l'aviation civile internationale. Il peut aussi procéder à des enquêtes dans le domaine de l'aviation civile.

Président du Conseil : Assad Kotaite.

Secrétaire général : Philippe Rochat.

Siège : 1000, rue Sherbrooke ouest, Montréal, PQ, Canada, H3A 2R2.
Tél. : (1) (514) 285 8219; câble : ICAO MONTREAL;
Télex : 05 24513; télécopie : (1) (514) 288 4772.

UNION POSTALE UNIVERSELLE

L'Union postale universelle (UPU) fut créée en 1874 par le Traité de Berne, approuvé par 22 nations, qui entra en vigueur le 1er juillet 1875. Elle est devenue une institution spécialisée des Nations Unies aux termes d'un accord entré en vigueur le 1er juillet 1948.

Buts et activités

L'UPU forme un seul espace postal pour l'échange des objets postaux. Elle a pour mission d'assurer l'organisation et l'amélioration des services postaux, d'apporter une assistance technique aux pays membres qui le demandent et d'encourager la collaboration internationale dans le domaine postal. Chaque membre s'engage à acheminer le courrier de tous les autres par les meilleurs moyens dont il dispose pour son propre courrier.

L'UPU fixe les tarifs indicatifs, les limites maximales et minimales de poids et de dimension et les conditions d'acceptation des objets postaux (articles prioritaires et non prioritaires, lettres et aérogrammes, cartes postales, imprimés, documentation en braille et petits paquets). Elle prescrit également les méthodes de calcul et de perception des frais de transit (pour les objets qui traversent le territoire d'un ou plusieurs pays) et des frais terminaux (pour compenser le déséquilibre du courrier). Elle établit en outre la réglementation concernant le courrier recommandé et par avion et le transport des objets qui exigent des précautions spéciales, tels que les substances infectieuses et radioactives.

Les projets de coopération technique de l'UPU portent sur des questions de planification, d'organisation, de gestion, d'opérations, de formation et de services financiers. Son assistance, qui s'adresse surtout aux pays en développement, consiste à recruter et envoyer des experts, des consultants ou des volontaires, à octroyer des bourses de formation professionnelle ou de perfectionnement, et à fournir de l'équipement et du matériel de formation ou de démonstration. L'UPU aide ses pays membres à réaliser des études sur le développement des postes afin de les présenter aux bailleurs de fonds et aux institutions financières appelés à financer des projets de développement à long terme.

Administration

L'autorité suprême de l'UPU est le Congrès postal universel, composé de représentants de tous les pays membres, qui se réunit tous les cinq ans. Sa fonction essentielle est de réexaminer les conventions fondamentales de l'Union. Il détermine également le programme général des activités de l'Union et fixe le budget des cinq années à venir. Le vingt et unième Congrès s'est tenu à Séoul en 1994, et le vingt-deuxième aura lieu à Beijing en 1999.

Le Conseil d'administration, composé de 41 membres choisis par le Congrès de manière à respecter une répartition géographique équitable, se réunit tous les ans pour assurer la continuité des travaux de l'Union entre les congrès.

Le Conseil d'exploitation postale, composé de 40 membres élus par le Congrès, sera chargé des questions opérationnelles à caractère commercial, technique et économique relatives au service postal.

Directeur général : Thomas E. Leavey.

Siège : Weltpoststrasse 4, 3000 Berne 15, Suisse.
Tél. : (41) (31) 350 31 11; câble : UPU BERNE;
Télex : 912 761 UPU CH; télécopie : (41) (31) 350 31 10.

UNION INTERNATIONALE DES TÉLÉCOMMUNICATIONS

L'Union internationale des télécommunications (UIT) vit le jour à Paris en 1865, sous le nom d'Union télégraphique internationale. Elle changea de nom en 1934, après l'adoption à Madrid de la Convention internationale des télécommunications (1932). L'UIT est devenue l'institution spécialisée des Nations Unies chargée des télécommunications en 1947, à la suite d'un accord avec l'ONU.

Buts et activités

Au sein de l'UIT, le secteur public et le secteur privé coopèrent en vue de développer les télécommunications et d'harmoniser les politiques nationales de télécommunication. L'UIT adopte des réglementations et des conventions internationales régissant les utilisations terrestres et spatiales du spectre des fréquences ainsi que l'utilisation de l'orbite géostationnaire des satellites, dans le cadre desquelles les pays adoptent leur propre législation. Elle élabore aussi des normes destinées à faciliter l'interconnexion des systèmes de télécommunication à l'échelle mondiale, quel que soit le type de technologie employé. Fer de lance du développement des télécommunications dans le monde, l'UIT favorise l'expansion des télécommunications dans les pays en développement en créant, en consultation avec d'autres partenaires, des politiques et des stratégies à moyen terme et en offrant une assistance technique spécialisée dans les domaines suivants : politique de télécommunications; choix et transfert de technologies; gestion; financement de projets d'investissement et mobilisation de ressources; installation et entretien de réseaux; gestion des ressources humaines; et recherche-développement. Au 31 janvier 1995, l'UIT comptait 184 Etats membres et 363 membres (entreprises industrielles et scientifiques; opérateurs et radiodiffuseurs publics et privés; et organisations régionales ou internationales).

Administration

L'organe suprême de l'UIT est la Conférence de plénipotentiaires, qui se réunit tous les quatre ans pour adopter les politiques fondamentales de l'Union et décider de son organisation et de ses activités. Le Conseil d'administration, composé de 46 membres de l'Union (représentant 25 % du nombre total de membres) choisis par la Conférence de plénipotentiaires, se réunit tous les ans pour examiner les grandes questions de politique des télécommunications, afin de veiller à ce que les politiques et les stratégies de l'UIT répondent au contexte sans cesse changeant des télécommunications. Il est chargé de coordonner les travaux des quatre organes permanents de l'UIT au siège : le Secrétariat général, le

Secteur des radiocommunications, le Secteur de la normalisation des télécommunications et le Secteur du développement des télécommunications. Des conférences mondiales sur les télécommunications internationales se réunissent selon les besoins pour établir des principes généraux relatifs à la prestation et à l'exploitation des services internationaux offerts au public ainsi que les moyens internationaux d'acheminement des télécommunications utilisés pour fournir ces services; elles fixent aussi les règles applicables aux administrations et aux opérateurs dans le domaine des télécommunications internationales.

Secrétaire général : Pekka Tarjanne.

Siège : Place des Nations, CH-1211 Genève 20, Suisse.
Tél. : (41) (22) 730 51 11; télécopie : (41) (22) 733 72 56;
Courrier électronique : X.400 (C=CH; ADMD=ARCOM; PRMD=ITU; S=ITUMAIL).
Internet : itumail @ itu.ch

ORGANISATION MÉTÉOROLOGIQUE MONDIALE

L'Organisation météorologique mondiale (OMM) fut fondée en 1951, mais sa Convention était en vigueur depuis mars 1950. Son prédécesseur, l'Organisation météorologique internationale, une organisation non gouvernementale, avait vu le jour en 1873. Au 31 mai 1995, l'OMM comptait 178 membres (Etats ou territoires).

Buts et activités

Les buts définis dans la Convention de l'OMM sont les suivants : faciliter la coopération mondiale en créant des réseaux de stations destinées aux observations météorologiques ainsi qu'aux observations hydrologiques et géophysiques liées à la météorologie, et favoriser la mise en place et le maintien en état des centres chargés de fournir des services se rapportant à la météorologie; promouvoir la création et la maintenance de systèmes permettant d'échanger rapidement des informations météorologiques; promouvoir la normalisation des observations météorologiques et des observations connexes et veiller à la publication uniforme des observations et des statistiques; encourager l'application de la météorologie à l'aviation, à la navigation maritime, aux problèmes d'eau, à l'agriculture et aux autres activités; favoriser les activités d'hydrologie opérationnelle et encourager la coopération entre les services météorologiques et hydrologiques; et encourager la recherche et la formation en météorologie et dans des domaines apparentés, tout en coordonnant les aspects internationaux de cette formation.

L'OMM exerce ses activités par le moyen de huit grands programmes. Le Programme de la veille météorologique mondiale, qui est son programme de base, comprend trois volets essentiels : le Système mondial de traitement des données, le Système mondial d'observation et le Système mondial de télécommunications. Les activités spéciales menées au titre du Programme sont les suivantes : Gestion des données; Appui à la VMM, y compris le Service d'information sur le fonctionnement de la VMM; Programme des instruments et des méthodes d'observation; Activités de l'OMM relatives aux satellites; Programme concernant les cyclones tropicaux; et Activités de l'OMM relatives à l'Antarctique.

Le Programme climatologique mondial constitue un cadre interinstitutions multidisciplinaire destiné à étudier l'éventail complet des questions relatives au climat et au changement climatique, y compris la recherche sur leurs conséquences économiques et sociales. Il aide à développer les moyens qui permettent d'avertir les gouvernements et le public des risques de variation et de changement du climat, d'origine naturelle ou humaine, qui pourraient avoir des conséquences importantes pour l'humanité. Il appuie aussi les activités du Groupe d'experts intergouvernemental sur l'évolution du climat, le Système mondial d'observation du climat, l'application de la Convention-cadre sur le changement climatique et les négociations relatives à la convention sur la désertification et la sécheresse.

Le Programme mondial de recherche sur le climat, entrepris conjointement par l'OMM, la Commission océanographique intergouvernementale et le Conseil international des unions scientifiques, est un programme scientifique international destiné à mieux faire comprendre le climat et les prévisions de changement mondial et régional du climat.

Le Programme consacré à la recherche atmosphérique et à l'environnement contribue au progrès de la science atmosphérique et aide les membres de l'OMM à améliorer leurs services météorologiques en encourageant la recherche météorologique et la recherche dans les domaines connexes de l'environnement. Les activités de prévention des catastrophes profitent tout particulièrement des résultats de la recherche sur la prévision à court, moyen et long terme et de l'amélioration des prévisions météorologiques dans les régions tropicales, notamment en ce qui concerne les cyclones.

Le Programme des applications météorologiques facilite et coordonne la fourniture et l'application des données, prévisions et autres informations météorologiques aux industries et aux activités qui dépendent du temps. Les applications touchent notamment la météorologie agricole, la météorologie aéronautique (sécurité des transports aériens), la météorologie marine (sécurité en mer) et les services météorologiques destinés au grand public.

Le Programme d'hydrologie et de mise en valeur des ressources en eau permet d'évaluer et de prévoir la quantité et la qualité des ressources en eau, afin de répondre aux besoins de tous les secteurs de la société, d'atténuer les conséquences des catastrophes liées à l'eau et de maintenir ou d'améliorer l'état de l'environnement mondial. Dans ce contexte, il assure la création de réseaux de prévision hydrogéologique destinés à la protection contre les inondations ainsi qu'à la lutte contre la sécheresse et la désertification grâce à la gestion des ressources en eau.

Le Programme d'enseignement et de formation professionnelle est destiné à soutenir les programmes scientifiques et techniques de l'OMM, ainsi qu'à favoriser le perfectionnement du personnel des services météorologiques et hydrologiques des pays membres.

Le Programme de coopération technique permet de dispenser des conseils et d'aider à renforcer les services météorologiques et hydrologiques des pays en développement grâce au transfert de connaissances, de technologies et de méthodologies, afin d'améliorer l'efficacité de ces services.

Administration

L'organe suprême de l'OMM est le Congrès météorologique mondial, auquel participent tous les membres de l'organisation. Il se réunit tous les quatre ans pour déterminer les politiques générales. L'organe exécutif est le Conseil exécutif, dont les 36 membres comprennent d'office les présidents des six associations régionales. Il se réunit au moins une fois l'an pour superviser l'exécution des décisions prises par le Congrès et formuler des recommandations sur toute question touchant la météorologie internationale.

Les six associations régionales concernent respectivement l'Afrique, l'Asie, l'Amérique du Sud, l'Amérique du Nord et centrale, le Pacifique du Sud-Ouest et l'Europe. Il y a aussi huit commissions techniques chargées d'élaborer des normes internationales pour les méthodes, procédures, techniques et pratiques en météorologie et en hydrologie opérationnelle. Ces commissions s'occupent respectivement des domaines suivants : systèmes de base; sciences de l'atmosphère; instruments et méthodes d'observation; météorologie aéronautique; météorologie agricole; météorologie marine; hydrologie; et climatologie. Le Secrétariat, dirigé par le Secrétaire général, est chargé de l'administration générale.

Secrétaire général : G. O. P. Obasi.

Siège : 41, avenue Giuseppe-Motta, CH-1211 Genève 20, Suisse.
Tél. : (41) (22) 730 81 11; câble : METEOMOND GENEVA;
Télex : 414199 OMM CH; télécopie : (41) (22) 734 23 26.

ORGANISATION MARITIME INTERNATIONALE

La Convention portant création de l'Organisation maritime internationale (OMI) [précédemment appelée Organisation intergouvernementale consultative de la navigation maritime] fut élaborée en 1948 lors d'une conférence maritime des Nations Unies qui se tenait à Genève. Elle entra en vigueur le 17 mars 1958, ayant été ratifiée par 21 Etats dont 7 possédaient une flotte représentant au moins un million de tonneaux de jauge brute.

Buts et activités

L'OMI fournit aux gouvernements les moyens de coopérer et d'échanger des renseignements sur des questions techniques touchant la navigation maritime consacrée au commerce international. Elle encourage l'adoption des normes les plus élevées possibles en matière de sécurité maritime et d'efficacité de la navigation, ainsi que de prévention et de lutte contre la pollution marine par les navires.

L'OMI constitue une instance où les gouvernements et les organisations intéressées échangent des renseignements et s'efforcent de résoudre des problèmes d'ordre technique, juridique et autre intéressant la navigation maritime et la prévention de la pollution marine. Dans ce contexte, elle a rédigé un certain nombre de conventions et de recommandations internationales qui ont été adoptées par les gouvernements. Il existe ainsi des conventions internationales sur la sécurité de la vie humaine en mer, la prévention de la pollution marine par les navires, la formation des gens de mer et la délivrance des certificats, et la prévention des abordages en mer, ainsi que plusieurs instruments relatifs aux questions de responsabilité et de réparation, et de nombreux autres textes.

Outre les conventions et traités, l'OMI a adopté plusieurs centaines de recommandations sur des questions telles que le transport par mer des marchandises dangereuses, les signaux, la sécurité des pêcheurs et des bateaux de pêche et la sécurité des navires marchands nucléaires. Sans être obligatoires, ces recommandations constituent des codes ou des pratiques recommandées qui peuvent guider les gouvernements dans l'établissement de leur réglementation nationale. L'OMI a aussi créé à Malmö (Suède) l'Université maritime mondiale, qui offre une formation avancée à des administrateurs, éducateurs et autres personnes s'occupant de transports maritimes à un niveau élevé.

Administration

L'organe directeur suprême de l'OMI est l'Assemblée, composée des 152 Etats membres, qui se réunit tous les deux ans pour approuver le programme de travail et le budget biennaux et adopter des recommandations sur les règles concernant la sécurité maritime, la prévention de la pollution marine et d'autres questions.

Le Conseil, composé de 32 membres élus par l'Assemblée pour un mandat de deux ans, fait fonction d'organe directeur entre les sessions biennales de l'Assemblée. Un amendement à la Convention de l'OMI, qui n'est pas encore entré en vigueur, portera le nombre des membres du Conseil à 40.

Quatre grands comités – les Comités de la sécurité maritime, juridique, de la protection du milieu marin et de la coopération technique – soumettent des rapports ou des recommandations à l'Assemblée par l'intermédiaire du Conseil. Un cinquième s'y ajoutera – le Comité sur la facilitation – lorsque l'amendement à la Convention présenté sur cette question entrera en vigueur.

Secrétaire général : William A. O'Neil.

Siège : 4 Albert Embankment, Londres SE1 7SR, Royaume-Uni. Tél. : (44) (171) 735 7611; câble : INTERMAR LONDON SE; Télex : 23588; télécopie : (44) (171) 587 3210.

ORGANISATION MONDIALE DE LA PROPRIÉTÉ INTELLECTUELLE

L'Organisation mondiale de la propriété intellectuelle (OMPI) a ses origines dans la Convention de Paris pour la protection de la propriété industrielle (1883) et la Convention de Berne pour la protection des œuvres littéraires et artistiques (1886). La Convention portant création de l'OMPI fut signée en 1967 et entra en vigueur en 1970. L'OMPI devint une institution spécialisée des Nations Unies en 1974. Au 1er juin 1995, elle comptait 155 Etats membres.

Buts et activités

Les principaux objectifs de l'OMPI sont de maintenir et de renforcer le respect de la propriété intellectuelle dans le monde entier, afin de favoriser le développement industriel et culturel en stimulant l'activité créatrice et en facilitant le transfert de technologie et la diffusion des œuvres littéraires et artistiques. La propriété intellectuelle comprend deux grandes branches : la propriété industrielle (brevets et autres droits sur les inventions techniques, marques déposées, plans industriels, appellations d'origine, etc.) et les droits d'auteur et droits connexes (sur les œuvres littéraires, musicales et artistiques, les films, les représentation d'artistes du spectacle, les phonogrammes, etc.).

Afin de mieux protéger la propriété intellectuelle, l'OMPI cherche à élargir l'adhésion aux conventions existantes, encourage leur révision, favorise la conclusion de nouveaux instruments et aide à élaborer des législations nationales. Elle apporte également une assistance juridico-technique aux pays en développement, recueille et diffuse des renseignements et assure des services concernant l'enregistrement international et les autres formes de coopération administrative entre les Etats membres des « Unions » qu'elle administre et qui ont été créées en vertu de traités, conventions et accords remontant jusqu'en 1883.

Administration

L'OMPI est administrée par une Conférence composée de tous les Etats membres et une Assemblée générale composée des Etats membres qui sont aussi membres des Unions de Paris ou de Berne. Les organes directeurs de l'OMPI et des Unions qu'elle administre se réunissent généralement en sessions communes pour adopter leurs programmes et budgets et définir leur politique. Le Bureau international – secrétariat de l'OMPI – est placé sous la responsabilité du Directeur général.

Directeur général : Arpad Bogsch.

Siège : 34, chemin des Colombettes, 1211 Genève 20, Suisse.
Tél. : (41) (22) 730 91 11; câble : OMPI GENEVA;
Télex : 412912 OMPI CH; télécopie : (41) (22) 733 54 28.

FONDS INTERNATIONAL
DE DÉVELOPPEMENT AGRICOLE

L'idée de créer un Fonds international de développement agricole (FIDA) naquit à la Conférence mondiale sur l'alimentation de 1974. Un accord portant création du Fonds fut adopté le 13 juin 1976 et ouvert à la signature le 20 décembre, après que les premières annonces de contribution eurent atteint 1 milliard de dollars. Cet accord entra en vigueur en 1977.

Buts et activités

Le but principal du FIDA est de mobiliser des ressources pour améliorer la production alimentaire et la nutrition dans les pays en développement à faible revenu. Au moins 20 % des habitants d'Afrique, d'Asie et d'Amérique latine souffrent chroniquement des effets de la faim et de la malnutrition, et le Fonds concentre ses efforts sur les besoins des collectivités rurales les plus pauvres, en particulier les petits agriculteurs, les paysans sans terre, les pêcheurs, les éleveurs et les femmes rurales. Il s'intéresse surtout au développement à base communautaire et aux approches novatrices fondées sur la participation locale et la préservation des ressources naturelles.

Le FIDA prête de l'argent, le plus souvent à des conditions très libérales ou à un faible taux d'intérêt. Il s'intéresse non seulement à l'accroissement de la production agricole mais cherche aussi à améliorer les perspectives d'emploi, la nutrition et la répartition des revenus. Il coopère avec de nombreuses institutions, dont la Banque mondiale, les banques régionales de développement, les autres organismes financiers régionaux et les organismes des Nations Unies. Bon nombre de ces institutions cofinancent des projets du FIDA.

Pour chaque dollar qu'il a versé à l'appui de ses projets, le FIDA a mobilisé plus de trois dollars auprès de donateurs extérieurs. Au 30 avril 1995, il avait investi 4 215 100 000 dollars dans 402 projets touchant 104 pays en développement. Le coût total de ces projets, y compris la contribution des pays bénéficiaires, dépassait 14,2 milliards de dollars. Une fois achevés, ces projets devraient avoir des retombées bénéfiques pour environ 150 millions de personnes et se traduire par un surcroît de production alimentaire équivalent à plus de 40 millions de tonnes de blé.

Administration

Les opérations du Fonds sont dirigées par le Conseil des gouverneurs, auquel sont représentés les 158 Etats membres. Ceux-ci se divisent en trois catégories : les pays développés (OCDE), les pays en développement grands contribuants (OPEP), et les autres pays en développement essentiellement bénéficiaires. Le Conseil a toutefois adopté en janvier 1995 des amendements à l'Accord portant création du FIDA. Le système des trois catégories sera supprimé au profit d'un nouveau système de vote; les pays membres auront deux types de voix : leur voix d'origine, en tant que membres, et une voix selon l'ampleur de leur contribution. Ces amendements entreront en vigueur lorsque la quatrième reconstitution des ressources du Fonds sera achevée.

Les opérations sont surveillées par le Conseil d'administration, qui comprend 18 administrateurs et 17 suppléants. Le Conseil est présidé par le Président du Fonds.

Président : Fawzi H. Al-Sultan.

Siège : 107 Via del Serafico, 00142 Rome, Italie.
Tél. : (39) (6) 54591; câble : IFAD ROME;
Télex : 620330; télécopie : (39) (6) 504 3463.

ORGANISATION DES NATIONS UNIES POUR LE DÉVELOPPEMENT INDUSTRIEL

L'Organisation des Nations Unies pour le développement industriel (ONUDI) fut créée par l'Assemblée générale des Nations Unies en 1966. Elle devint la seizième institution spécialisée des Nations Unies en 1985, avec pour mission de promouvoir le développement et la coopération industriels et de jouer le rôle d'organe central de coordination des activités industrielles au sein du système des Nations Unies.

Buts et activités

L'ONUDI est l'organisme des Nations Unies spécialisé dans la promotion et l'accélération de l'industrialisation dans les pays en développement. Elle aide les gouvernements et les secteurs public et privé en leur faisant bénéficier d'une coopération technique, en leur donnant des conseils en matière de politique, en encourageant l'investissement et en dispensant un soutien technique. Elle offre des services aux pays en développement et aux pays dont l'économie est en transition, qui souhaitent renforcer leur base industrielle.

Elle aide les pays en développement à disposer plus facilement de technologies et de connaissances spécialisées grâce à des partenariats avec des institutions financières au service du développement, des organisations gouvernementales et non gouvernementales, des industries publiques et privées et des associations industrielles.

Elle encourage également les investissements industriels. Grâce à des programmes axés sur quatre régions en développement et à un réseau mondial de promotion des investissements, elle mobilise des ressources d'investissement à destination des pays en développement en aidant les entités qui parrainent des projets de développement industriel et leurs partenaires étrangers ou locaux à coopérer au sein de coentreprises. Son Service de promotion des investissements a des bureaux à Athènes, Milan, Paris, Séoul, Tokyo, Varsovie, Washington et Zurich. Des centres pour la coopération industrielle internationale se trouvent à Beijing et à Moscou.

Au cours des 20 dernières années, les projets de coopération technique de l'ONUDI ont bénéficié à environ 180 pays et régions.

En 1993-1994, l'organisation a dispensé une assistance technique évaluée à environ 215 millions de dollars et encouragé des projets d'investissement d'une valeur totale de 1,1 milliard.

L'ONUDI favorise la coopération entre les pays industrialisés et les pays en développement en servant de lieu de contact, de consultation et de négociation. Des forums d'investisseurs, des marchés de technologies et des rencontres de coopération industrielle permettent de promouvoir les investissements étrangers et le transfert de technologie à destination des pays en développement. L'ONUDI diffuse également des informations industrielles, commerciales et techniques facilement accessibles grâce à ses réseaux électroniques, à ses bases de données et à ses publications.

Administration

Les principaux organes de l'ONUDI sont les suivants : la Conférence générale, qui détermine les orientations, approuve le budget et adopte les conventions et accords; le Conseil du développement industriel, composé de 53 membres, qui passe en revue les programmes approuvés par la Conférence et formule des recommandations à leur sujet; et le Comité du programme et du budget, qui compte 27 membres.

Directeur général : Mauricio de María y Campos.

Siège : Centre international de Vienne, P.O. Box 300, A-1400 Vienne, Autriche.
Tél. : (43) (1) 21131; câble : UNIDO VIENNA;
Télex : 135612; télécopie : (43) (1) 232156.

AGENCE INTERNATIONALE DE L'ÉNERGIE ATOMIQUE

Le Statut de l'Agence internationale de l'énergie atomique (AIEA) fut approuvé en 1956 lors d'une conférence internationale réunie au Siège de l'ONU, et l'Agence vit le jour à Vienne en 1957. La même année, l'Assemblée générale approuva un accord régissant les relations entre l'AIEA et l'ONU.

Buts et activités

L'AIEA a deux buts principaux énoncés dans son Statut : hâter et accroître la contribution de l'énergie atomique à la paix, à la santé et à la prospérité dans le monde entier; et s'assurer que l'aide fournie par elle-même, ou à sa demande, ou sous sa direction, ou sous son contrôle, n'est pas utilisée à des fins militaires.

L'AIEA encourage et guide la mise au point d'utilisations pacifiques de l'énergie nucléaire, fixe des normes de sûreté nucléaire et de protection de l'environnement, aide les pays membres grâce à une coopération technique et favorise l'échange de renseignements scientifiques et techniques.

L'une de ses fonctions essentielles est d'appliquer des mesures visant à garantir que l'équipement et les matières nucléaires destinés à des applications pacifiques ne sont pas utilisés à des fins militaires. Le régime de garanties repose principalement sur la comptabilité des matières nucléaires, vérifiée sur place par les inspecteurs de l'Agence. Différents types d'accords de garanties peuvent être conclus avec l'AIEA. Aux termes des accords conclus dans le cadre du Traité sur la non-prolifération des armes nucléaires, du Traité visant l'interdiction des armes nucléaires en Amérique latine (Traité de Tlatelolco) et du Traité sur la zone dénucléarisée du Pacifique Sud (Traité de Rarotonga) [voir la section sur le désarmement au chapitre 2], les Etats non dotés d'armes nucléaires sont tenus de soumettre aux garanties de l'AIEA toutes les activités touchant le cycle du combustible nucléaire. D'autres types d'accord portent sur les garanties appliquées à des installations en particulier.

Au 31 décembre 1994, 199 accords de garanties étaient en vigueur avec 118 Etats (et avec la province chinoise de Taiwan). En 1994, les accords passés avec l'Arménie et la Zambie en application du Traité sur la non-prolifération sont entrés en vigueur.

L'Argentine et le Brésil ont établi un système commun de comptabilité et de contrôle des matières nucléaires (SCCC) ainsi qu'une agence de comptabilité et de contrôle (ABACC) chargée de son application. Un accord de garanties généralisées a été conclu entre les Gouvernements argentin et brésilien, l'ABACC et l'AIEA. Il porte sur toutes les matières nucléaires employées dans toutes les activités nucléaires menées dans les deux Etats, sous leur juridiction ou sous leur contrôle. Cet accord est entré en vigueur en 1994.

En 1994, des garanties étaient appliquées comme suit : dans 49 Etats au titre d'accords conclus en application du Traité sur la non-prolifération, ou du Traité sur la non-prolifération et du Traité de Tlatelolco; dans un Etat au titre d'un accord conclu en application du Traité de Tlatelolco; et dans huit Etats au titre d'autres accords. Les garanties qui étaient appliquées en Iraq conformément au Traité sur la non-prolifération étaient toujours remplacées par les activités menées en application de la résolution 687 du Conseil de sécurité. (L'AIEA applique aussi des garanties aux installations nucléaires de la province chinoise de Taiwan.)

Depuis mai 1994, les inspecteurs de l'AIEA surveillent le gel convenu du programme de réacteur à graphite-gaz de la République populaire démocratique de Corée. (Voir la section sur la péninsule coréenne au chapitre 2.)

Le monde salua en l'Afrique du Sud le premier Etat à avoir renoncé à sa capacité en matière d'arme nucléaire. Cette décision entraîna de nouvelles tâches pour l'AIEA. A la suite des inspections effectuées sur place par des fonctionnaires de l'Agence et d'autres experts, l'Agence conclut en 1993 que les matières nucléaires employées pour les armes étaient soumises à des garanties et que rien ne laissait supposer qu'il restât des éléments du programme qui n'auraient été ni rendus inutilisables ni convertis à des applications non nucléaires commerciales ou à des utilisations nucléaires pacifiques.

Les questions d'ordre nucléaire qui se posent dans les pays de l'Europe orientale et de l'ex-URSS continuent de préoccuper la communauté internationale. Celles qui ont été examinées sont les suivantes : l'application des garanties aux vastes programmes nucléaires de certains de ces Etats; la sécurité des installations nucléaires; la nécessité de mettre en place des infrastructures adéquates pour assurer la sûreté nucléaire et la radioprotection; et la contamination radioactive. L'AIEA a contribué aux progrès notables qui ont été accomplis vers la solution de ces problèmes. Des missions ont été effectuées dans toutes les grandes installations nucléaires de l'Arménie, du Bélarus, du Kazakstan, du Kirghizistan, de l'Ouzbékistan et de l'Ukraine, en vue de mettre en place des formules de garanties, de les appliquer ultérieurement et d'évaluer les besoins nationaux en infrastructures. Dans le domaine de la sécurité, l'AIEA s'est surtout occupée de fixer des priorités concernant l'amélioration de la sécurité des divers types de réacteurs et de dispenser une assistance et des conseils techniques.

Un programme élargi a été mis en place dans les domaines de la sécurité des installations nucléaires, de la radioprotection, de la santé, de la gestion des déchets radioactifs, de l'énergie nucléaire et du cycle du combustible nucléaire.

L'AIEA dispense aux gouvernements qui le demandent des conseils et une assistance pour leurs programmes d'énergie nucléaire. Le principal objectif de son programme d'assistance technique est de favoriser le transfert des techniques et connaissances, de manière que les pays bénéficiaires puissent mener à bien leurs programmes d'énergie nucléaire avec plus d'efficacité et de sécurité. L'Agence fournit des conseillers, du matériel et des services de formation à des Etats membres qui sont en majorité des pays en développement.

En 1994, le montant total des ressources affectées à la coopération technique a été de 52,8 millions de dollars.

L'AIEA établit des normes fondamentales de sûreté pour la radioprotection et publie des règlements et des codes de bonne pratique relatifs à certaines opérations, notamment le transport de matières radioactives. Elle facilite également les secours d'urgence aux Etats membres en cas d'accident ayant causé un dégagement de radioactivité. La capacité de l'Agence d'agir dans le cadre de la Convention sur l'assistance en cas d'accident nucléaire ou de situation d'urgence radiologique et de la Convention relative à la notification immédiate des accidents nucléaires a été renforcée grâce à des accords qui permettent d'utiliser le Système mondial de télécommunications de l'OMM pour communiquer des mesures de radioactivité.

L'Agence recueille et diffuse des informations sur presque tous les aspects des sciences et des techniques nucléaires grâce à son Système international de documentation nucléaire, qui se trouve à Vienne. Elle dirige avec l'Unesco le Centre international de physique théorique de Trieste (Italie) et trois laboratoires d'étude des applications fondamentales. Elle collabore avec la FAO dans le domaine de la recherche sur l'utilisation de l'énergie nucléaire pour l'alimentation et l'agriculture, et avec l'OMS dans celui des rayonnements en médecine et en biologie. Son Laboratoire d'étude du milieu marin à Monaco réalise des études mondiales sur la pollution marine, en collaboration avec le PNUE et l'Unesco.

Administration

Les politiques et programmes de l'AIEA sont fixés par la Conférence générale, composée de tous les Etats membres de l'Agence, qui se réunit tous les ans, et par un Conseil des gouverneurs composé de 35 membres.

Directeur général : Hans Blix.

Siège : Centre international de Vienne, Wagramerstrasse 5, P.O. Box 100, A-1400, Vienne, Autriche.
Tél. : (43) (1) 2060; câble : INATOM VIENNA;
Télex : 112645 ATOM A; télécopie : (43) (1) 20607.

ORGANISATION MONDIALE DU COMMERCE

L'Organisation mondiale du commerce (OMC) a été créée le 1er janvier 1995, en remplacement de l'Accord général sur les tarifs douaniers et le commerce (GATT), comme principale entité de supervision du commerce international.

Buts et activités

L'OMC administre, par l'intermédiaire de divers conseils et comités, les 28 accords sur les relations commerciales internationales contenus dans l'Acte final des négociations commerciales du cycle d'Uruguay, approuvé en 1994 lors d'une réunion à Marrakech (Maroc). Elle administre en outre plusieurs accords plurilatéraux portant notamment sur les marchés publics et le commerce des aéronefs civils.

L'OMC va plus loin que le GATT dans le sens où elle constitue le seul fondement juridique et institutionnel du système de commerce multilatéral. Alors que le GATT avait un statut provisoire, elle aura force obligatoire. Elle énoncera aussi les principales obligations contractuelles qui détermineront de quelle manière les pays formuleront et appliqueront leur législation et leurs réglementations commerciales.

L'OMC exerce cinq grandes fonctions :
♦ Elle administre et applique les accords commerciaux plurilatéraux et multilatéraux qui composent les Accords de l'OMC;
♦ Elle fait fonction d'instance pour les négociations commerciales multilatérales entre ses membres;
♦ Elle s'efforce de régler les différends commerciaux entre ses membres;

• Elle supervise les politiques commerciales nationales de ses membres;

• Elle coopère avec les autres institutions internationales qui participent à l'élaboration des politiques économiques mondiales.

L'OMC, qui examine régulièrement les régimes commerciaux de ses membres, est le gardien du commerce international. Dans ses divers organes, les membres signalent les mesures envisagées par d'autres, qui risquent de provoquer des différends commerciaux. Les membres doivent aussi communiquer en détail diverses mesures et statistiques commerciales, qui sont conservées par l'organisation dans une vaste base de données. Les différends qui ne peuvent être réglés par des pourparlers bilatéraux sont tranchés par l'Organe de règlement des différends.

L'OMC reprend, sous une forme étoffée, le code de conduite en matière de commerce international institué par le GATT en 1948. Ce code prévoit notamment le principe de la non-discrimination entre les partenaires commerciaux – clause de la « nation la plus favorisée » – et l'égalité de traitement, sur le marché intérieur, entre les importations et les produits fabriqués sur place.

Les règles de l'OMC portent aussi sur le commerce des services, la propriété intellectuelle et l'investissement. Au titre des Accords de l'OMC, les politiques protectionnistes dans des domaines importants tels que l'agriculture et le textile et l'habillement seront progressivement supprimées ou réduites.

Le secrétariat de l'OMC aide les pays en développement à appliquer les accords grâce à une nouvelle Division du développement et à sa Division de la coopération technique et de la formation, qui a été étoffée.

Huit grandes séries (« rounds ») de négociations organisées par le GATT ont abouti à des réductions considérables des tarifs douaniers et autres barrières commerciales. Les plus importantes ont été la première série (Genève, 1947), la série des négociations Kennedy (1964-1967), la série des négociations de Tokyo (1973-1979), et celle d'Uruguay (1986-1994).

Le Centre du commerce international, créé par le GATT en 1964, est un organe subsidiaire commun à l'OMC et à l'ONU, celle-ci agissant par l'intermédiaire de la CNUCED (voir la section sur le commerce et le développement au chapitre 3). Il aide les pays en développement à promouvoir leurs exportations, fournit des renseignements et des avis sur les débouchés à l'exportation et les techniques de commercialisation et contribue à la création de services d'exportation et à la formation de personnel.

Administration

Les 128 pays membres du GATT adhèrent automatiquement à l'OMC une fois qu'ils ont accepté les Accords d'Uruguay et présenté leurs listes d'engagements concernant le commerce des biens et services. L'organe suprême de l'organisation est la Conférence ministérielle, qui se réunit au moins une fois tous les deux ans et peut prendre des décisions sur tous les sujets qui entrent dans le cadre d'un accord commercial multilatéral. Le Conseil général est chargé des activités courantes. Il a notamment pour mission de superviser l'Organe de règlement des différends et l'Organe d'examen des politiques commerciales. Il délègue aussi des responsabilités à d'autres comités et organes, à savoir le Conseil du commerce des marchandises, le Conseil du commerce des services et le Conseil des aspects des droits de propriété intellectuelle qui touchent au commerce.

Directeur général : Renato Ruggiero.

Siège : Centre William Rappard, 154, rue de Lausanne, CH-1211 Genève 21, Suisse.
Tél. : (41) (22) 739 51 11; câble : GATT GENEVA;
Télex : 412324 GATT CH; télécopie : (41) (22) 731 42 06.

APPENDICES

PROGRESSION DU NOMBRE DES ÉTATS MEMBRES DE L'ORGANISATION DES NATIONS UNIES ENTRE 1945 ET 1994

Année	Nombre	Etats Membres
1945	Originaires 51	Afrique du Sud, Arabie saoudite, Argentine, Australie, Belgique, Bolivie, Brésil, Canada, Chili, Chine, Colombie, Costa Rica, Cuba, Danemark, Egypte, El Salvador, Equateur, Etats-Unis d'Amérique, Ethiopie, France, Grèce, Guatemala, Haïti, Honduras, Inde, Iran, Iraq, Liban, Libéria, Luxembourg, Mexique, Nicaragua, Norvège, Nouvelle-Zélande, Panama, Paraguay, Pays-Bas, Pérou, Philippines, Pologne, République arabe syrienne, République dominicaine, République socialiste soviétique de Biélorussie, République socialiste soviétique d'Ukraine, Royaume-Unie de Grande-Bretagne et d'Irlande du Nord, Tchécoslovaquie, Turquie, Union des Républiques socialistes soviétiques, Uruguay, Venezuela, Yougoslavie.
1946	55	Afghanistan, Islande, Suède, Thaïlande
1947	57	Pakistan, Yémen[1]
1948	58	Myanmar
1949	59	Israël
1950	60	Indonésie
1955	76	Albanie, Autriche, Bulgarie, Cambodge, Espagne, Finlande, Hongrie, Irlande, Italie, Jamahiriya arabe libyenne, Jordanie, Népal, Portugal, République démocratique populaire lao, Roumanie, Sri Lanka
1956	80	Japon, Maroc, Soudan, Tunisie
1957	82	Ghana, Malaisie
1958	83	Guinée
1960	100	Bénin, Burkina Faso, Cameroun, Chypre, Congo, Côte d'Ivoire, Gabon, Madagascar, Mali, Niger, Nigéria, République centrafricaine, Sénégal, Somalie, Tchad, Togo, Zaïre
1961	104	Mauritanie, Mongolie, République-Unie de Tanzanie, Sierra Leone
1962	110	Algérie, Burundi, Jamaïque, Ouganda, Rwanda, Trinité-et-Tobago
1963	112	Kenya, Koweït
1964	115	Malawi, Malte, Zambie
1965	118	Gambie, Maldives, Singapour
1966	122	Barbade, Botswana, Guyana, Lesotho
1967	123	Yémen démocratique[1]
1968	126	Guinée équatoriale, Maurice, Swaziland
1970	127	Fidji
1971	132	Bahreïn, Bhoutan, Emirats arabes unis, Oman, Qatar

Année	Nombre	Etats Membres
1973	135	Allemagne, Bahamas[2]
1974	137	Bangladesh, Grenade, Guinée-Bissau
1975	143	Cap-Vert, Comores, Mozambique, Papouasie-Nouvelle-Guinée, Sao Tomé-et-Principe, Suriname
1976	146	Angola, Samoa, Seychelles
1977	148	Djibouti, Viet Nam
1978	150	Dominique, Iles Salomon
1979	151	Sainte-Lucie
1980	153	Saint-Vincent-et-les Grenadines, Zimbabwe
1981	156	Antigua-et-Barbuda, Belize, Vanuatu
1983	157	Saint-Kitts-et-Nevis
1984	158	Brunéi Darussalam
1990	160	Liechtenstein, Namibie
1991	167	Estonie, Etats fédérés de Micronésie, Iles Marshall, Lettonie, Lituanie, République de Corée, République populaire démocratique de Corée
1992	179	Arménie, Azerbaïdjan, Bosnie-Herzégovine, Croatie, Géorgie, Kazakstan, Kirghizistan, Ouzbékistan, République de Moldova, Saint-Marin, Slovénie, Tadjikistan, Turkménistan
1993	184	Andorre, Erythrée, ex-République yougoslave de Macédoine, Monaco, République slovaque, République tchèque[3]
1994	185	Palaos

[1] Le Yémen a été admis à l'ONU le 30 septembre 1947 et le Yémen démocratique le 14 décembre 1967. Le 22 mai 1990, les deux pays ont fusionné. Depuis cette date, ils sont représentés comme un seul membre sous le nom de « Yémen ».

2 La République fédérale d'Allemagne et la République démocratique allemande ont été admises à l'ONU le 18 septembre 1973. Du fait du rattachement de la République démocratique allemande à la République fédérale d'Allemagne, qui a pris effet le 3 octobre 1990, les deux Etats allemands se sont unis pour former un seul Etat souverain.

3 La Tchécoslovaquie faisait partie des Membres originaires depuis le 24 octobre 1945. Dans une lettre datée du 10 décembre 1992, son Représentant permanent a informé le Secrétaire général que la République fédérale tchèque et slovaque cesserait d'exister le 31 décembre 1992 et que la République slovaque et la République tchèque, en tant qu'Etats successeurs, demanderaient leur admission à l'Organisation des Nations Unies. Après avoir reçu ces demandes, le Conseil de sécurité a recommandé le 8 janvier 1993 à l'Assemblée générale que la République slovaque et la République tchèque soient admises comme Membres de l'Organisation, ce qui a été fait le 19 janvier.

LISTE DES ÉTATS MEMBRES
DE L'ORGANISATION DES NATIONS UNIES
(au 31 décembre 1994)

Etat Membre	Date d'admission	Quote-part (Pourcentage)	Population (est.)
Afghanistan	19 novembre 1946	0,01	17 690 000
Afrique du Sud	7 novembre 1945	0,41	40 436 000
Albanie	14 décembre 1955	0,01	3 389 000
Algérie	8 octobre 1962	0,16	26 722 000
Allemagne	18 septembre 1973	8,93	81 255 000
Andorre	28 juillet 1993	0,01	61 000
Angola	1er décembre 1976	0,01	10 276 000
Antigua-et-Barbuda	11 novembre 1981	0,01	65 000
Arabie saoudite	24 octobre 1945	0,96	17 119 000
Argentine	24 octobre 1945	0,57	34 180 000
Arménie	2 mars 1992	0,13	3 732 000
Australie	1er novembre 1945	1,51	17 627 000
Autriche	14 décembre 1955	0,75	8 015 000
Azerbaïdjan	2 mars 1992	0,22	7 391 000
Bahamas	18 septembre 1973	0,02	269 000
Bahreïn	21 septembre 1971	0,03	539 000
Bangladesh	17 septembre 1974	0,01	115 203 143
Barbade	9 décembre 1966	0,01	260 000
Bélarus[a]	24 octobre 1945	0,48	10 188 000
Belgique	27 décembre 1945	1,06	10 046 000
Belize	25 septembre 1981	0,01	205 000
Bénin	20 septembre 1960	0,01	5 215 000
Bhoutan	21 septembre 1971	0,01	1 596 000
Bolivie	14 novembre 1945	0,01	7 237 000
Bosnie-Herzégovine	22 mai 1992	0,04	3 707 000
Botswana	17 octobre 1966	0,01	1 443 000
Brésil	24 octobre 1945	1,59	153 792 000
Brunéi Darussalam	21 septembre 1984	0,03	274 000
Bulgarie	14 décembre 1955	0,13	8 452 000
Burkina Faso	20 septembre 1960	0,01	9 682 000
Burundi	18 septembre 1962	0,01	5 958 000
Cambodge	14 décembre 1955	0,01	9 308 000
Cameroun	20 septembre 1960	0,01	12 522 000
Canada	9 novembre 1945	3,11	28 973 000
Cap-Vert	16 septembre 1975	0,01	370 000
Chili	24 octobre 1945	0,08	14 026 000
Chine	24 octobre 1945	0,77	1 196 360 000
Chypre	20 septembre 1960	0,02	726 000
Colombie	5 novembre 1945	0,13	34 520 000
Comores	12 novembre 1975	0,01	607 000

Etat Membre	Date d'admission	Quote-part (Pourcentage)	Population (est.)
Congo	20 septembre 1960	0,01	2 443 000
Costa Rica	2 novembre 1945	0,01	3 199 000
Côte d'Ivoire	20 septembre 1960	0,02	13 316 000
Croatie	22 mai 1992	0,13	4 511 000
Cuba	24 octobre 1945	0,09	10 941 000
Danemark	24 octobre 1945	0,60	5 205 000
Djibouti	20 septembre 1977	0,01	557 000
Dominique	18 décembre 1978	0,01	71 000
Egypte[b]	24 octobre 1945	0,07	56 488 000
El Salvador	24 octobre 1945	0,01	5 517 000
Emirats arabes unis	9 décembre 1971	0,21	1 206 000
Equateur	21 décembre 1945	0,03	11 221 000
Erythrée	28 mai 1993	0,01	3 345 000
Espagne	14 décembre 1955	1,98	39 150 000
Estonie	17 septembre 1991	0,07	1 507 000
Etats fédérés de Micronésie	17 septembre 1991	0,01	105 000
Etats-Unis d'Amérique	24 octobre 1945	25,00	258 233 000
Ethiopie	13 novembre 1945	0,01	56 900 000
Ex-République yougoslave de Macédoine[c]	8 avril 1993	0,02	2 083 000
Fédération de Russie[d]	24 octobre 1945	6,71	148 366 000
Fidji	13 octobre 1970	0,01	762 000
Finlande	14 décembre 1955	0,57	5 082 000
France	24 octobre 1945	6,00	57 804 000
Gabon	20 septembre 1960	0,02	1 012 000
Gambie	21 septembre 1965	0,01	1 026 000
Géorgie	31 juillet 1992	0,21	5 471 000
Ghana	8 mars 1957	0,01	16 446 000
Grèce	25 octobre 1945	0,35	10 350 000
Grenade	17 septembre 1974	0,01	92 000
Guatemala	21 novembre 1945	0,02	10 322 000
Guinée	12 décembre 1958	0,01	6 306 000
Guinée-Bissau	17 septembre 1974	0,01	1 028 000
Guinée équatoriale	12 novembre 1968	0,01	379 000
Guyana	20 septembre 1966	0,01	816 000
Haïti	24 octobre 1945	0,01	7 041 000
Honduras	17 décembre 1945	0,01	5 770 000
Hongrie	14 décembre 1955	0,18	10 275 000
Iles Marshall	17 septembre 1991	0,01	52 000
Iles Salomon	19 septembre 1978	0,01	355 000
Inde	30 octobre 1945	0,36	901 459 000
Indonésie[e]	28 septembre 1950	0,16	189 136 000
Iran (République islamique d')	24 octobre 1945	0,77	59 359 000

Etat Membre	Date d'admission	Quote-part (Pourcentage)	Population (est.)
Iraq	21 décembre 1945	0,13	19 454 000
Irlande	14 décembre 1955	0,18	3 503 000
Islande	19 novembre 1946	0,03	263 000
Israël	11 mai 1949	0,23	5 383 000
Italie	14 décembre 1955	4,29	57 057 000
Jamahiriya arabe libyenne	14 décembre 1955	0,24	4 700 000
Jamaïque	18 septembre 1962	0,01	2 411 000
Japon	18 décembre 1956	12,45	124 536 000
Jordanie	14 décembre 1955	0,01	4 936 000
Kazakstan	2 mars 1992	0,35	16 925 000
Kenya	16 décembre 1963	0,01	28 113 000
Kirghizistan	2 mars 1992	0,06	4 474 000
Koweït	14 mai 1963	0,25	1 433 000
Lesotho	17 octobre 1966	0,01	1 943 000
Lettonie	17 septembre 1991	0,13	2 544 000
Liban	24 octobre 1945	0,01	2 806 000
Libéria	2 novembre 1945	0,01	2 640 000
Liechtenstein	18 septembre 1990	0,01	30 000
Lituanie	17 septembre 1991	0,15	3 735 000
Luxembourg	24 octobre 1945	0,06	395 000
Madagascar	20 septembre 1960	0,01	12 092 000
Malaisie[f]	17 septembre 1957	0,12	19 247 000
Malawi	1er décembre 1964	0,01	9 135 000
Maldives	21 septembre 1965	0,01	238 000
Mali	28 septembre 1960	0,01	10 135 000
Malte	1er décembre 1964	0,01	366 000
Maroc	12 novembre 1956	0,03	29 069 000
Maurice	24 avril 1968	0,01	1 098 000
Mauritanie	27 octobre 1961	0,01	2 161 000
Mexique	7 novembre 1945	0,88	93 008 000
Monaco	28 mai 1993	0,01	31 000
Mongolie	27 octobre 1961	0,01	2 318 000
Mozambique	16 septembre 1975	0,01	15 583 000
Myanmar	19 avril 1948	0,01	44 596 000
Namibie	23 avril 1990	0,01	1 461 000
Népal	14 décembre 1955	0,01	20 812 000
Nicaragua	24 octobre 1945	0,01	4 401 000
Niger	20 septembre 1960	0,01	8 361 000
Nigéria	7 octobre 1960	0,20	105 264 000
Norvège	27 novembre 1945	0,55	4 331 000
Nouvelle-Zélande	24 octobre 1945	0,24	3 493 000
Oman	7 octobre 1971	0,03	2 018 000
Ouganda	25 octobre 1962	0,01	19 940 000
Ouzbékistan	2 mars 1992	0,26	21 860 000

Etat Membre	Date d'admission	Quote-part (Pourcentage)	Population (est.)
Pakistan	30 septembre 1947	0,06	122 802 000
Palaos	15 décembre 1994	*	16 000
Panama	13 novembre 1945	0,02	2 583 000
Papouasie-Nouvelle-Guinée	10 octobre 1975	0,01	3 922 000
Paraguay	24 octobre 1945	0,02	4 643 000
Pays-Bas	10 décembre 1945	1,50	15 352 000
Pérou	31 octobre 1945	0,06	22 454 000
Philippines	24 octobre 1945	0,07	65 649 000
Pologne	24 octobre 1945	0,47	38 513 000
Portugal	14 décembre 1955	0,20	9 868 000
Qatar	21 septembre 1971	0,05	486 000
République arabe syrienne[g]	24 octobre 1945	0,04	13 393 000
République centrafricaine	20 septembre 1960	0,01	3 156 000
République de Corée	17 septembre 1991	0,69	43 500 000
République démocratique populaire lao	14 décembre 1955	0,01	4 605 000
République dominicaine	24 octobre 1945	0,02	7 608 000
République de Moldova	2 mars 1992	0,15	4 356 000
République populaire démocratique de Corée	17 septembre 1991	0,05	23 048 000
République tchèque	19 janvier 1993	0,42	10 331 000
République-Unie de Tanzanie[h]	14 décembre 1961	0,01	28 019 000
Roumanie	14 décembre 1955	0,17	22 755 000
Royaume-Uni	24 octobre 1945	5,02	58 191 000
Rwanda	18 septembre 1962	0,01	7 554 000
Saint-Kitts-et-Nevis	23 septembre 1983	0,01	42 000
Sainte-Lucie	18 septembre 1979	0,01	139 000
Saint-Marin	2 mars 1992	0,01	24 000
Saint-Vincent-et-les Grenadines	16 septembre 1980	0,01	110 000
Samoa	15 décembre 1976	0,01	163 000
Sao Tomé-et-Principe	16 septembre 1975	0,01	122 000
Sénégal	28 septembre 1960	0,01	7 902 000
Seychelles	21 septembre 1976	0,01	72 000
Sierra Leone	27 septembre 1961	0,01	4 297 000
Singapour	21 septembre 1965	0,12	2 874 000
Slovaquie	19 janvier 1993	0,13	5 333 000
Slovénie	22 mai 1992	0,09	1 989 000
Somalie	20 septembre 1960	0,01	8 954 000
Soudan	12 novembre 1956	0,01	28 129 000
Sri Lanka	14 décembre 1955	0,01	17 619 000
Suède	19 novembre 1946	1,11	8 765 000
Suriname	4 décembre 1975	0,01	414 000

Etat Membre	Date d'admission	Quote-part (Pourcentage)	Population (est.)
Swaziland	24 septembre 1968	0,01	809 000
Tchad	20 septembre 1960	0,01	6 098 000
Tadjikistan	2 mars 1992	0,05	5 767 000
Thaïlande	16 décembre 1946	0,11	58 584 000
Togo	20 septembre 1960	0,01	3 885 000
Trinité-et-Tobago	18 septembre 1962	0,05	1 260 000
Tunisie	12 novembre 1956	0,03	8 570 000
Turkménistan	2 mars 1992	0,06	3 921 000
Turquie	24 octobre 1945	0,27	60 227 000
Ukraine	24 octobre 1945	1,87	52 114 000
Uruguay	18 décembre 1945	0,04	3 149 000
Vanuatu	15 septembre 1981	0,01	156 000
Venezuela	15 novembre 1945	0,49	20 712 000
Viet Nam	20 septembre 1977	0,01	71 324 000
Yémen	30 septembre 1947	0,01	12 302 000
Yougoslavie	24 octobre 1945	0,14	10 507 000
Zaïre	20 septembre 1960	0,01	41 231 000
Zambie	1er décembre 1964	0,01	8 936 000
Zimbabwe	25 août 1980	0,01	10 739 000

Les Etats qui ne sont pas Membres de l'ONU mais participent à certaines de ses activités sont invités à verser une quote-part selon le barème suivant :

Nauru	0,01
Saint-Siège	0,01
Suisse	1,16
Tonga	0,01

* Quote-part non déterminée à cette date.

a Le 19 septembre 1991, la Biélorussie a informé l'ONU qu'elle avait pris le nom de Bélarus.

b L'Egypte et la Syrie étaient Membres originaires de l'ONU depuis le 24 octobre 1945. A la suite d'un plébiscite organisé le 21 février 1958, elles se sont unies pour former la République arabe unie, qui fut alors représentée à l'Organisation avec une voix unique. Le 13 octobre 1961, la Syrie, ayant recouvré son statut d'Etat indépendant, a repris son siège à l'ONU. Le 2 septembre 1971, la République arabe unie a changé son nom pour celui de République arabe d'Egypte.

c L'Assemblée générale a décidé le 8 avril 1993 d'admettre à l'ONU l'Etat provisoirement désigné sous le nom d'« ex-République yougoslave de Macédoine », en attendant que soit réglée la divergence qui a surgi au sujet de son nom.

d L'Union des Républiques socialistes soviétiques était Membre originaire de l'ONU depuis le 24 octobre 1945. Dans une lettre datée du 24 décembre 1991, Boris Eltsine, président de la Fédération de Russie, a informé le Secrétaire général que la Fédération de Russie, avec l'appui des 11 pays membres de la Communauté d'Etats indépendants, prenait la succession de l'Union soviétique au Conseil de sécurité et dans tous les autres organes de l'ONU.

[e] Par une lettre du 20 janvier 1965, l'Indonésie avait annoncé sa décision de se retirer de l'ONU « à ce stade et dans les circonstances présentes ». Dans un télégramme du 19 septembre 1966, elle annonça sa décision de « reprendre son entière coopération avec l'ONU et de participer de nouveau à ses activités ». Le 28 septembre 1966, l'Assemblée générale prit note de cette décision, et son président invita les représentants de l'Indonésie à prendre place à l'Assemblée.

[f] La Fédération de Malaya adhéra à l'ONU le 17 septembre 1957. Le 16 septembre 1963, elle prit le nom de Malaisie à la suite de l'admission de la nouvelle Fédération de Singapour, Sabah (Bornéo septentrional) et Sarawak. Singapour devint un Etat indépendant le 9 août 1965 et entra à l'ONU le 21 septembre 1965.

[g] L'Egypte et la Syrie étaient Membres originaires de l'ONU depuis le 24 octobre 1945. A la suite d'un plébiscite organisé le 21 février 1958, elles se sont unies pour former la République arabe unie, qui fut alors représentée à l'Organisation avec une voix unique. Le 13 octobre 1961, la Syrie, ayant recouvré son statut d'Etat indépendant, a repris son siège à l'ONU.

[h] Le Tanganyika entra à l'ONU le 14 décembre 1961 et Zanzibar le 16 décembre 1963. A la suite de la ratification le 26 avril 1964 du traité d'union entre ces deux pays, la République-Unie de Tanganyika et de Zanzibar resta membre de l'Organisation mais avec un siège unique. Le 1er novembre 1964, elle prit le nom de République-Unie de Tanzanie.

CENTRES ET SERVICES D'INFORMATION
DES NATIONS UNIES
(au 31 mai 1995)

CENTRES ET SERVICES D'AFRIQUE

ACCRA ♦ United Nations Information Centre, Gamel Abdul Nassar/Liberia Roads (Post Office Box 2339), Accra, Ghana.
Dessert le Ghana et la Sierra Leone.

ADDIS-ABEBA ♦ United Nations Information Service, Economic Commission for Africa, Africa Hall (Post Office Box 3001), Addis-Abeba, Ethiopie.
Dessert l'Ethiopie et la Commission économique pour l'Afrique.

ALGER ♦ Centre d'information des Nations Unies, 19, avenue Chahid El Ouali, Mustapha Sayed (Boîte postale 823), Alger, Algérie.
Dessert l'Algérie.

ANTANANARIVO ♦ Centre d'information des Nations Unies, 22, rue Rainitovo, Antsahavola (Boîte postale 1348), Antananarivo, Madagascar.
Dessert Madagascar.

BRAZZAVILLE ♦ Centre d'information des Nations Unies, avenue Foch, Case Ortf 15 (Boîte postale 13210 ou 1018), Brazzaville, Congo.
Dessert le Congo.

BUJUMBURA ♦ Centre d'information des Nations Unies, 117, avenue de la Révolution (Boîte postale 2160), Bujumbura, Burundi.
Dessert le Burundi.

LE CAIRE ♦ United Nations Information Centre, 1191 Corniche El Nile, World Trade Centre (Boîte postale 262), Le Caire, Egypte.
Dessert l'Arabie saoudite et l'Egypte.

DAKAR ♦ Centre d'information des Nations Unies, 12, avenue Roume, Immeuble UNESCO (Boîte postale 154), Dakar, Sénégal.
Dessert le Cap-Vert, la Côte d'Ivoire, la Gambie, la Guinée, la Guinée-Bissau, la Mauritanie et le Sénégal.

DAR ES-SALAAM ♦ United Nations Information Centre, Old Boma Building, Ground Floor, Marogoro Road/Sokoine Drive (Post Office Box 9224), Dar es-Salaam, République-Unie de Tanzanie.
Dessert la République-Unie de Tanzanie.

HARARE ♦ United Nations Information Centre, Dolphin House, Ground Floor, 123 L. Takawira Street/Union Avenue (Post Office Box 4408), Harare, Zimbabwe.
Dessert le Zimbabwe.

KHARTOUM ♦ United Nations Information Centre, United Nations Compound, University Avenue (Post Office Box 1992), Khartoum, Soudan.
Dessert la Somalie et le Soudan.

KINSHASA ♦ Centre d'information des Nations Unies, bâtiment Deuxième République, boulevard du 30 juin (Boîte postale 7248), Kinshasa, Zaïre.
Dessert le Zaïre.

LAGOS ◆ United Nations Information Centre, 17 Kingsway Road, Ikoyi (Post Office Box 1068), Lagos, Nigéria.
Dessert le Nigéria.

LOMÉ ◆ Centre d'information des Nations Unies, 107 boulevard du 13 janvier (Boîte postale 911), Lomé, Togo.
Dessert le Bénin et le Togo.

LUSAKA ◆ United Nations Information Centre, Post Office Box 32905, Lusaka, Zambie.
Dessert le Botswana, le Malawi, le Swaziland et la Zambie.

MASERU ◆ United Nations Information Centre, Letsie Road, Food Aid Compound Road, behind Hotel Victoria (Post Office Box 301), Maseru 100, Lesotho.
Dessert le Lesotho.

NAIROBI ◆ United Nations Information Centre, United Nations Office, Gigiri (Post Office Box 30552), Nairobi, Kenya.
Dessert le Kenya, l'Ouganda et les Seychelles.

OUAGADOUGOU ◆ Centre d'information des Nations Unies, avenue Georges Konseiga, Secteur n° 4 (Boîte postale 135), Ouagadougou 01, Burkina Faso.
Dessert le Burkina Faso, le Mali, le Niger et le Tchad.

RABAT ◆ Centre d'information des Nations Unies, angle Charia Ibnouzaid et Zankat Roundanat, n° 6 (Boîte postale 601), Rabat, Maroc.
Dessert le Maroc.

TRIPOLI ◆ United Nations Information Centre, Muzzafar Al Aftas Street, Hay El-Andalous (2) [Post Office Box 286], Tripoli, Jamahiriya arabe libyenne.
Dessert la Jamahiriya arabe libyenne.

TUNIS ◆ Centre d'information des Nations Unies, 61, boulevard Bab-Benat (Boîte postale 863), Tunis, Tunisie.
Dessert la Tunisie.

WINDHOEK ◆ United Nations Information Centre, 372 Paratus Building, Independence Avenue (Private Bag 13351), Windhoek, Namibie
Dessert la Namibie

YAOUNDÉ ◆ Centre d'information des Nations Unies, Immeuble Kamden, rue Joseph Clère (Boîte postale 836), Yaoundé, Cameroun.
Dessert le Cameroun, le Gabon et la République centrafricaine.

CENTRES ET SERVICES DES AMÉRIQUES

ASUNCIÓN ◆ United Nations Information Centre, Estrella 345, Edificio City, 3er Piso (Casilla de Correo 1107), Asunción, Paraguay.
Dessert le Paraguay.

BUENOS AIRES ◆ United Nations Information Centre, Junín 1940, 1er piso, 1113 Buenos Aires, Argentine.
Dessert l'Argentine et l'Uruguay.

LA PAZ ◆ United Nations Information Centre, Avenida Mariscal Santa Cruz No. 1350 (Apartado Postal 9072), La Paz, Bolivie.
Dessert la Bolivie.

LIMA ♦ United Nations Information Centre, 320/326 General Jacinto Lara, San Isidro (Apartado Postal 14-0199), Lima, Pérou.
Dessert le Pérou.

MANAGUA ♦ United Nations Information Centre, Reparto Bolonia, Porton Hospital Militar 1c al Lago, 1c abajo, 3260 Managua, Nicaragua.
Dessert le Nicaragua.

MEXICO ♦ United Nations Information Centre, Presidente Mazaryk 29, 6° piso, 11570 Mexico, D.F., Mexique.
Dessert Cuba, le Mexique et la République dominicaine.

PANAMA ♦ United Nations Information Centre, Street 53 and Vía Ricardo Arango, Mitsui Bank Building, First Floor (Apartado Postal 6-9083, El Dorado), Panama City, Panama.
Dessert le Panama.

PORT OF SPAIN ♦ United Nations Information Centre, 2nd Floor, Bretton Hall, 16 Victoria Avenue (Post Office Box 130), Port of Spain, Trinité.
Dessert Antigua-et-Barbuda, les Antilles néerlandaises, les Bahamas, la Barbade, le Belize, la Dominique, la Grenade, le Guyana, la Jamaïque, Sainte-Lucie, Saint-Kitts-et-Nevis, Saint-Vincent-et-les Grenadines, le Suriname et la Trinité-et-Tobago.

RIO DE JANEIRO ♦ United Nations Information Centre, Palacio Itamaraty, Avenida Marechal Floriano 196, 20080 Rio de Janeiro, RJ, Brésil.
Dessert le Brésil.

SAN SALVADOR ♦ United Nations Information Centre, Edificio Escalón, 2° piso, Paseo General Escalón y 87 Avenida Norte, Colonia Escalón (Apartado Postal 2157), San Salvador, El Salvador.
Dessert El Salvador.

SANTA FE DE BOGOTÁ ♦ United Nations Information Centre, Calle 100, n° 8A-55, Oficina 815 (Apartado Aéreo 058964), Santa Fe de Bogotá 2, Colombie.
Dessert la Colombie, l'Equateur et le Venezuela.

SANTIAGO ♦ United Nations Information Service, Commission économique pour l'Amérique latine et les Caraïbes, Edificio Naciones Unidas, Avenida Dag Hammarskjöld (Casilla 179-D), Santiago, Chili.
Dessert le Chili et la Commission économique pour l'Amérique latine et les Caraïbes.

WASHINGTON ♦ United Nations Information Centre, 1775 K Street, N.W., Suite 400, Washington, D.C. 20006, Etats-Unis
Dessert les Etats-Unis.

CENTRES ET SERVICES D'ASIE ET DU PACIFIQUE

AMMAN ♦ United Nations Information Service, Economic and Social Commission for Western Asia, 28 Abdul Hameed Sharaf Street (Post Office Box 927115), Amman, Jordanie
Dessert l'Iraq et la Commission économique et sociale pour l'Asie occidentale.

BANGKOK ✦ United Nations Information Service, Economic and Social Commission for Asia and the Pacific, United Nations Building, Rajdamnern Avenue, Bangkok 10200, Thaïlande.
Dessert le Cambodge, Hong-kong, la Malaisie, la République démocratique populaire lao, Singapour, la Thaïlande, le Viet Nam et la Commission économique et sociale pour l'Asie et le Pacifique.

BEYROUTH ✦ Centre d'information des Nations Unies, Apt. n° 1, Fakhoury Building, Montée Bain Militaire, Ardati Street (Post Office Box 4656), Beyrouth, Liban.
Dessert la Jordanie, le Koweït, le Liban et la République arabe syrienne.

COLOMBO ✦ United Nations Information Centre, 202-204 Bauddhaloka Mawatha (Post Office Box 1505), Colombo 7, Sri Lanka.
Dessert Sri Lanka.

DHAKA ✦ United Nations Information Centre, House 60, Road 11A (General Post Office Box 3658, Dhaka 1000), Dhanmandi, Dhaka 1209, Bangladesh.
Dessert le Bangladesh.

ISLAMABAD ✦ United Nations Information Centre, House No. 26, 88th Street, G-6/3 (Post Office Box 1107), Islamabad, Pakistan.
Dessert le Pakistan.

JAKARTA ✦ United Nations Information Centre, Gedung Dewan Pers, 5th Floor, 32-34 Jalan Kebon Sirih, Jakarta, Indonésie.
Dessert l'Indonésie.

KABOUL ✦ United Nations Information Centre, Shah Mahmoud Ghazi Watt (Post Office Box 5), Kaboul, Afghanistan.
Dessert l'Afghanistan.

KATMANDOU ✦ United Nations Information Centre, Pulchowk, Patan (Post Office Box 107, Pulchowk), Katmandou, Népal.
Dessert le Népal.

MANAMA ✦ United Nations Information Centre, Villa 131, Road 2803, Segaya (Post Office Box 26004), Manama, Bahreïn.
Dessert Bahreïn, les Emirats arabes unis et le Qatar.

MANILLE ✦ United Nations Information Centre, Ground Floor, NEDA Building, 106 Amorsolo Street, Legaspi Village, Makati [Post Office Box 7285 (DAPO), 1300 Domestic Road, Pasay City], Metro Manila, Philippines.
Dessert les Iles Salomon, la Papouasie-Nouvelle-Guinée et les Philippines.

NEW DELHI ✦ United Nations Information Centre, 55 Lodi Estate, New Delhi 110003, Inde.
Dessert le Bhoutan et l'Inde.

SANAA ✦ United Nations Information Centre, 4 Handhal Street, Al-Boniya Area (Post Office Box 237), Sanaa, République du Yémen
Dessert le Yémen.

SYDNEY ✦ United Nations Information Centre, Suite 1, 2nd Floor, 125 York Street, Sydney NSW 2000 (Post Office Box 4045, Sydney, N.S.W. 2001), Australie.
Dessert l'Australie, Fidji, Kiribati, Nauru, la Nouvelle-Zélande, le Samoa, les Tonga, Tuvalu, Vanuatu.

TÉHÉRAN ♦ United Nations Information Centre, 185 Ghaem Magham Farahani Avenue (Post Office Box 15875-4557), Téhéran 15868, Iran.
Dessert l'Iran.

TOKYO ♦ United Nations Information Centre, United Nations University Building, 8th Floor, 53-70, Jingumae 5-chome, Shibuya-ku, Tokyo 150, Japon.
Dessert le Japon et les Palaos.

YANGON ♦ United Nations Information Centre, 6 Natamauk Road (Post Office Box 230), Yangon, Myanmar.
Dessert le Myanmar.

CENTRES ET SERVICES D'EUROPE

ANKARA ♦ United Nations Information Centre, 197 Atatürk Bulvari (P.K. 407), Ankara, Turquie.
Dessert la Turquie.

ATHÈNES United Nations Information Centre, 36 Amalia Avenue, GR-10558, Athènes, Grèce.
Dessert Chypre, la Grèce et Israël.

BRUXELLES ♦ Centre d'information des Nations Unies et Bureau de liaison avec la Communauté économique européenne, avenue de Broqueville 40, 1200 Bruxelles, Belgique.
Dessert la Belgique, le Luxembourg et les Pays-Bas.

BUCAREST ♦ Centre d'information des Nations Unies, 16 Aurel Vlaic Street (Post Office Box 1-701), Bucarest, Roumanie.
Dessert la Roumanie.

COPENHAGUE ♦ United Nations Information Centre, 37 H. C. Andersens Boulevard, DK-1553 Copenhague V, Danemark.
Dessert le Danemark, la Finlande, l'Islande, la Norvège et la Suède.

GENÈVE ♦ Service d'information des Nations Unies, Office des Nations Unies à Genève, Palais des Nations, 1211 Genève 10, Suisse.
Dessert la Bulgarie, la Pologne et la Suisse.

LISBONNE ♦ United Nations Information Centre, Rua Latino Coelho No. 1, Edificio Aviz, Bloco A1-10 °, 1000 Lisbonne, Portugal.
Dessert le Portugal.

LONDRES ♦ United Nations Information Centre, 18 Buckingham Gate, London SW1E 6LB, Royaume-Uni.
Dessert l'Irlande et le Royaume-Uni.

MADRID ♦ United Nations Information Centre, Avenida del General Perón, 32-1 (Apartado Postal 3400, 28080 Madrid), 28020 Madrid, Espagne.
Dessert l'Espagne.

MOSCOU ♦ United Nations Information Centre, 4/16 Ulitsa Lunacharskogo, Moscou 121001, Fédération de Russie.
Dessert la Fédération de Russie.

PARIS ♦ Centre d'information des Nations Unies, 1 rue Miollis, 75732 Paris Cedex 15, France.
Dessert la France.

PRAGUE ✦ United Nations Information Centre, Panska 5, 11000 Prague 1, République tchèque.
Dessert la République slovaque et la République tchèque.

ROME ✦ United Nations Information Centre, Palazzetto Venezia, Piazza San Marco 50, 00186 Rome, Italie.
Dessert l'Italie, Malte et le Saint-Siège.

VIENNE ✦ Service d'information des Nations Unies, Office des Nations Unies à Vienne, Centre international de Vienne, Wagramerstrasse 5 (Post Office Box 500, A-1400 Vienne), A-1220 Vienne, Autriche.
Dessert l'Allemagne, l'Autriche et la Hongrie.

BUREAUX DE LA COMMUNAUTÉ D'ÉTATS INDÉPENDANTS ET DE L'ÉRYTHRÉE

ALMATY ✦ United Nations Office, Room 1312, Hotel Kazakstan, Lenin Avenue, Almaty, Kazakstan.
Dessert le Kazakstan

ASMARA ✦ United Nations Office, Andinet Street, Zone 4 Admin. 07, Airport Road (Post Office Box 5366), Asmara, Erythrée
Dessert l'Erythrée

BAKOU ✦ United Nations Office, 3 Isteglaliyat Street, Baku 1, Azerbaïdjan
Dessert l'Azerbaïdjan

EREVAN ✦ United Nations Office, Hrazdan Hotel, 2nd Floor, 2 Pionerskaya Street, Erevan, Arménie
Dessert l'Arménie

KIEV ✦ United Nations Office, 6 Klovsky Uzviz 1, Kiev 252020, Ukraine
Dessert l'Ukraine

MINSK ✦ United Nations Office, Ulitsa Kirova 17, 6th Floor (G.P.O. Box 103), 220050 Minsk, Bélarus
Dessert le Bélarus

TACHKENT ✦ United Nations Office, 4 Taras Shevchenko Street, Tachkent 700029, Ouzbékistan
Dessert l'Ouzbékistan

TBILISSI ✦ United Nations Office, Kazbegi Avenue 2 a (anciennement Pavlova), Tblissi 380060, République de Géorgie
Dessert la Géorgie

CÉLÉBRATIONS SPÉCIALES DES NATIONS UNIES

Décennies et années internationales

1985-1996	Décennie des transports et des communications pour l'Asie et le Pacifique
1988-1997	Décennie mondiale du développement culturel
Années 90	Troisième Décennie du désarmement
Années 90	Décennie internationale de la prévention des catastrophes naturelles

1990-1999	Décennie des Nations Unies pour le droit international
1990-2000	Décennie internationale de l'élimination du colonialisme
1991-2000	Quatrième Décennie des Nations Unies pour le développement
1991-2000	Deuxième Décennie des transports et des communications en Afrique
1991-2000	Décennie des Nations Unies contre la drogue
1993-2002	Deuxième Décennie du développement industriel de l'Afrique
1993-2002	Décennie Asie-Pacifique pour les handicapés
1993-2003	Troisième Décennie de la lutte contre le racisme et la discrimination raciale
1994-2004	Décennie internationale des populations autochtones
1995-2005	Décennie des Nations Unies pour l'éducation dans le domaine des droits de l'homme
1994	Année internationale de la famille
1994	Année internationale du sport et de l'idéal olympique
1995	Année des Nations Unies pour la tolérance
1995	Année internationale du souvenir des victimes de la seconde guerre mondiale
1996	Année internationale pour l'élimination de la pauvreté
1998	Année internationale de l'océan
1999	Année internationale des personnes âgées

Journées et semaines annuelles

21 mars	Journée internationale pour l'élimination de la discrimination raciale
A partir du 21 mars	Semaine de solidarité avec les peuples en lutte contre le racisme et la discrimination raciale
22 mars	Journée mondiale de l'eau
3 mai	Journée mondiale de la liberté de la presse
15 mai	Journée internationale des familles
5 juin	Journée mondiale de l'environnement
17 juin	Journée mondiale de la lutte contre la désertification et la sécheresse
26 juin	Journée internationale contre l'abus et le trafic illicite des drogues
Premier samedi de juillet	Journée internationale des coopératives
11 juillet	Journée mondiale de la population
9 août	Journée internationale des populations autochtones
16 septembre	Journée internationale de la protection de la couche d'ozone
Troisième mardi de septembre	Journée internationale de la paix
1er octobre	Journée internationale pour les personnes âgées
Premier lundi d'octobre	Journée mondiale de l'habitat

Deuxième mercredi d'octobre	Journée internationale de la prévention des catastrophes naturelles
16 octobre	Journée mondiale de l'alimentation
17 octobre	Journée internationale pour l'élimination de la pauvreté
24 octobre	Journée des Nations Unies
24-30 octobre	Semaine du désarmement
Semaine du 11 novembre	Semaine internationale de la science et de la paix
20 novembre	Journée de l'industrialisation de l'Afrique
29 novembre	Journée internationale de solidarité avec le peuple palestinien
3 décembre	Journée internationale des handicapés
10 décembre	Journée des droits de l'homme
29 décembre	Journée internationale de la diversité biologique

Autres journées internationales

Les autres journées internationales célébrées dans l'ensemble du système des Nations Unies sont les suivantes :

8 mars	Journée internationale de la femme
23 mars	Journée météorologique mondiale
7 avril	Journée mondiale de la santé
17 mai	Journée mondiale des télécommunications
31 mai	Journée mondiale sans tabac
8 septembre	Journée internationale de l'alphabétisation
Dernière semaine de septembre	Journée maritime mondiale
9 octobre	Journée mondiale de la poste
24 octobre	Journée mondiale d'information sur le développement
20 novembre (variable)	Journée mondiale de l'enfance
1er décembre	Journée mondiale du sida
5 décembre	Journée internationale des volontaires pour le développement économique et social
7 décembre	Journée de l'aviation civile internationale

PUBLICATIONS DES NATIONS UNIES AYANT TRAIT À L'ORGANISATION

Ces publications sont en vente aux adresses indiquées à la page 334 ou chez le dépositaire des ouvrages des Nations Unies dans votre région :

About the United Nations. Ensembles composés chacun d'un film vidéo et d'un guide pédagogique à utiliser dans les salles de classe. (Durée des films : 15 à 20 minutes; guides : environ 35 pages.) Sujets traités (en anglais) : Peace-keeping (Numéro de vente : E.91.I.27), Human Rights (Numéro de vente : E.91.I.40), Palestine (Numéro de vente : E.91.I.30), Africa Recovery (Numéro de vente : E.91.I.33), Environment and Development (Numéro de vente : E.92.I.9), Decolonization (Numéro de vente : E.92.I.11), Literacy (Numéro de vente : E.91.I.36). [Prix de l'ensemble : 29,95 dollars; prix du film vidéo : 24 dollars; prix du guide : 9,95 dollars.]

Afrique Relance (bulletin trimestriel) [abonnement annuel : 35 dollars pour les institutions, 20 dollars pour les particuliers]

Agenda pour la paix (deuxième édition, 1995), Boutros Boutros-Ghali, secrétaire général de l'ONU (174 pages) [Numéro de vente : F.95.I.15; 7,50 dollars]

Agenda pour le développement, Boutros Boutros-Ghali, secrétaire général de l'ONU (150 pages) [Numéro de vente : F.95.I.16; 7,50 dollars]

The Blue Helmets, panorama des activités de maintien de la paix des Nations Unies (571 pages) [DPI/1065, numéro de vente : E.90.I.18, broché; 8,95 dollars]

Pour la paix et le développement, 1994, Rapport annuel sur l'activité de l'Organisation, Boutros Boutros-Ghali, secrétaire général de l'ONU (320 pages) [numéro de vente : F.95.I.3; 9,95 dollars]

Charte des Nations Unies et Statut de la Cour internationale de Justice (90 pages) [DPI/511; 1 dollar]

Annuaire démographique, vol. 44 (823 pages) [numéro de vente : B.94.XIII.1; 125 dollars]

Disarmament–New Realities : Disarmament, Peace-Building and Global Security (397 pages) [numéro de vente : E.93.IX.14; 35 dollars]

Annuaire des Nations Unies sur le désarmement, vol. 18, 1994, (419 pages) [numéro de vente : F.94.IX.1; 50 dollars]

Image et Réalité, L'Organisation des Nations Unies : questions et réponses sur son fonctionnement et son financement (104 pages) [DPI/1288; 1,25 dollar]

La Charte internationale des droits de l'homme (47 pages) [DPI/925; 2 dollars]

The Model United Nations. Ensemble composé d'un film vidéo et d'un livre. (Durée du film : 20 minutes; livre : 32 pages.) [Numéro de vente du film : E.92.I.24; numéro de vente du livre : E.92.I.23; prix de l'ensemble : 20 dollars; prix du livre seul : 5 dollars.]

Nouvelles dimensions de la réglementation des armements et du désarmement dans la période de l'après-guerre froide, Boutros Boutros-Ghali, secrétaire général de l'ONU (51 pages) [numéro de vente : F.93.IX.8; 9,95 dollars]

Annuaire statistique, 39e édition (1174 pages) [numéro de vente : B.94.XVII.1 H; 110 dollars]

Chronique des Nations Unies, revue trimestrielle (abonnement annuel : 20 dollars)

Les Nations Unies et la lutte contre l'abus des drogues (100 pages) [DPI/1015/Rev. 1; numéro de vente : F.92.I.31; 5 dollars]

Déclaration universelle des droits de l'homme (15 pages) [DPI/876; 35 cents]

Women : Challenges to the Year 2000 (96 pages) [numéro de vente : E.91.I.21; 12,95 dollars]

La situation économique et sociale dans le monde, 1995 (308 pages) [numéro de vente : F.94.II.C.1; 12,95 dollars]

World Investment Report 1994—Transnational Corporations, Employment and the Work Place (446 pages) [numéro de vente : E.94.II.A.14; 45 dollars]

Yearbook of the United Nations (vol. 47, 1993, 1428 pages) [numéro de vente : F.94.I.1; 150 dollars]

* * *

SÉRIE LIVRES BLEUS DES NATIONS UNIES

Les Nations Unies et l'apartheid, 1948-1994 (576 pages) [numéro de vente : F.95.I.7; 29,95 dollars]

Les Nations Unies et le Cambodge, 1991-1995 (367 pages) [numéro de vente : F.95.I.9; 29,95 dollars]

The United Nations and El Salvador, 1990-1995 (620 pages) [numéro de vente : E.95.I.12; 29,95 dollars]

Les Nations Unies et la non-prolifération nucléaire (203 pages) [numéro de vente : F.95.I.17; 29,95 dollars]

Les Nations Unies et le Mozambique, 1992-1995 (340 pages) [numéro de vente : F.95.I.20; 29,95 dollars]

Les Nations Unies et les droits de l'homme, 1945-1995 (540 pages) [numéro de vente : F.95.I.21; 29,95 dollars]

The United Nations and the Advancement of Women, 1945-1995 (689 pages) [numéro de vente : E.95.I.29; 29,95 dollars]

A paraître :

The United Nations and Population

The United Nations and Somalia

Pour obtenir la liste complète des publications des Nations Unies disponibles, écrire à :

United Nations Publications
Sales Section
Room DC2-0853
New York, N. Y. 10017
Etats-Unis d'Amérique
Tél. : (212) 963-8302;
    1 (800) 253-9646
Télécopie : (212) 963-3489

Publications des Nations Unies
Groupe de vente
CH-1211 Genève 10
Suisse
Tél. : 41 (22) 917-2613
41 (22) 917-2614
Télécopie : 41 (22) 917-0027

INDEX

A

Accidents nucléaires : Convention de l'AIEA relative à la notification immédiate des (1986), 311; Convention sur l'assistance en cas d' ou de dégagement de radioactivité (1987), 311

Activités économiques et sociales, 141; mécanisme de coordination, 142

Aéronefs : Convention pour la répression de la capture illicite d' (La Haye, 1970), 275; Convention relative aux infractions et à certains autres actes survenant à bord des (Tokyo, 1963), 275

Afghanistan, 65; Accords de Genève (1988), 65; Coordonnateur des Nations Unies pour les programmes d'assistance humanitaire et économique concernant l', 66-69; Mission de bons offices des Nations Unies en et au Pakistan (UNGOMAP), 66; Représentant personnel, 66

African National Congress of South Africa (ANC), 217

Afrique : Convention régissant les aspects propres aux problèmes des réfugiés en (1969), 234; deuxième Décennie des transports et des communications en (1991-2000), 331; deuxième Décennie du développement industriel de l' (1993-2002), 331; Journée de l'industrialisation de l', 332; nouvel Ordre du jour pour le développement de l' dans les années 90, 140; Programme d'action des Nations Unies pour le redressement économique et le développement de l' (1986-1990), 140; Révolution verte, 167; une priorité pour l'ONU, 140

Afrique du Sud : Accord national de paix/Commission Goldstone, 219; Année internationale de mobilisation pour des sanctions contre l' (1982), 218; bantoustans, 215; élections (1994), 221; embargos, 216,221; Journée internationale de solidarité avec la lutte des femmes d', 218; Journée internationale de solidarité avec la population en lutte d', 218; Mission d'observation des Nations Unies en (MONUAS), 219; politique raciale de l', 215; prisonniers politiques sud-africains/Journée de solidarité avec les, 217; Représentant spécial pour l', 220; voir aussi apartheid

Agence internationale de l'énergie atomique (AIEA), 281, 308; accords de garanties, 309; Centre international de physique théorique, 311; Laboratoire d'étude du milieu marin, 311; Système international de documentation nucléaire, 311

Aide humanitaire, 225; Comité permanent interinstitutions, 227; Coordonnateur des secours d'urgence, 227; Coordonnateur humanitaire, 228; Coordonnateur résident, 228; Département des affaires humanitaires (DAH), 226; Equipe de réserve des Nations Unies pour l'évaluation et la coordination en cas de catastrophe, 229; Equipes des Nations Unies pour la gestion des opérations en cas de catastrophe, 228; Fichier central des capacités de gestion des catastrophes, 229; Fonds central autorenouvelable de secours d'urgence, 228; organismes opérationnels (FAO, 230; OMS, 231; PAM, 231; PNUD, 232; UNICEF, 230); Programme de formation à la gestion des catastrophes, 229; voir aussi réfugiés

Alimentation et agriculture, 165; Conférence mondiale de l'alimentation (Rome, 1974), 165; Journée mondiale, 332; Organisation des Nations Unies pour l' (FAO), 283; voir aussi Conseil mondial de l'alimentation; Fonds international de développement agricole; Programme alimentaire mondial

Alphabétisation, Journée internationale de l', 332

Amérique centrale, 57; accords d'Esquipulas II, 57; Groupe d'observateurs des Nations Unies en (ONUCA), 58;

voir aussi El Salvador; Guatemala; Nicaragua

Amérique latine et Caraïbes, Traité visant l'interdiction des armes nucléaires en (Traité de Tlatelolco, 1967), 125

Angola, 33; Mission de vérification des Nations Unies (UNAVEM/UNAVEM II/UNAVEM III), 21, 34-37

Antarctique, Traité sur l' (1959), 124

Apartheid, 214; Actions internationales visant à éliminer l', 215; Année internationale pour la lutte contre l' (1978), 218; Comité spécial contre l', 216, 220; Convention internationale sur l'élimination et la répression du crime d' (1973), 218; Déclaration sur l' et ses conséquences destructrices en Afrique australe, 219; démantèlement, 218; Programme d'action contre l' (1976), 218

Apatridie, Convention sur la réduction des cas d' (1961), 266

Arbitrage : Loi type de la CNUDCI sur l' commercial international (1985), 268; Règlement de la CNUDCI (1976), 269

Armements stratégiques, Traité sur la réduction et la limitation des offensifs (START), 126

Armes bactériologiques (biologiques) ou à toxines, Convention sur l'interdiction de la mise au point, de la fabrication et du stockage des et sur leur destruction (1972), 125; Groupe spécial, 126

Armes classiques : Conférence d'examen de la Convention, 127; Convention sur l'interdiction ou la limitation de l'utilisation de certaines (Convention sur les armes inhumaines, 1981), 127; Registre des (1992), 127

Armes nucléaires : Traité sur la non-prolifération (1968), 124; Conférence des Etats parties au Traité, 126

Asie et Pacifique : Décennie pour les handicapés (1993-2002), 331; Décen-

nie des transports et des communications pour (1985-1996), 330

Assemblée générale, 6; Bureau, 9; débat général, 8; fonctions et pouvoirs, 6; grandes commissions, 8; président/vice-présidents, 8; sessions, 8; sessions extraordinaires, 8; sessions extraordinaires d'urgence, 8; vote, 8

Astronautes, Accord 1967 sur le sauvetage des, le retour des et la restitution des objets lancés dans l'espace extra-atmosphérique, 129

Autorité internationale des fonds marins, 273

Aviation civile, Convention pour la répression d'actes illicites dirigés contre la sécurité de l' (Montréal, 1971), 265; Protocole pour la répression des actes illicites de violence dans les aéroports servant à l' internationale (Montréal, 1988), 275; voir aussi Organisation de l'aviation civile internationale

B

Banque mondiale, 289; Agence multilatérale de garantie des investissements, 289, 292; Association internationale de développement, 289, 291; Banque internationale pour la reconstruction et le développement, 289; Société financière internationale, 289, 291

Budget de l'ONU, 19, 22

Bureau des affaires juridiques, 277

Cambodge, 69; Accords de Paris sur le (1991), 71, 72, 73; Autorité provisoire des Nations Unies au (APRONUC), 71; Comité international pour la reconstruction du, 73; Conférence de Paris (1989), 70; élections, 72; Mission préparatoire des Nations Unies au (MIPRENUC), 70; Opération frontalière de secours des Nations Unies, 70; Représentant, 73; Représentant spécial, 70

C

Catastrophes naturelles, Décennie internationale de la prévention des

Chambre spécialisée dans les questions d'environnement, 17; juridiction, 16; membres, 16; litiges, 261-263; Statut, 16; *voir aussi* droit international

Crime : Commission pour la prévention du et la justice pénale, 184; Conférence internationale sur le blanchiment et le contrôle du produit du (Italie, 1994), 184; Conférence ministérielle mondiale sur la criminalité transnationale organisée (Naples, 1994)/Déclaration politique et plan d'action, 184; Congrès des Nations Unies, 182; Plan d'action tendant à renforcer la coopération internationale en matière de, (1985), 183; prévention du et traitement des délinquants, 182-184; Principes directeurs dans le contexte du développement et d'un nouvel ordre économique international (1985), 183

Criminalité et abus de pouvoir, Déclaration des principes fondamentaux de justice relatifs aux victimes de la (1985), 183

Croatie, Opération des Nations Unies pour le rétablissement de la confiance en (ONURC), 121

D

Décennie des Nations Unies pour le développement, 135, 331; Stratégie internationale du développement pour la deuxième (1971-1980), 136, la troisième (1981-1990), 136, la quatrième (1991-2000), 136, 331

Décennie des Nations Unies pour l'éducation dans le domaine des droits de l'homme (1995-2005), 331

Déclarations : *voir* les sujets concernés

Décolonisation, 239

Déficients mentaux, Déclaration des droits des (1971), 180

Délinquance juvénile, Principes directeurs pour la prévention de la (Principes directeurs de Riyad, 1990), 184

Département de la coordination des politiques et du développement durable, 142, 152, 157, 167

Département de l'information économique et sociale et de l'analyse des politiques, 142, 168

Département des services d'appui et de gestion pour le développement, 142

Désarmement : Commission du, 123; Conférence du, 123; efforts de, 123; mécanisme des Nations Unies, 122; réglementation des armements et, 121; Semaine du, 332; sessions extraordinaires consacrées au (1978, 1982, 1988), 122; traités bilatéraux entre les Etats-Unis et l'Union soviétique, 125; troisième Décennie du (années 90), 331

Désertification, 158; action commune PNUD/PNUE, 159; Conférence des Nations Unies sur la (Nairobi, 1977)/Plan d'action, 159; Convention internationale sur la lutte contre la (1994), 160; Journée mondiale de la lutte contre la, 331; *voir aussi* environnement et développement; Sahel

Détention arbitraire : prévention de la, 207; groupe de travail, 204, 207

Détention ou emprisonnement : Ensemble de principes pour la protection de toutes les personnes soumises à une forme quelconque de (1988), 276

Détenus : Ensemble de règles minima pour le traitement des (1955), 182; Principes fondamentaux relatifs au traitement des (1990), 184; *voir aussi* prisonniers

Dette : principes directeurs (1980) pour une action internationale dans le domaine du réaménagement de la, 148; résolution (1978) sur l'ajustement rétroactif des conditions de l'aide publique au développement accordée aux pays en développement à faible revenu, 148

Développement, Agenda pour le, 19, 137-139

Développement, droit au, 213; consultation mondiale (1990), 213; Déclaration (1986), 213

Développement agricole : voir Fonds international de développement agricole

Développement culturel, Décennie mondiale du, 331

Développement durable, 153; Commission du, 157, 161; voir aussi environnement et développement

Développement économique et social, 135; recherche d'un consensus, 135

Développement industriel : voir Organisation des Nations Unies pour le développement industriel (ONUDI)

Développement social : Commission du, 142; Institut de recherche des Nations Unies pour le, 191; Sommet mondial pour le (Copenhague, 1995), 139/Déclaration et Programme d'action, 139

Différends, règlement judiciaire des, 261

Diplomatie préventive, 29

Discrimination raciale : Comité pour l'élimination de la, 210; Convention internationale sur l'élimination de toutes les formes de (1965), 209; Décennies de la lutte contre le racisme et la (1973, 1983, 1993), 210, 331; Déclaration des Nations Unies sur l'élimination de toutes les formes de (1963), 209; élimination, 209; Journée internationale pour l'élimination de la, 331; Semaine de solidarité avec les peuples en lutte contre le racisme et la, 331; voir aussi Apartheid

Diversité biologique, Journée internationale de la, 332

Drogue(s) : Conférence internationale sur l'abus et le trafic illicite des (Vienne, 1987), 188/Déclaration, 188; Décennie des Nations Unies contre la (1991-2000), 187, 188, Déclaration politique, 188; Journée internationale contre l'abus et le trafic illicite des, 331; Programme d'action mondial, 188; Programme des Nations Unies pour le contrôle international des (PNUCID), 187, Schéma multidisciplinaire complet pour les activités futures de lutte contre l'abus des, 188; voir aussi Stupéfiants

Droit commercial international, Commission des Nations Unies pour le (CNUDCI), 267

Droit de la mer, 269; Accord (1994), 273; affaires devant la CIJ, 262; Conférences des Nations Unies (1958, 1960, 1973, 1982), 266, 269, 270; Convention (1982), 270/effet, 273; exploitation minière des grands fonds marins, 272; Tribunal international du, 272

Droit des traités : voir traités

Droit international, 261; Commission du, 265; Conventions, 266; Décennie des Nations Unies pour le (1990-1999), 331; développement et codification du, 265

Droits civils et politiques, Pacte international relatif aux, 197, 198; premier et deuxième Protocoles facultatifs (1949), 198, 199

Droits de l'homme, 195; Année internationale des (1968), 200; Centre pour les, 203; Comité des, 198; Commission des, 199; Conférence internationale sur les (Téhéran, 1968), 200; Conférence mondiale sur les (Vienne, 1993)/Déclaration et Programme d'action, 201; conventions spécialisées, 199; Déclaration universelle des, 195; et développement, 213; Groupes de travail, 204; Haut Commissaire aux, 202; Journée, 195, 331; organes de l'ONU, 199; Pactes internationaux relatifs aux, 197; rapporteurs spéciaux, 204; services consultatifs et assistance technique, 209

Droits de l'homme, violations : cessation des, 204; plaintes au titre de la procédure 1503/conventions spécialisées, 205

Droits économiques, sociaux et culturels : Comité des, 197; Pacte international relatif aux, 197

Droits et devoirs économiques des Etats, Charte des (1974), 136

Droits territoriaux : affaires devant la CIJ, 261, 262

E

Eau : Conférence des Nations Unies (Mar del Plata, 1977)/Plan d'action, 160; Conférence internationale sur l' et l'environnement (Dublin, 1992), 161; Journée mondiale de l', 331

Eau potable et de l'assainissement, Décennie internationale de l' (1981-1990), 161

Echanges compensés, Guide juridique de la CNUDCI pour les opérations internationales d' (1992), 269

Elections : surveillance, 28; Division de l'assistance électorale, 28

El Salvador : Accord de paix (1992), 58; élections, 59; Mission d'observation des Nations Unies en (ONUSAL), 21, 58, 59

Energie, sources d' nouvelles et renouvelables : Comité, 162; Conférence des Nations Unies sur les (Nairobi, 1981), 161; Programme d'action, 161

Energie nucléaire, Conférence des Nations Unies pour la promotion de la coopération internationale dans le domaine des utilisations pacifiques de l' (Genève, 1987), 162

Enfant, droits de l', 212; Comité des, 212; Convention relative aux, 175, 212; Déclaration des, 212

Enfants : aide aux, 175; Journée mondiale des, 332; Sommet mondial pour les, 176/Déclaration et Plan d'action, 176

Environnement : Base de données sur les ressources mondiales (GRID), 154; Conférence des Nations Unies (Stockholm, 1972), 153; Convention-cadre sur le changement climatique (1992), 156; Convention de Bâle (1989), 155, 156; Convention de Vienne (1985), 155; Convention sur la diversité biologique (1992), 156; Convention sur le commerce international des espèces menacées d'extinction (1973), 156; Fonds pour l', 154; Fonds pour l' mondial (FEM), 144, 157; INFOTERRA, 155; Journée mondiale de l', 156, 331; Plan d'action pour la Méditerranée, 155; protection : affaires devant la CIJ, 263; Protocole de Montréal (1987) et amendements de Londres (1990) et Copenhague (1992), 155; Registre international des substances chimiques potentiellement toxiques (RISCPT), 155; Système mondial de surveillance de l' (GEMS), 154

Environnement et le développement : Action 21, 156; Commission mondiale, 153; Conférence sur l' (Rio de Janeiro, 1992), 156; Déclaration de Rio (1992), 156; finances et technologie, 157

Erythrée, 38; Mission d'observation des Nations Unies chargée de vérifier le référendum en (ONUVER), 39

Espace extra-atmosphérique, 128; Année internationale de l'espace (1992), 131; Comité des utilisations pacifiques de l', 128; Conférences des Nations Unies sur l'exploration et les utilisations pacifiques de l' (1968, 1982), 131; Convention (1974) sur l'immatriculation des objets lancés dans l', 129; Programme des Nations Unies pour les applications spatiales, 130; Sous-Comité juridique, 128; Sous-Comité scientifique et technique, 128; Traité (1966), 128

Essais d'armes nucléaires, Traité interdisant les dans l'atmosphère, dans l'espace extra-atmosphérique et sous l'eau (1963) [Traité d'interdiction partielle], 124

Etablissement des faits, Déclaration concernant de l'ONU en vue du maintien de la paix et de la sécurité internationales (1991), 277

Etablissements humains, 163; Centre des Nations Unies pour les (Habitat), 163; Commission des, 163; Conférence des

Forces armées conventionnelles en Europe, Traité FCE (1990), 125

Formation et la recherche, 188; Institut des Nations Unies pour la (UNITAR), 188

Frontières, délimitation : affaires devant la CIJ, 263

G

Génocide, Convention pour la prévention et la répression du crime de, 265

Géorgie-Abkhazie, 112; accord de cessez-le-feu (1994), 114; appels des Nations Unies pour une aide humanitaire, 113; Envoyé spécial, 113; Mémorandum d'accord (1993), 114; Mission d'observation des Nations Unies en Géorgie (MONUG), 21, 113; retour des réfugiés et des personnes déplacées, 114

Guatemala : accord cadre, 60; accords sur les droits de l'homme, la réinstallation et les populations autochtones, 60; Mission de vérification des Nations Unies pour les droits de l'homme au (MINUGUA), 60

H

Haïti, 60; Accord de Governors Island, 62; collaborateurs du Secrétaire général, 63; Envoyé spécial pour, 62; Mission d'observateurs des Nations Unies pour la vérification des élections en (ONUVEH), 61; Mission des Nations Unies en (MINUHA), 21, 62; Pacte de New York, 62

Handicapés : voir personnes handicapées

Haute mer : Convention sur la (1958), 266, 269; Convention sur la pêche et la conservation des ressources biologiques de la (1958), 266, 269

I

Iles du Pacifique, Territoire sous tutelle des, 240

Inde-Pakistan, 107; accord de Simla, 109; Bangladesh, 107, 108, 109; Commission des Nations Unies pour, 107; Groupe d'observateurs militaires des Nations Unies (UNMOGIP), 108; Mission d'observation des Nations Unies (UNIPOM), 108; Représentant spécial, 109

Installations industrielles : Guide juridique de la CNUDCI pour l'établissement de contrats internationaux de construction d' (1987), 269

Institut des Nations Unies pour la recherche sur le désarmement (UNIDIR), 127

Institut interrégional de recherche des Nations Unies sur la criminalité et la justice (UNICRI), 185

Institutions intergouvernementales reliées à l'ONU, 281; voir aussi les noms des organisations

Investissement et sociétés transnationales, 150; Commission, 149; Division des sociétés transnationales et de l'investissement (CNUCED), 151

Iran et l'Iraq, 78; Groupe d'observateurs militaires des Nations Unies pour l' (GOMNUII), 80; résolution 598 (1987), 79

Iraq-Koweït, 81; armes iraquiennes, 83; Commission de démarcation de la frontière entre, 85; Commission tripartite, 87; Département des affaires humanitaires, 88; Fonds d'indemnisation, 85, 87; Mémorandum entre l'ONU et l'Iraq, 89; Mission d'observation des Nations Unies pour l'Iraq et le Koweït (MONUIK), 21, 82; Programme humanitaire des Nations Unies pour l'Iraq, 88

J

Jeunes/Jeunesse : Année internationale (1985), 178/dixième anniversaire (1995), 178; Conférence mondiale des Nations Unies pour l'Année internationale de la (1985), 178; et développement, 178; Fonds des Nations Unies, 178; Programme mondial d'action pour la jusqu'à l'an 2001 et au-delà, 178

Journée mondiale du SIDA, 332

1974)/Plan d'action mondial, 170;
Division, 168; Journée mondiale, 331

Populations autochtones : Année internationale (1993), 214; Décennie internationale des (1994-2004), 331;
Déclaration universelle des droits des,
214; Fonds de contributions volontaires des Nations Unies pour les, 214;
Groupe de travail des, 214; Journée
internationale des, 331; protection
des, 213

Pratiques commerciales restrictives, ensemble de principes et règles pour le
contrôle des (1980), 147

Préférences, système généralisé de
(1971), 147

Préférences commerciales : Système
global de (1989), 147

Prisonniers : Accord type sur le transfert
de étrangers (1985), 183

Privilèges et hypothèques maritimes,
Convention sur les (1993), 148

Produits de base : accords internationaux, 147; Fonds commun pour les
(1989), 147

Programme alimentaire mondial
(PAM), 22, 165; Réserve alimentaire
internationale d'urgence, 231; voir
aussi aide humanitaire

Programme des Nations Unies pour le
développement (PNUD), 22, 143,
144, 152, 158, 159, 173; Rapport sur
le développement humain, 144; voir
aussi aide humanitaire; science et
technique au service du développement

Programme des Nations Unies pour
l'environnement (PNUE), 144, 153,
158, 159; Bureau de l'industrie et de
l'environnement, 155; Conseil d'ad-
ministration/secrétariat, 154; programme sur les mers régionales, 155

Promotion des relations pacifiques, 25

Protection diplomatique : affaires devant la CIJ, 263

Q

Quotes-parts des Etats Membres, 20, 21,
319

R

Réfugiés : aide aux, 233; Convention
(1951) et Protocole (1967) relatifs au
statut des, 234; les dans le monde,
235; Haut Commissariat des Nations
Unies pour les (HCR), 22, 233, prix
Nobel de la paix (1954 et 1981), 235;
non-refoulement, 233; voir aussi
Palestiniens : Office de secours et de
travaux des Nations Unies pour les
de Palestine dans le Proche-Orient
(UNRWA)

Règlement de conciliation de la
CNUDCI (1980), 269

Relations consulaires, Convention de
Vienne sur les (1963), 266

Relations diplomatiques, Convention de
Vienne sur les (1961), 266

Relations internationales, Déclaration
sur le renforcement de l'efficacité du
principe du non-recours à la force
dans les (1987), 276

Représentation des Etats dans leurs
relations avec les organisations de caractère universel, Convention de
Vienne sur la (1975), 266

Responsables de l'application des lois,
Code de conduite pour les (1979),
183

Ressources naturelles : Comité des, 160;
et énergie, 160

Rétablissement et maintien de la paix,
26, 29

Rwanda, 46; Accord de paix d'Arusha,
47; appel humanitaire, 50; Commission d'experts, 49; Mission des Nations
Unies pour l'assistance au (MINUAR),
21, 47; Mission d'observation des
Nations Unies Ouganda-Rwanda
(MONUOR), 47; Rapporteur spécial,
49; Tribunal international pour le,
50, 274

S

Sahara occidental, 252; accord de paix
(1979), 253; avis consultatif de la
CIJ (1975), 252; Commission d'identification, 254; Mission des Nations Unies pour un référendum au

348   •

(MINURSO), 21, 254; sommet de l'OUA (1981), 254

Sahel : Bureau des opérations spéciales de secours, 159; Comité permanent inter-Etats de lutte contre la sécheresse dans le (CILSS), 159

Satellites artificiels : Principes régissant l'utilisation par les Etats de, 129

Science et la technique au service du développement, 149, 152; Commission de la (Conseil économique et social), 149, 152; Conférence des Nations Unies sur la (Vienne, 1979)/Programme d'action, 152; Conférence des Nations Unies sur l'application de dans l'intérêt des régions peu développées (Genève, 1963), 152; Division de la science, de la technologie et du secteur privé (PNUD), 152; Division de la science et de la technologie (CNUCED), 152; Fonds des Nations Unies pour (PNUD), 152; voir aussi commerce et développement

Seconde guerre mondiale, Année internationale du souvenir des victimes de la, 331

Secrétaire général, 18

Secrétariat (ONU), 17

Sigles, xi

Situation financière de l'ONU, 21, 31

Somalie, 51; Force d'intervention unifiée, 53; Opération des Nations Unies en (ONUSOM), 21, 52; ONUSOM II, 53; Représentant spécial pour la, 52

Soudano-sahélienne, Bureau des Nations Unies pour la région (BNUS), 159; Fonds d'affectation spéciale des Nations Unies pour les activités dans la région, 159

Sous-continent indien : voir Inde-Pakistan

South West Africa People's Organization (SWAPO), 249

Sport et idéal olympique, Année internationale du, 331

Sports, apartheid dans les : Convention internationale contre l' (1985), 217;

Déclaration internationale contre l' (1977), 217

Stupéfiants : Commission des, 186; Convention unique sur les (1961)/Protocole (1972), 185; Convention des Nations Unies contre le trafic illicite de (1988), 186; voir aussi drogue; substances psychotropes

Substances psychotropes, Convention (1971) sur les, 185

T

Tadjikistan, 110; appels humanitaires des Nations Unies (1994), 111; Envoyé spécial pour le, 110; Mission d'observation des Nations Unies au (MONUT), 21, 111; opération de secours d'urgence du PAM, 110

Techniques de modification de l'environnement, Convention sur l'interdiction d'utiliser des à des fins militaires ou toutes autres fins hostiles (1977), 125

Télédétection, Principes sur la (1986), 129

Territoires non autonomes, 241; Déclaration relative aux, 241; voir aussi décolonisation

Terrorisme international, 274; conventions internationales sur le, 275; Déclaration sur les mesures visant à éliminer le (1994), 275; voir aussi aéronefs; aviation civile; explosifs plastiques; matières nucléaires; navigation maritime; plateau continental; otages; personnes jouissant d'une protection internationale

Tolérance, Année des Nations Unies pour la (1995), 331

Torture : Comité contre la, 208; Convention contre la (1984), 208; Déclaration sur la protection de toutes les personnes contre la, 208; Fonds de contributions volontaires des Nations Unies pour les victimes de la, 208; lutte contre la, 208; Rapporteur spécial, 209

Traités : Convention de Vienne sur la succession des Etats en matière de

(1978), 266; Convention de Vienne sur le droit des entre Etats et organisations internationales ou entre organisations internationales (1986), 267; Convention sur le droit des (1969), 266; *voir aussi* les sujets concernés

Traité sur l'Antarctique (1959), 124

Traités sur la réduction et la limitation des armements stratégiques offensifs (START), 126

Traité sur la zone dénucléarisée du Pacifique Sud (Traité de Rarotonga, 1985), 125

Transport des marchandises par mer, Convention sur le (Règles de Hambourg, 1978), 148, 268

Transport multimodal, international, de marchandises, Convention sur le (1980), 148

Travailleurs migrants : Convention (1990)/Comité proposé, 214; protection, 214

Tribunaux internationaux, 274; *voir aussi* Rwanda; ex-Yougoslavie

Tutelle, régime international de, 15, 239; Territoires sous ayant exercé leur droit à l'autodétermination, 240

U

Union internationale des télécommunications (UIT), 297; Journée mondiale des télécommunications, 332

Union postale universelle (UPU), 296; Journée mondiale de la poste, 332

Université des Nations Unies (UNU), 190

V

Valise diplomatique (1991)/courrier diplomatique (1989), projets d'article, 267

Vente internationale de marchandises : Convention sur la prescription en matière de (1974)/Protocole de 1980, 268; Convention sur les contrats de (1980), 268

Vérification des pouvoirs, Commission de, 9

Vieillissement et personnes âgées, 179; Année internationale (1999), 180; Assemblée mondiale (Vienne, 1982), 179; Conférence internationale (1992)/Proclamation, 180; Fonds d'affectation spéciale des Nations Unies, 179; Journée internationale, 331; objectifs pour l'an 2001, 180; Plan international d'action, 179; principes des Nations Unies (1991), 180

Virements internationaux, loi type de la CNUDCI sur les (1992), 268

Volontaires des Nations Unies (VNU), 145; Journée internationale, 146, 332; programmes TOKTEN et UNISTAR, 145

Y

Yougoslavie, ex-, 115; affaire devant la CIJ, 265; Coordonnateur spécial pour Sarajevo, 119; efforts diplomatiques visant à rétablir la paix (1993), 118; embargo sur les armes, 115; Envoyé personnel, 115; Groupe de contact, 120; médiateur de la Communauté européenne, 118; « nettoyage ethnique », 116; Rapporteur spécial, 116; Tribunal pénal international, 118, 274; *voir aussi* Force de protection des Nations Unies (FORPRONU)